古典文獻研究輯刊

七 編

潘美月・杜潔祥 主編

第14冊

王筠之金文學研究

沈 寶 春 著

國家圖書館出版品預行編目資料

王筠之金文學研究／沈寶春著 — 初版 — 台北縣永和市：花木
蘭文化出版社，2008〔民 97〕

目 4+220 面；19×26 公分
（古典文獻研究輯刊 七編；第 14 冊）

ISBN：978-986-6657-64-1（精裝）
1.（清）王筠 2. 金文 3. 文字學

793.2 　　　　　　　　　　　　　　　　97012771

ISBN - 978-986-6657-64-1

古典文獻研究輯刊
七 編 第十四冊 　　　　　　ISBN：978-986-6657-64-1

王筠之金文學研究

作　　者 沈寶春
主　　編 潘美月 杜潔祥
總 編 輯 杜潔祥
企劃出版 北京大學文化資源研究中心
出　　版 花木蘭文化出版社
發 行 所 花木蘭文化出版社
發 行 人 高小娟
聯絡地址 台北縣永和市中正路五九五號七樓之三
　　　　　電話：02-2923-1455／傳眞：02-2923-1452
電子信箱 sut81518@ms59.hinet.net
初　　版 2008 年 9 月
定　　價 七編 20 冊（精裝）新台幣 31,000 元

王筠之金文學研究

沈寶春　著

作者簡介

沈寶春，雲林縣人。國立臺灣師範大學碩士，國立臺灣大學中國文學博士。現任國立成功大學教授。著有《商周金文錄遺考釋》、《王筠之金文學研究》、《桂馥的六書學》諸書以及期刊論文數十篇等。

提　　要

　　清於乾、嘉之際，《說文》研究者掙脫孤立之樊籬，由傳統典籍之徵引曲通中跨出，旁取實物資料──金文以參稽鎔鑄，攻難證成。致使文字學之內涵，拓展延伸，包容廣大，而風氣丕變，影響深遠。《王筠之金文學研究》，乃欲透過清代說文四大家中，最具懷疑批判精神，勇於吐故納新、實事求是之王筠，藉其應用金文之別裁卓識，以具現此開新造之大權輿，並彰顯出清代小學蛻變興革之契機。

　　是由王筠個人著作之稿本、批校本、刊本中，橫蒐遍討，參照比觀，並廣稽時人之詩文雜著、日記載集、輔以史書方志、期刊論文……綜合歸納，比勘類別，由外緣契入內裡，自大境舖襯小境，循序漸進，一一推闡，以勾勒其表裡精粗之彷彿者。

　　《王筠之金文學研究》凡分四章，首論其意義及範疇；次論其形成背景；再論其援據金文之來源、應用之方法、應用之目的與得失；而以結論攏收之。凡立一說，則羅列證據；別為發明，則細闡底蘊，冀能將其淵源流變與創通鎔裁，一一疏瀹廓清也。餘則以先世、年表、出處表附焉，以資參照。

　　綜此研究所得，知說文四大家中，王筠實使《說文》、金文兩相交融合轍之鈐鍵人物，而涵濡前說，集一時之大成；審辨精嚴，不盲從輕信；方法周備，大開後人心目；況能推廣古文字學之童蒙基礎教育，於四大家中，洵能深懷厚至，故王筠為清代小學革命之具體表徵，亦不言可喻矣！

目次

第壹章　緒　論 ……………………………………………………… 1
　第一節　本題研究之意義 ………………………………………… 1
　　一、在說文學上之意義 ………………………………………… 1
　　二、在金文學上之意義 ………………………………………… 2
　　三、在古文字學上之意義 ……………………………………… 4
　第二節　本題研究之範疇 ………………………………………… 5
　　一、王筠之著述 ………………………………………………… 5
　　二、研究之範疇 ……………………………………………… 12
第貳章　王筠金文學之形成背景 ………………………………… 15
　第一節　學術環境之背景 ……………………………………… 15
　　一、說文學之盛極思變 ……………………………………… 15
　　　（一）說文學之盛極 ……………………………………… 15
　　　（二）說文學之思變 ……………………………………… 17
　　　（三）思變之先聲──惠、段、桂、莊、嚴諸家 18
　　二、金文著錄傳拓之再興與助成 …………………………… 23
　　　（一）金文著錄傳拓之再興 ……………………………… 23
　　　（二）金文著錄傳拓之助成 ……………………………… 23
　　三、師友間之同氣砥礪 ……………………………………… 25
　　　張古娛　葉志詵　何紹基 ……………………………… 25
　　　陳慶鏞　許　瀚　祁寯藻 ……………………………… 29
　第二節　王筠家風之濡化與個人之態度 …………………… 34
　　一、王筠家風之濡化 ………………………………………… 34
　　　（一）前　言 ……………………………………………… 34
　　　（二）家風之濡化 ………………………………………… 36
　　二、王筠個人之態度 ………………………………………… 42
　　　（一）前　言 ……………………………………………… 42

（二）個人之態度‧‧‧‧‧‧‧‧‧‧‧‧‧‧‧‧‧‧‧‧ 43
　　1. 善存懷疑 43
　　2. 持心平正 46
　　3. 實事求是 51

第參章　王筠之金文學研究‧‧‧‧‧‧‧‧‧‧‧‧‧‧‧‧ 55
第一節　援據金文之來源‧‧‧‧‧‧‧‧‧‧‧‧‧‧‧‧ 55
　一、前　言‧‧‧‧‧‧‧‧‧‧‧‧‧‧‧‧‧‧‧‧‧‧ 55
　二、援據金文之來源‧‧‧‧‧‧‧‧‧‧‧‧‧‧‧‧ 60
　　（一）總括來源而不確指者‧‧‧‧‧‧‧‧‧‧ 60
　　（二）確指來源采自某書者‧‧‧‧‧‧‧‧‧‧ 65
　　　1. 采自《考古圖》者‧‧‧‧‧‧‧‧‧‧‧‧ 65
　　　2. 采自《博古圖》者‧‧‧‧‧‧‧‧‧‧‧‧ 66
　　　3. 采自《金石錄》者‧‧‧‧‧‧‧‧‧‧‧‧ 70
　　　4. 采自《歷代鐘鼎彝器款識法帖》者‧‧‧ 70
　　　5. 采自《金石索》者‧‧‧‧‧‧‧‧‧‧‧‧ 71
　　　6. 采自《積古齋鐘鼎彝器款識》者‧‧‧‧ 71
　　　7. 采自《清愛堂家藏鐘鼎彝器款識法帖》
　　　　者‧‧‧‧‧‧‧‧‧‧‧‧‧‧‧‧‧‧‧‧ 76
　　　8. 采自《平安堂金石文字》者‧‧‧‧‧‧‧ 76
　　　9. 采自《筠清館金文》者‧‧‧‧‧‧‧‧‧‧ 77
　　（三）確指來源采自某人某器及自藏者‧‧‧ 80
　　　1. 采自王引之者‧‧‧‧‧‧‧‧‧‧‧‧‧‧ 80
　　　2. 采自嚴可均者‧‧‧‧‧‧‧‧‧‧‧‧‧‧ 81
　　　3. 采自吳鼎臣者‧‧‧‧‧‧‧‧‧‧‧‧‧‧ 82
　　　4. 采自吳式芬者‧‧‧‧‧‧‧‧‧‧‧‧‧‧ 82
　　　5. 王筠自藏者‧‧‧‧‧‧‧‧‧‧‧‧‧‧‧‧ 83
第二節　應用金文之方法‧‧‧‧‧‧‧‧‧‧‧‧‧‧‧‧ 84
　一、前　言‧‧‧‧‧‧‧‧‧‧‧‧‧‧‧‧‧‧‧‧‧‧ 84
　二、王筠治學所持之方法‧‧‧‧‧‧‧‧‧‧‧‧ 85
　三、王筠應用金文之方法‧‧‧‧‧‧‧‧‧‧‧‧ 89
　　（一）歸納法‧‧‧‧‧‧‧‧‧‧‧‧‧‧‧‧‧‧ 90
　　　1. 從知見金文中歸納‧‧‧‧‧‧‧‧‧‧‧ 90
　　　2. 從諸書金文中歸納‧‧‧‧‧‧‧‧‧‧‧ 91
　　　3. 從一書金文中歸納‧‧‧‧‧‧‧‧‧‧‧ 92
　　　4. 從數種器類銘文中歸納‧‧‧‧‧‧‧‧ 93
　　（二）比較法‧‧‧‧‧‧‧‧‧‧‧‧‧‧‧‧‧‧ 94
　　　1. 據金文與金文作比較‧‧‧‧‧‧‧‧‧ 94

（1）取一器器蓋同銘者作比較………… 94

（2）取一人作數器銘詞相同者作比較 · 95

（3）取二器銘文相同者作比較………… 95

（4）取數器銘文相同者作比較………… 96

2. 據金文與《說文》作比較……………… 96

（1）據金文與《說文》作比較………… 97

（2）據金文與《說文》小篆作比較…… 97

（3）據金文與《說文》籀文作比較…… 98

（4）據金文與《說文》古文作比較…… 98

（5）據金文與《說文》或體作比較…… 100

3. 據金文與他類字體作比較…………… 101

（1）據金文與石鼓文作比較………… 102

（2）據金文與石碑作比較…………… 103

（3）據金文與他書字體作比較……… 104

（三）推勘法……………………………………… 105

1. 據金文銘詞本身之內容推勘………… 105

2. 據金文與典籍詞例推勘……………… 108

3. 據金文、典籍詞例與形制相推勘…… 109

（四）分析法……………………………………… 111

1. 即於此合體字分析個中涵括之所有獨
體……………………………………… 112

2. 即於此合體字分析個中部分之獨體或
偏旁…………………………………… 113

3. 即此合體字參稽他字分析共有部分之
獨體或偏旁…………………………… 114

4. 匯合相關字組分析共有之偏旁或部分
形體…………………………………… 118

（五）綜合法……………………………………… 123

第三節　應用金文之目的及其得失……………… 126

一、前　言…………………………………………… 126

二、應用金文之目的及其得失……………………… 128

（一）證明文字形音義者………………………… 128

（二）證補《說文解字》者……………………… 131

1. 證明《說文》小篆者………………… 131

甲、證《說文》小篆者……………… 131

乙、證《說文》小篆字形異訛者…… 132

2. 證補《說文》籀文者………………… 135

甲、證《說文》籀文者……………… 135

　　　　乙、證《說文》籀文部分形體者 ……136
　　　　丙、證《說文》籀文訛誤者 …………136
　　　　丁、補《說文》籀文者 ………………137
　　　3. 證補《說文》古文者 ………………137
　　　　甲、證《說文》古文者 ………………137
　　　　乙、證與《說文》古文相似相近者 …145
　　　　丙、證《說文》古文部分形體者 ……146
　　　　丁、證《說文》古文訛誤者 …………147
　　　　戊、證《說文》古文部分形體略誤者 149
　　　　己、補《說文》古文者 ………………151
　　　4. 證補《說文》或體者 ………………158
　　　　甲、證《說文》或體者 ………………158
　　　　乙、證《說文》或體之部分形體者 …158
　　　　丙、證《說文》或體之省者 …………159
　　　　丁、補《說文》或體者 ………………159
　　（三）證明假借通用者 …………………160
　　（四）闡明金文義例及特質 ……………168
　　　1. 闡明金文之義例 ……………………168
　　　2. 闡明金文之特質 ……………………170
　　　　甲、金文書法未定 ……………………171
　　　　　1. 正體未定隨手或變者 …………171
　　　　　2. 筆畫多寡不定者 ………………171
　　　　　3. 正書反書無別者 ………………172
　　　　　4. 偏旁位置上下左右不分者 ……172
　　　　乙、金文合文連書 ……………………172
　　（五）其　他 ……………………………174
　　　1. 證玄應所引《三蒼》之說無徵者 …174
　　　2. 證《九經字樣》不可信者 …………174
　　　3. 證《六書正訛》釋形之謬誤者 ……175
　　　4. 證許書版本文字之是非者 …………176
　　　5. 闕其疑者 ……………………………176

第肆章　結　論 …………………………………177

參考書目舉要 ……………………………………181

附　錄 ……………………………………………189
　　附錄一：王筠之先世與世系年表 …………189
　　附錄二：清王貫山筠著述生卒年表 ………198
　　附錄三：王筠著述稱引金文索引表 ………217

第壹章　緒　論

第一節　本題研究之意義

一、在說文學上之意義

　　昔梁任公論清代學術，瞿然驚曰：「自金文學興而小學起一革命。」並分析個中緣由云：「前此尊《說文》若六經，衵孔子以許慎，至是援古文籀文以難許者紛作。」〔註1〕此基於材料上之濡染別擇，由傳統典籍內之博徵深索，轉汲地下實物以辨證設難，進而牽動全體意識型態之變革，的確是說文學甚或整個文字學史上之絕頂大事〔註2〕。

　　觀清人視《說文解字》為六藝之淵海，古學之總歸〔註3〕，能闡蒼頡造字之神恉，而窮六書體制之源流〔註4〕，其於世間萬物，莫不畢載〔註5〕之完書〔註6〕，並推尊「《說文》為天下第一種書，讀遍天下書，不讀《說文》，猶不讀也。但能通《說文》，餘書皆未讀，不可謂非通儒也。」〔註7〕其於始一終亥所關涉內涵之

〔註1〕見梁啓超《清代學術概論》95頁。
〔註2〕見龍師宇純《中國文字學》392頁云：「清代是文字學的鼎盛期，一方面注意於金文的蒐集考釋，一方面致力於《說文》的董理發明。而甲骨文亦趁此際會，興起於洹水之濱，爲文字學增添了珍貴豐富的資源，深遠的影響此後文字的研究，成爲文字學史上的第四件大事。」又以兩宋注意古文字之收集與考釋，爲文字學史中第三件大事，見389頁，此合其意而說之。
〔註3〕見嚴可均《說文校議》敘頁1。
〔註4〕見錢大昕〈說文解字跋〉，載《說文詁林》（一）77頁。
〔註5〕見《說文解字》十五卷下許沖上書。
〔註6〕見《文字聲韻訓詁筆記》16頁云：「《說文》本係完書，不可竄亂。」
〔註7〕見王鳴盛〈說文解字正義敘〉，載《說文詁林》（一）328頁。

廣大包容度，忻然歎服之餘，轉而執著於文字，不容攻難懷疑，故絕對崇拜，奉讀不二之情態，溢乎言表。然自金文學興，學者以存疑務眞，實事求是之態度，取實物以證《說文》，在或破或立中，《說文解字》之神話，亦刊落盡淨。治是書者，捨棄迴護曲通，強加附會之習氣，代以更理性客觀，更公允平實之方法，藉金文以上溯文字之初形本義，而「窮其蕃變，漸得指歸」〔註8〕。《說文》與金文也由涇渭分明，衝破孤立之樊籬，而融匯合轍，澎湃以行。值此文字學上之大變局，前人限於體例，未能任情筆墨，詳加刻劃，僅作提綱挈領般之點染耳，故欲推究個中始末，落實具體之考察，當自專家始。

有清一代，說文鼎盛，咸推段、桂、王、朱四大家夐絕，而段之精審〔註9〕，桂之博綜〔註10〕，與朱之獨創一格〔註11〕，皆能與王之閎通〔註12〕相互稱雄。唯於金文之援據應用上，段則端倪微露，桂則初機漸生，朱則聊聊數器，略作點綴耳〔註13〕，其空疏曠廢，一二光景，實不能與王筠之廣肆博緝，援據有方，審辨能守相擬。況以四人崇尊之地位，登高一呼，影響深遠，盡掃前人「吉金不可以証雅訓」〔註14〕之陰霾，援古證疑，發蒙解滯，不復膠杜鼓瑟，抱守殘闕，固執一嵩。個中眞能擁彗清道，上溯根源，以謹密方法，新實證據釐清文字之本來面目，不以斷制蔽後學，不因臚列窮補苴，而適切懷疑，綜括核實，開風氣之光，與此小學革命相遇合者，四家之中，亦王筠獨能勝任，所謂「上闚古人精微，下啓後人津逮」，實是最傳神之定位，故欲追究說文學上之此大變革，非自王筠援金文以難《說文》開始著手不可。

二、在金文學上之意義

夫清遠祧宋代，在金文之箸錄考釋上益趨精嚴謹密，銅器也由鑑賞品玩之思

〔註8〕見羅振玉〈殷虛書契考釋序〉，載《說文詁林》（一）448頁。

〔註9〕見張文虎〈唐寫本說文解字木部跋〉。

〔註10〕陳慶鏞〈說文義證序〉以「段書尚專稿，每字必溯其原，桂書尚閎通，每字兼達其委，二書實一時伯仲。」見《籀經堂類稿》卷十一頁5。則不以博綜說之。然桂書徵引繁富，是博；專臚古籍，不下己意，是綜，言其「閎通」，乃進一層之深解，故不取焉。

〔註11〕按：龍師宇純《中國文字學》403頁云：「朱駿聲被認爲《說文》四大家，實在並非合適。《說文通訓定聲》一書原非針對《說文》而作，如段、桂、王三家者然，而只是如前文所說，利用《說文》成一家之言。」

〔註12〕見梁啓超《中國近三百年學術史》210頁云：「王菉友《釋例》，爲斯學最閎通之著作。」

〔註13〕詳見第貳章第一節（二）金文著錄傳拓之再興與助成。

〔註14〕見許瀚《某先生校桂注說文條辨》3頁。

古幽情中〔註 15〕，躍進學術之畛域內，轉入深刻。而此轉變之契機，鈐鍵在治說文學者之參與，以其詁訓之學養，沈潛之功力，邃深之體悟，將「聲音文字各窔奧，大抵鐘鼎工冥搜」〔註 16〕陶鑄融會，細繹推勘，而建立金文學之另一番科學景象〔註 17〕。

　　王筠是此景象之開拓者，其《刻鵠軒集古錄》，金石書籍未嘗箸錄，亦無隻字片語之論略。前人所及者，蓋於評騭其《說文》成績時，偶吐其詞，若沈家本謂：「王氏筠承諸家之後，參以金石，義例益精。」〔註 18〕徐珂曰：「筠之《釋例》，多引鐘鼎古籀，以證說文字。」〔註 19〕唐蘭曰：「許瀚、王筠常用金文和《說文》裡的字體比較。」〔註 20〕任學良曰：「王氏在其有關《說文》的論著中，每引用鐘鼎彝器的文字，作爲實物證明。這是合乎科學的。」〔註 21〕諸家皆注意及其引用金文作實物證明之事實，唯「參以金石」，何能「義例益精」？「引鐘鼎古籀」，何能「證說文字」？「常用金文」，僅止於「與《說文》作字體之比較」？引用鐘鼎彝銘，如何合乎科學？皆未遑作具體之陳述與剔透明澈之澄清，諸書非專爲王筠而設，宜其提引點染數語。而金錫準所撰之《王筠的文字學研究》論文與魏勵之《評王筠說文釋例》，雖係專書，殆以論定王筠之說文學爲尚，輕重輻輳不同，故亦別轍殊塗。

　　今欲探賾索隱，救疏補佚，將此金文學由猜謎射覆之賞玩中，滲入方法精密，審訂謹嚴之科學應用，由王筠作具體之印證，以見前人所謂：「爾時風氣一變，專門之學頗有突過前人者，尤以金石目錄爲最。」〔註 22〕用觀浮泛轉深沈之契機；而王筠之證說文字，創通義例，具一種方法，具一種科學，審辨之精，應用之妙，亦能具體而微，通盤皆出，亦即張穆所謂：「先生之學，則因以益密，精神所獨到，往往軼出許君之前，本古籀以訂小篆，據遺經以破新說，瓜分豆剖，衢交徑錯，於諸言《說文》者得失，如監市履狶，而況其肥瘠也。」〔註 23〕其度越前人處，亦由是以明矣！

〔註 15〕按：康殷《古文字學新論》385 頁以搜集傳布銅器，還談不上科學研究，只是欣賞古董，「發思古之幽情」之外，以經傳和《說文》爲主體，用金文補補而已。

〔註 16〕見龔自珍《龔定菴全集》賦〈常州高材篇〉。

〔註 17〕見梁啓超《清代學術概論》94 頁云：「金石學在清代又彪然成一科學也。」

〔註 18〕見〈說文校議議序〉，載《說文詁林》（一）83 頁。

〔註 19〕見《清稗類鈔》58 頁。

〔註 20〕見《古文字學導論》62 頁。

〔註 21〕見《說文解字引論》19 頁。

〔註 22〕語見楚金〈道光學術〉一文，載《中和月刊論文選集》第三輯 8 頁。

〔註 23〕見《月齋文集》卷三頁 6〈說文解字句讀序〉。

三、在古文字學上之意義

晚近甲骨金石之學漸昌，山巖陵地，草莽榛林，時有科學之考古挖掘，吉金片骨，殘陶斷瓦，皆確鑿可徵，所謂「清儒妄爲彝器釋文，自用其私，以與字書相競，其謬與馬頭長，人持十無異」〔註24〕之譏貶，亦若蚍蜉撼樹，不復興矣！唯前賢挾此心態，評斷王氏，每不得情實，以王「非洨長功臣，亦不得自居諍友」，「《說文釋例》異部重文三篇實爲不刊之作，餘無可取。」〔註25〕或有識見別出，不隨人指畫，獨以王筠「閎通」〔註26〕，最敢於疑古，是「四家唯一注意古文字，能用古文字說解文字者」，其直接在文字學上有所建樹，亦推王氏一人而已者〔註27〕，是一以爲惡，一以爲美，皆在其應用古文字上著眼，至其事實若何？則付闕如！

然考古之挖掘日出，古物之暴現如泉，學者手摹思追，索隱鉤沈，爭辯於行墨字句之間，集精於形製花紋之內，考經徵史，研尋禮制，且遑遑而不及，焉有閒力餘暇，降殺心志，以追溯此「駸駸焉日趨於彊大」之權輿？而流泉漫衍，繁花爭妍，益無心於根柢之探求，空有枘幹之才，而不得棟宇之法。以故前修時賢，論及古文字，偶駐足於清人，執其纖末，斷然譏以「望形思義」、「幼稚低下」、「扣盤捫燭」、「零黏碎補」〔註28〕瞎猜耳；或平情而論，縱目宏觀，以「清代古文字學的成績，超過以往任何時期，而且爲後世的研究工作創造了方便的條件。」而於《說文》四大家，不過取段、朱而已〔註29〕。即以唐蘭之精絕創通，其識王筠，不過爲比較一法耳〔註30〕。于省吾雖從古文字學立論，用以評判清代文字、聲韻、訓詁學之得失，然襲舊蹈空，獨寵段氏之創始鑿空之作，推其卓識懸解，非其他三家所能及〔註31〕；諸家之說，是耶？非耶？則必有定奪於其中矣！

〔註24〕語見《黃侃論學雜著》章太炎先生序頁1。太炎此說，充斥於文集中，《太炎文錄續編》卷首〈漢學論上〉即言：「清時之言漢學，明故訓，甄度制，使三禮辨秩，群經文曲得大通，爲功固不細。……而末流適以漢學自弊，則言公羊與說彝器款識者爲之也。」例多，不枚舉。

〔註25〕見《文字聲韻訓詁筆記》中〈王筠說誤〉條93～94頁。關於〈同部重文〉與〈異部重文〉，單周堯〈讀王筠說文釋例同部重文篇札記〉一文中多所糾正，要之「謂其道夫先路則可，謂其至精至確則不可也。」

〔註26〕見梁啓超《中國近三百年學術史》210頁。

〔註27〕見龍師宇純《中國文字學》408頁。

〔註28〕見康殷《古文字學新論》386頁。

〔註29〕見高明《中國古文字學通論》24頁。

〔註30〕見《古文字學導論》上編20頁（62）頁。

〔註31〕見于省吾〈從古文字學方面來評判清代文字聲韻訓詁之學的得失〉，載《歷史研究》1962年6期135～145頁。

　　夫自細視大者不盡，自大視細者不明〔註 32〕，是有所不及遍，有所不及審〔註 33〕。視小者弊在破碎，破碎故不能盡大；視大者弊在疏略，疏略故不能明細〔註 34〕。前舉諸說，或得其大，或執其小，而不免於破碎疏略者，殆因於王筠之古文字學不明，欲明究竟，非自其著作中參稽薈萃，通盤整理，細加考量不可，而後有助於古文字淵源之釐清，重估四家之功過，並對諸說之奇正得失，鑑照自明矣！

第二節　本題研究之範疇

一、王筠之著述

　　清儒治學，精純深厚，持恆不輟，並喜專治一書，而傾畢生思力於其中，銖積寸累，博觀約取，下「窄而深」〔註 35〕之細密研究。是欲窺其人之學術功力，涵泳深淺，大貌得失，將其探賾鉤玄而出，則捨其著述文字乃莫由。

　　王筠之著述，史傳、方志及諸家文集、目錄偶亦載及，其潛研所得，非止於《說文》之屬，而類目孔繁，內容龐雜。觀其墨刻發行，有以合刻方式傳世者，如《王氏說文三種》〔註 36〕、《王氏說文四種》〔註 37〕、《王氏說文五種》〔註 38〕、《王菉友九種》〔註 39〕、《王菉友十種》〔註 40〕、《鄂宰四種》〔註 41〕、《王鄂宰遺書》〔註 42〕等，皆以性質相同或任職所在前後著述匯聚比觀，中有重沓複疊之處。餘則以單行本面

〔註 32〕 見《莊子・秋水篇》。

〔註 33〕 同上註宣穎注語。

〔註 34〕 見王師叔岷《校讎別錄》中〈莊子校詮序論〉146 頁語。

〔註 35〕 見梁啟超《清代學術概論》78 頁。

〔註 36〕 按：《王氏說文三種》，收錄《韻校》五卷四冊，清歸安姚氏咫進齋原刻、杭州朱氏抱經堂印本；《句讀》三十卷附補正十六冊，清道光間刊同治間印本，《繫校》三十卷二冊，清道光間刊同治間印本三種。有原刻本、四川重刻本。

〔註 37〕 見《續修四庫全書提要》1667〜1668 頁。知收錄《句讀》三十卷、《釋例》二十卷耳。

〔註 38〕 按：《王氏說文五種》三十二冊，清同治四年刊本。收錄《釋例附補正》各二十卷、《句讀》三十卷附補正二卷、《文字蒙求》四卷、《繫校》三十卷、《韻校》五卷。論述可參閱金錫準《王筠的文字學研究》3〜5 頁。

〔註 39〕 按：《王菉友九種》，道光咸豐間刊本。收錄《肊說》一卷、《夏小正》一卷、《重言》一卷、《雙聲疊韻》一卷、《蛾術編》二卷、《禹貢正字》一卷、《正字略》一卷、《四書說略》四卷、《弟子職》一卷。

〔註 40〕 按：《王菉友十種》，道光咸豐間刊本，今藏日本東洋文庫內。

〔註 41〕 按：《鄂宰四種》，清咸豐二年賀蕙、賀蓉、賀荃刻本，王筠訂補。收錄《夏小正》一卷、《弟子職》一卷、《重言》一卷、《雙聲疊韻》一卷。

〔註 42〕 按：《王鄂宰遺書》，道光咸豐間刊本，今藏日本京都大學人文科學研究所。

世，或僅存書目而遺佚未出者，茲攏其紛緒，約整其詞，備舉余知見書目於後，而首列攸關文字學書目如下：

（1）《說文鈔》十五卷〔註43〕。

（2）《正字略定本》二卷〔註44〕。

（3）《說文韻譜校》五卷〔註45〕。

（4）《說文新附考校正》一卷〔註46〕。

（5）《說文繫傳校錄》三十卷。〔註47〕。

（6）《許學札記》不分卷〔註48〕。

（7）《說文釋例》二十卷附《補正》二十卷〔註49〕。

〔註43〕 據《釋例》卷十四頁 37〈鈔存〉下云：「筠之專治《說文》也，自癸未冬始，十閱月而成一書，凡十五卷，名曰《說文鈔》，友人或寫去。今日觀之，太淺薄矣，剌取若干條存之，以志功候云爾。」

〔註44〕 按：是書有北京圖書館藏清稿本一冊、道光十三年刊本（見孫殿起《販書偶記》90頁）、道光二十九年鍾文校刻本（稱《芸香館重刊正字略》一卷，見《北京圖書館古籍善本書目》166頁）、王棻友九種本。

〔註45〕 按：是書有道光十三年自序朱筆校附箋稿本、十五年精鈔稿本、光緒十六年素心琴室劉氏刊本、歸安姚氏咫進齋原刻杭州朱氏抱經堂印本、凌霞傳鈔本（見《續修四庫全書提要》1666頁）。

〔註46〕 按：是書有許學叢書本，古均閣本。係王筠增訂讎校鈕樹玉之作，據《續修四庫全書提要》1670頁云：「惟據王氏所藏《新附考》初印本，其中手寫所校各條，與此互勘，頗有同異，按此刻爲許氏刻本，其前自記中，有『異日寫一通，附珊林寄之』之語，是亦出於王氏寫寄，豈寄許氏時，王氏又有所改正歟？」

〔註47〕 按：是書有《王氏說文三種本》、《說文五種本》、咸豐七年刊本（見馬敍倫〈清人所著說文之部書目初編草稿〉，載《圖書館學季刊》第一卷第一期103頁）、原刻本、廣文書局說文叢刊本。

〔註48〕 按：是書稿本今藏傅斯年圖書館，依其條目觀之，有補篆、衍篆、逸篆、改篆、變例、非字不見於說解、省聲、挩字、誤字、母從子、兩通、互從、展轉相從、指事、正徐、存疑、形聲之誤、讀若引經、讀若直指、讀若引諺、說文屬。所分例目與《釋例》大致相同，所舉例證也分別見於《釋例》，或即《釋例》卷十四〈糾徐〉33頁中所云：「大徐不必糾也，但依茂堂可矣。余前所札記，有可附者即附之。」之「前所札記」耶？書中於補篆鑿字、踐字下，衍篆歔字、改篆申字、衍篆教字、省聲賂字、存疑反字、握字、蜍字下引「拙著《繫傳校錄》」；改篆笑下引「拙著《繫傳考異》」；改篆藍字、鳥字下引「說見拙著《說文韻譜校》」諸語，知《許學札記》蓋成於三書之後，《釋例》之前，疑作於道光十五年前後。又據《北京圖書館古籍善本書目》166頁有：「《許學札記》不分卷，《說文彙字》不分卷，《雜抄》不分卷，清王筠撰，稿本，六冊。」

〔註49〕 按：是書有稿本十七冊（見《北京圖書館古籍善本書目》166頁）、自刻本（見張之洞《書目答問》37頁）、清同治間王氏原刻初印本（藏傅斯年圖書館，有咸豐七年陳澧朱筆手題記並批校；又《北京師範大學圖書館中文古籍書目》98頁有同治四年（1865）刻本十一冊）、道光十七年刊光緒間蓮池書院重刊本（見《販書偶記》81

（8）《說文部首讀》一卷〔註50〕。

（9）《說文句讀》三十卷附《補正》一冊〔註51〕。

（10）《說文部首表校正》〔註52〕。

（11）《文字蒙求》四卷〔註53〕。

（12）《說文解字繫傳考正》四卷〔註54〕。

（13）《祁刻說文繫傳校》〔註55〕。

（14）《說文屬》〔註56〕。

頁）、光緒九年成都御風樓重刊本、王氏說文四種本、五種本、石刻本（見〈清人所著說文之部書目初編草稿〉112 頁）、民國 25 年上海世界書局影印本、商務書局國學基本叢書本、世界書局樸學叢書本、鼎文書局說文詁林本、積山局本（見李克弘〈說文書目輯略〉，載中山大學《圖書館周刊》四卷一期 13 頁）。

〔註50〕據孫葆田《山東通志》卷百三十頁 3579 云：「此書爲桂馥家傳寫本，王筠補訂，光緒己丑諸城尹彭壽爲之刊行，卷尚載筠道光庚子序。」有光緒二十二年（1896）諸城尊經室刻本。

〔註51〕按：是書有清稿本（藏傅斯年圖書館，殘存十八卷；《北京圖書館古籍善本書目》166 頁載稿本六冊，存五、十二卷；又張穆訂注稿本十五冊）、自刻本（《書目答問》37 頁）、原刊本（〈清人所著說文之部書目初編草稿〉109 頁）、王氏說文三種本、四種本、五種本、道光三十年刊光緒八年四川尊經書局重刊本（《販書偶記》81 頁）、上海涵芬樓據安邱王氏刻本影印本、朱然印行重刊本、商務書局國學基本叢書本、廣文書局說文叢刊本。

〔註52〕按：是書有許學叢書本、廣文書局說文叢刊本。係王筠就蔣和《說文字原表》改爲譜牒式，附刊於《句讀》後，並改名「部首」，爲之校正，見胡樸安《中國文字學史》481～498 頁。

〔註53〕按：是書本名《字學蒙求》一卷，有道光十八年益都陳山嵋刊本（見洪北江《販書偶記續編》34 頁，又張之洞《書目答問》39 頁以王筠自刻本，說誤），道光二十六年丙午重訂再刊，改名《文字蒙求》四卷，有王氏說文五種本、道光丙申自刊光緒十三年梁谿浦氏刊本（見《販書偶記》86 頁，唯孫氏誤讀書中又記所署丙申爲記年，故誤丙午爲丙申）、上海大東書局鉛印國學門經叢書本、上海中華書局影印本、上海文瑞樓石印本、北平中華書局影印本、藝文印書館影印本、文光圖書公司印本、華聯出版社印本。外有《文字蒙求廣義》四卷，蒯光典補注，光緒二十七江楚書局刊本。

〔註54〕按：是書今不傳，此據《山東通志》卷百三十頁 3581 云：「《繫傳考正》四卷……王筠撰，見葉氏存古堂叢書。」〈清人所著說文之部書目初編草稿〉103 頁云：「《說文解字繫傳考正》，王筠，原刊本。」

〔註55〕按：是書據王獻唐〈說文繫傳三家校語抉錄〉（載《說文詁林》159～203 頁）中「王菉友校祁刻本」擬名。云：「菉友先生《繫傳校錄》由其子彥侗刻行，與此本不同，彼爲朱氏《繫傳考異》而作，此則專校祁本。」詳細敍述參見原文。

〔註56〕據劉燿椿《青州府志》卷三十三頁 18（2388）及卷五十頁 7（3472）。書今不傳，前註 48 中敍及《許學札記》末存〈說文屬〉云：「部首之字每字從其義從其聲者彙集之。」可推其體例。見書前附圖版。又《繫校》卷四頁 1（41）速字下云：「直一字

（15）《說文廣訓》〔註57〕。

（16）《小學三支別》〔註58〕。

（17）《說文繫傳考異》〔註59〕。

凡十七部，皆與《說文》或文字學關涉，見其用力之勤，成書之眾，與濡染之深潛也。

復有縱觀博覽，泛濫停蓄，出入經史百家，不分雅俗，含藏鎔鑄，發其興味，吐諸筆翰者，茲臚列書目於後：

（1）《禹貢正字》一卷〔註60〕。

（2）《毛詩重言》一卷。

（3）《毛詩雙聲疊韻說》一卷。

（4）《儀禮讀》。

（5）《儀禮鄭註句讀刊誤》。

（6）《禮記讀》。

（7）《禮記一得錄》〔註61〕。

（8）《禮記讀賸稿存》九卷二冊〔註62〕。

（9）《夏小正正義》一卷〔註63〕。

（10）《四書說略》四卷〔註64〕。

衍文，而校者增一筆以為別耳。別，詳《說文》屬別。」知《許學札記》僅存其一二。

〔註57〕據《青州府志》卷三十三頁 18（2388）云：「其《說文廣訓》等書無卷數。」今書已佚。

〔註58〕據蔡冠洛《清代七百名人傳》第四編學術樸學 1674 頁。

〔註59〕據註48《許學札記》改篆笑下引「拙著《繫傳考異》」擬。

〔註60〕按：是書有道光二十九年刊本（見《販書偶記續編》9 頁）、王箓友九種本。可參閱古國順《清代尚書學》226 頁。

〔註61〕以上書目據《青州府志》卷三十三頁 18（2388）。又王獻唐〈王箓友校祁刻本〉下（《說文詁林》（一）182 頁）云：「據何子貞、劉耀椿所撰墓誌（耀當作燿），有《徐溝筆記》、《禮記讀一得錄》、《儀禮讀》、《儀禮鄭注句讀刊誤》、《周禮讀》、《說文屬》、《說文廣訓》、《史記校》諸書。聞其底本，一部份歸同邑趙孝陸，一部份歸武進李祖年。李氏之書，於前歲散出，余在南京曾收得數種，其《說文釋例》及《句讀》稿本，為南京國學圖書館購去，餘則上海涵芬樓收存最多，未識有箓友遺著否？至趙氏所藏，似較李氏為富，據聞有批校《禮記》一種，朱墨殆遍。」言其轉藏頗詳。

〔註62〕據李江秋《安邱述略》111 頁，稿本，山東省圖書館藏。

〔註63〕按：是書吳庚《鄉寧縣志》卷十二頁 2 作「夏小正註釋」。有王箓友九種本、咸豐二年鄉寧賀氏校刊鄂宰四種本、光緒五年福山王懿榮輯刻天壤閣叢書本、藝文印書館百部叢書本、商務印書館叢書集成本、新文豐書局叢書集成新編本。

〔註64〕按：是書有王箓友九種本。

（11）《經義述聞校》八冊〔註65〕。

（12）《刻鵠軒集古錄》一冊〔註66〕。

（13）《韻彙校》〔註67〕。

（14）《菉友蛾術編》二卷〔註68〕。

（15）《史記校》二卷〔註69〕。

（16）《史記斠》無卷數〔註70〕。

（17）《北史論略》一卷〔註71〕。

（18）《徐溝筆記》〔註72〕。

（19）《十六國春秋校本》〔註73〕。

（20）《圖書說》一卷一冊〔註74〕。

（21）《顧亭林年譜校錄》一卷一冊〔註75〕。

（22）《弟子職正音》一卷〔註76〕。

（23）《教童子法》一卷〔註77〕。

（24）《馬首農言》一卷〔註78〕。

〔註65〕據《山東通志》卷百三十九頁 3876《日知錄校》二十四冊下云：「筠又有《經義述聞校》八冊（殘缺），亦見鈔送書目。」唯《安邱述略》111 頁引作二十一卷一冊，爲王菉友手批。

〔註66〕據《安邱述略》111 頁，係稿本。

〔註67〕據《蛾術編》卷下頁 19 云：「前校沈栗仲《韻彙》」語。姑擬書名。

〔註68〕按：是書有咸豐十年孫藍田校宋官曠刊本。《山東通志》卷百三十頁 3580 云：「蓋筠晚年隨筆記錄之本，間論經義及瑣事，不專講許學，而發明許書者居其大半，故列之小學類中。」

〔註69〕據《青州府志》卷三十三頁 18（2388）、《山東通志》卷百七十五頁 5041。唯《販書偶記續編》40 頁有：「《史記校》二卷，民國二十四年故宮博物院圖書館鉛字排印本。」孫葆田《校經室文集》卷一頁 33～34（82～84）有〈書史記校〉後，詳徵本末，可參。

〔註70〕據《販書偶記續編》40 頁云：「《史記斠》無卷數，清安邱王筠撰。傳鈔本，首有道光辛卯孟冬續溪胡培翬序，最後有王筠自跋。」

〔註71〕據民國二十五年丁錫田輯習盦叢刊（一名濰縣文獻叢刊）排印本第一輯。

〔註72〕據《青州府志》卷三十三頁 18（2388）、《山東通志》卷百三十二頁 3669。入史部。

〔註73〕據《山東通志》卷百三十二頁 3674。

〔註74〕據《安邱述略》111 頁，係輯手寫本。

〔註75〕據《安邱述略》111 頁，係稿本。書前有「王菉友先生校顧亭林年譜手稿」圖版，今附書前。

〔註76〕按：是書有鄂宰四種本、王菉友九種本、天壤閣叢書本、藝文印書館百部叢書本。

〔註77〕按：是書舊附《四書說略》後，江標「以其可砭俗師」，光緒二十二年校刻入靈鶼閣叢書，雲自在龕叢書本、藝文印書館百部叢書集成本。

〔註78〕據《清代七百名人傳》本傳 1674 頁：「其《馬首農言》一卷，典雅翔核，有六朝地

（25）《日知錄校》二十四冊〔註79〕。

（26）《蒿菴閒話校》一冊〔註80〕。

（27）《周髀算經箋註》〔註81〕。

（28）《方畫輪郭》〔註82〕。

（29）《菉友肊說》一卷〔註83〕。

（30）《菉友雜著》〔註84〕。

（31）《王菉友雜稿》不分卷一冊〔註85〕。

（32）《楚辭校》五冊〔註86〕。

（33）《潛游小草》一冊。

（34）《詒清樓稿》二冊〔註87〕。

（35）《覆瓿集》一冊〔註88〕。

（36）《清詒堂燈謎》不分卷一冊。

（37）《覆瓿社燈謎》不分卷一冊〔註89〕。

（38）《石破天驚》不分卷〔註90〕。

（39）《遺墨》一冊〔註91〕。

志風度。」

〔註79〕據《山東通志》卷百三十九頁 3876。

〔註80〕據《山東通志》卷百三十九頁 3876。

〔註81〕據《山東通志》卷百三十七頁 3822～3823。

〔註82〕據《青州府志》卷三十三頁 18（2388）。《山東通志》卷百三十八頁 3843 作「方畫輪廓」。

〔註83〕按：是書有王菉友九種本、光緒二十二年靈鶼閣叢書本即藝文印書館百部叢書集成本。二本頗多異文，序次亦有參差。如王菉友九種本書首作：「余自四十歲後，或學而有得，或思而有得，每輒札記之。今夏檢之，祇得近十餘年所記，即使隸都錄爲一本，以便省循再改正焉。」《山東通志》卷百二十九頁 3887 據書尾「丙申仲冬任彥佶校於武陽學署」推「今夏」即「丙申夏」也。丙申是道光十六年，時筠五十三歲，與書首所記合。而江氏靈鶼閣本逕作「戊申夏」，戊申是道光二十八年，筠年六十五，距四十歲後十餘年所記之語較遠。

〔註84〕據《青州府志》卷五十頁 7（3472）。

〔註85〕據《安邱述略》111 頁，「菉」字譌作「篆」。

〔註86〕據《山東通志》卷百四十一頁 3957。是編缺一冊。

〔註87〕與上俱見《山東通志》卷百四十六頁 4354。《買春詩話》以王筠「詩極豪邁，如天馬行空，不可羈勒，傳播雞林，當使紙貴矣。」

〔註88〕據《山東通志》卷百四十六頁 4371，屬集部詞類。

〔註89〕與上據《安邱述略》111 頁，係稿本。

〔註90〕據《安邱述略》111 頁，乃輯手寫本。

〔註91〕據《安邱述略》111 頁，係紙本。

據此可窺其為學非劃地自限，局促一隅之內，作硜硜之守者。其縱目四部，經史子集，各有撰述。

此外，尚有批校合訂方家著述，勾稽旁尋，善加點染，可縹閱而知者，如：

（1）《周禮讀本》六卷四冊〔（清）周樽撰，王筠手批〕

（2）《經義雜記》三十一卷六冊〔（清）臧琳撰，王筠手批〕

（3）《經義述聞》二十一卷一冊〔（清）王引之撰，王筠手批〕

（4）《說文繫傳考異》不分卷一冊〔（清）朱文藻撰，王筠手校〕

（5）《山海經箋疏存》十五卷三冊〔（清）郝懿行撰，王筠等批〕

（6）《繪圖西廂記》（明刻木板）〔王筠所批〕〔註92〕

（7）《說文答問疏證》六卷〔（清）錢大昕撰，（清）薛傳均注，王筠、張穆合訂〕〔註93〕

則其著述之豐，批校之細，幾近無日不為功，時刻勤孳績之地步，而詮蒙解滯，審覈蹄駁，「鎮日書帷校勘勞」之情境，亦宛然在目。

爰據王獻唐所述：「先生身後遺著之未刊行者，為目尚繁。……此外尚有所注《周易》，未詳何名，歸其族孫某氏收藏。前歲吳佩孚在洛陽，自云酷嗜《周易》，其族孫聞之，挾以干吳，書獻苦無所獲，又不敢向吳索討，怏怏回里，書之存佚，今不可知矣。余藏有校本《列女傳注》及《汲古閣刻說文》二種。又見批本《說文新附考》。友人丁稼民藏菉友文集，亦囑其傳錄一本，擬由本館印行。」〔註94〕則王筠尚有注《周易》、校《列女傳注》、校《汲古閣刻說文》及菉友文集數種，並論小學二書〔註95〕，為其著述之大略也。至於前人歸入王筠名下之《漢水發源考》一卷，疑乃同名之誤〔註96〕，實非其作也。

〔註92〕上據《安邱述略》111頁，附記云：「筆者曾在趙孝陸插架，見王菉友手批明刻木板《繪圖西廂記》，字作楔帖體，至為精工。但此公學術，全被《說文》所掩，知者不多。」又《蛾術編》卷下頁16云：「金董解元《西廂記》，稱《後玉篇》，然則宋時《玉篇》，尚分前後，今則不得其區別矣，惜哉！夫讀書者援引至於傳奇，定為朋輩所笑，然彼之時代在前，所見自勝於今日，雖在芻蕘，亦所當詢矣！」見其為學之細膩謙沖，廣蒐博納。

〔註93〕據吳甌輯稷香館叢書本，民二十四年北平癸酉編譯會影印本。今北京圖書館藏道光十七年（1837）史吉雲、張瀛暹刻本，王筠批校並跋，劉文淇批校、張穆跋，三冊，見《北京圖書館古籍善本書目》164頁。

〔註94〕見〈王菉友校祁刻本〉，載《說文詁林》（一）182頁。

〔註95〕載《學海》月刊第一卷第四冊13～19頁。

〔註96〕據世楷堂藏板昭代叢書乙集補本卷三頁1～2、小方壺輿地叢鈔第四帙頁701～703。唯《漢水發源攷》一本首署「崇明王筠湘庭錄」、一本作「崇明王筠錄」，與王筠慣書籍貫「安邱」不符。《清史稿》卷五十八地理志崇明屬太倉直隸州領縣，不在山東，存疑俟考。金錫準《王筠的文字學研究》6～7頁王筠的著作中亦嘗收錄。

二、研究之範疇

　　王筠撰注批校之書既富且博，已如上述。在六十餘部著作中，設無範疇爲之節制〔註97〕，必耳馳而目眩，流蕩而不返，徒耗精神游移於諸書之間，困頓枝蔓，而無裨於研究之進行。故欲下「窄而深」之鑽索，在博覽縱肆之餘，必須加予約束，別擇汰採，擷菁取華，爰能理定心明，曲迂敷演，觸類旁通，無入而不自得矣！

　　唯王筠著作雖夥，流傳刊佈者不多，當民國初年，吳庚、趙意空纂修《鄉寧縣志》時，業已喟歎其書之難得曰：「今於故家搜求，僅得《文字蒙求》及《正字略》而已。」〔註98〕用知王筠身後，諸書散佚流轉，或歸私人收藏，或由圖書館典藏，零落不全者居大半，今可得者，爲：（内爲簡稱）

　　　　（1）《正字略定本》（《正字略》）

　　　　（2）《說文韻譜校》（《韻校》）

　　　　（3）《說文新附考校正》（《新校》）

　　　　（4）《說文繫傳校錄》（《繫校》）

　　　　（5）《許學札記》（《許學札記》）

　　　　（6）《說文釋例附補正》（《釋例》、《釋例補正》）

　　　　（7）《說文句讀附補正》（《句讀》、《句讀補正》）

　　　　（8）《說文部首表校正》（《部校》）

　　　　（9）《文字蒙求》（《文字蒙求》）

　　　　（10）《禹貢正字》（《禹正》）

　　　　（11）《毛詩重言》（《重言》）

　　　　（12）《毛詩雙聲疊韻說》（《雙聲疊韻》）

　　　　（13）《夏小正正義》（《夏小正》）

　　　　（14）《四書說略》（《四書說略》）

　　　　（15）《菉友蛾術編》（《蛾術編》）

　　　　（16）《弟子職正音》（《弟子職》）

　　　　（17）《教童子法》

　　　　（18）《菉友肊說》（《肊說》）

　　　　（19）《論小學二書》

〔註97〕馬敘倫〈中小學教師應當注意中國文字的研究〉中嘗曰：「研究學術既要客觀，尤其要有範疇來把握住，使研究的結果不會得出差子。」見《說文解字研究法》附錄33頁。

〔註98〕按：《鄉寧縣志》最早爲民國六年刊本。語見卷十二頁2（518）。

凡十九部耳。惜《刻鵠軒集古錄》未存，其餘諸書，或非專爲文字而作，而論證辨析，大抵亦根基於文字，況過半爲文字學著作乎！

　　諸書援據金文之處，非如段、桂二書作吉光片羽式之閃現，而敷佐旁證，頗稱繁富。故取諸書，遍觀細審，採其攸關金文者，一一羅列比觀，分析整理，用以闡發王筠在古文字學上開新造大，膽識過人，夐絕獨到之處，並呈現「小學革命」中具體而微之炬光。

第貳章　王筠金文學之形成背景

第一節　學術環境之背景

一、說文學之盛極思變

（一）說文學之盛極

　　學術風氣，隨朝代之推移而抑揚變遷，有明合暗化者。昉自東漢大儒許慎創獲《說文解字》以來，千八、九百年間，研究《說文》者，論其方法之綿密謹飭，推其考證之堅實精深，與夫闡發之閎通幽微，檢其人物著述，稱其涵蓋質量，洵以有清一代最稱美善，歷代攏合，亦難望其項背〔註1〕。故梁任公嘗歎曰：「有清二百餘年之學術，實取前此二千餘年之學術，倒捲而纑演之；如剝春筍，愈剝而愈近裡：如啖甘蔗，愈啖而愈有味：不可謂非一奇異之現象。」〔註2〕所論雖為清學術之整體風貌，而無異為說文學之研究盛景，作至為妥貼傳神之譬況。

　　王筠嘗謂：「今天下之治《說文》者多矣，莫不窮思畢精，以求為不可加矣！」〔註3〕又云：「為字學而讀《說文》，猶之經也」〔註4〕，「今人好《說文》，遂成風氣」〔註5〕。清之書香世家，兒童入學，識字皆自《說文》入手〔註6〕，經師所倡樸學，

〔註1〕據《中國歷代藝文總志》「小學類說文之屬」370～380頁，自東漢許慎作《說文解字》迄明亡為止（100～1644），研治《說文》所存書目不過五十七部耳：而有清一代（1644～1911）則有二百七十三部之多，可知清人研治《說文》之盛與成書之富也。
〔註2〕見梁啓超《清代學術概論》自序頁2。
〔註3〕見《釋例》卷一自序頁1。
〔註4〕見《釋例》卷九頁6。
〔註5〕見《蛾術編》卷下頁15。

亦以《說文》為鈐鍵，是清人在意識形態上，視《說文》如同經書，而「魁儒之說經鏗鏗者，莫不由《說文》以辨形聲」〔註7〕，至家家許鄭，人人賈馬，而人「自以為許、鄭」〔註8〕，本「尊六書與六經等」，後而「浸假以奪六經之席」〔註9〕，其風行草偃，誦習之廣，研讀之盛，可謂披靡一時，無復加矣！

《清稗類鈔》一書中，當載及〈禮親王治說文〉之情景曰：

> 禮親王，號嘯亭外史。生而好學，雖造次顛沛，必手一編，尤深於許慎之學。十三齡，得《說文解字》，篝燈夜讀。時值嚴寒，圍爐竟夕，火發，延及床帳，幾兆焚如。包衣輩瞭見紅光，咸攜水具集寢宮，王猶未釋卷也。〔註10〕

另一條〈顧氏精通小學說文〉曰：

> 馬文毅公雄鎮，字錫蕃，總督鳴佩子也。漢軍鑲紅旗人。嘗官廣西巡撫，以禦吳世琮兵，遇害。有姬顧氏，本吳中閨秀，精通小學《說文》。文毅撰《彙草辨疑》十二帙，姬皆手為旁訓。〔註11〕

而丁福保於〈說文解字詁林引用書目表跋〉語中，言及朗禪師好《說文》並為之護持不煬之情景曰：

> 嘗讀《南海寄歸傳》，朗禪師以文章襯史，積為大聚，裂作紙泥，惟許氏《說文解字》，不在拉襍摧燒之列。故知《說文》一書，非但為儒家所寶貴，亦為釋子所尊重，蓋人必識字，而後能讀書，此不易之理也。〔註12〕

以上諸例，不論其人物乃王公貴族，或武將姬妾，甚至空門寺僧，其於《說文》之鍾注愛惜有如是者，則「毀齒而鉤研許學，頭童而不息，壯歲而籀讀六書，老死而未竟」〔註13〕之漢學儒士，其不展卷研析，大湊精神於《說文》六書者幾希乎？而《說文》之盛極一時，良有以也。

以故說文學在詳蒐細討研析者眾，創通發明結書者多，群相傾力肆志之下，由蓁芮蠚叢附於經學之末，而駸駸焉趨於彊大，蔚成一蓊鬱大國，皇皇門戶立矣！試

〔註6〕見劉禺生《世載堂雜憶》中〈清代之科舉〉3頁。

〔註7〕見徐珂《清稗類鈔》58頁〈小學之精義〉。

〔註8〕見朱一新《無邪堂答問》敍。

〔註9〕見胡楚生云：「清人專研《說文》六書，即專家之業者，而過崇六書，浸假以奪六經之席，是不免為本末倒置之事也。」載《清代學術史研究》中〈朱一新論顏學之基本缺失〉118頁。

〔註10〕見《清稗類鈔》經術類卷六十九頁65。

〔註11〕同上書62頁。

〔註12〕見《說文詁林》（一）頁66。

〔註13〕同上註。

觀清及近人所輯清人所撰《說文》書目，若尹彭壽、丁汝彪之《國朝治說文家書目附未刻書目》、馬敘倫之〈清人所著說文之部書目初編草稿〉、林明波之《清代許學考》與《中國歷代藝文總志》「小學類說文之屬」……諸書文，所蒐集羅列之專書不下三、四百種之多，其中尚不含括單文零篇之散見於各家雜著及文集者，如徐鼐之《讀書雜釋》、蔡啓盛之《經窺》、吳夌雲之《遺著》、王鳴盛之《蛾術編》、洪頤煊之《讀書叢錄》、張文虎之《舒藝室隨筆》等，皆有專論《說文》之部。又若錢大昕《潛研堂集》、段玉裁《經韻樓集》、姚文田《邃雅堂集》、王國維《觀堂集林》等，書內亦有論及《說文》之處〔註14〕，此其彰顯較著者，況遺佚未刊者乎！是考索許氏一家之學，葳蕤盡發，競秀爭妍，所謂「宗廟之美，百官之富」，粲然備矣！

（二）說文學之思變

　　《說文》之學，儼若全民運動，學術在此流風襲偃之下，「一世才智之士，以此為好尚，相與淬厲精進；闒冗者猶希聲附和，以不獲廁於其林為恥」〔註15〕，而此中之精義，先輩已潛發無遺，考證之方式，前人亦開闢殆盡，所餘者不過土苴糟粕耳！然學者之聰明才力，終難厭飫於此陳陳相因之末節捃摭，而思有以濟其窮，解滯而復進，那王筠所謂：「苟不自出機軸，而隨人作計，是自敗之道」〔註16〕也。

　　當時《說文》研究者所處之境地，誠如潘祖蔭書《說文釋例》後所云：

> 逮我聖朝，敦尚經術，實事求是，不廢古訓，不務空言。乾、嘉以後，經師耆儒，如段氏玉裁、桂氏復、鈕氏樹玉、錢氏坫、嚴氏可均、王氏玉樹、吳氏夌雲、王氏煦，篤信許書，咸有纂述，後之作者，無能增損。〔註17〕

諸大家之精審詳贍，嚴刻深微，發揮許說，旁稽古籍，確使「後之作者，無能增損」，個中尤以段、桂二氏為然，王筠嘗曰：

> 今天下之治《說文》者多矣，莫不窮思畢精，以求為不可加矣！就吾所見論之，桂氏未谷《說文義證》、段氏茂堂《說文解字注》，其最盛也。桂氏書徵引雖富，脈絡貫通，前說未盡，則以後說補苴之；前說有誤，則以後說辨正之，凡所偁引，皆有次第，取足達許說而止，故專臚古籍，不下己意也。讀者乃視為類書，不已眛乎！……段氏書體大思精，所謂通例，

〔註14〕見馬敘倫〈清人所著說文之部書目初編草稿〉128 頁，文載《圖書館學季刊》第一卷第一期（1926 年）103～128 頁。

〔註15〕見《清代學術概論》4 頁，梁氏以此為全盛期之特色。

〔註16〕見《四書說略》論語卷二頁 3。

〔註17〕見《釋例》書後頁 2。

又前人所未知。……大徐之識，遜於小徐，小徐之識，又遜二家。治《說文》者，以二書爲津梁，其亦可矣！〔註18〕

是治《說文》者，既「窮思畢精，以求爲不可加」，而段、桂二書又精深閎富，誠不可加矣！踵其後武者，但有補苴，不能增華。況古籍之材料有限，其範圍亦甚拘迂，治者欲求別樹一幟，不奪人之席，不剿人之說，不拾人餘唾，非得橫越舊經籍、舊材料之圈限格局，而另出心裁，旁取他證，是說文學撤去固有之孤立樊籬，漸與金文學摻揉融合，蛻變之契機，於焉展開。

唯乾、嘉諸儒，早據鐘鼎彝器以解經，若戴震於《毛鄭詩考正》中，取周鼎銘以證《詩·靈臺》之「辟廱」〔註19〕，王引之於《經義述聞》〈周易·覆公餗〉中，取《博古圖》宋公欒餗鼎以證〔註20〕，乃續宋人研討金文之流亞，偶爾汲引爲「證經辨史」之筌蹄，即孫星衍於〈答袁簡齋前輩書〉中所謂：

經文生於文字，文字本于六書，六書當求之篆籀古文，始知《倉頡》、《爾雅》之本質。于是博稽鐘鼎款識，及漢人小學之書，而九經三史之疑，可得而解。〔註21〕

其由釋「九經三史」之疑，轉而回歸至證「文字」之本質，以金文爲弁冕，研索其本始流衍之跡者，亦由此時而興發芽吐矣！

（三）思變之先聲——惠、段、桂、莊、嚴諸家

乾、嘉之際，《說文》之學既已風行草偃，所向披靡，而學者亦窮搜博肆，深研巧思，以求其不可復加，值此《說文》之學登峰造極之時，金文著錄傳拓之習氣漸開，扇翕所及，專治文字之學者，亦不容緘戶固局，閉門造車，或負嵎頑抗，撝批鉆鋒，爲孤立獨至之研究，其取以繁弼雅訓者有之，取以證成《說文》者有之，而疑許難許之紛作，乃其流亞矣！是雷浚所云：

許學自唐李氏陽冰至故明趙氏宧光爲一派：趙氏《長箋》，於許意十不得一，趙本書家，非小學經學家也。本朝乾、嘉諸老爲一派：惠徵君提倡許學，江、段、桂踵起著書；此外諸家，有魯、衛、邾、莒之別，同爲許氏功臣。近又別出一派，用鐘鼎文校許書，其極意處幾欲駕許而上之。〔註22〕

〔註18〕見《釋例》自序頁1。
〔註19〕見《戴東原先生全集》158頁。
〔註20〕見《經義述聞》第一頁29。
〔註21〕見孫星衍《問字堂集》卷四〈答袁簡齋前輩書〉。
〔註22〕見《續修四庫全書提要》1694頁；又〈許學叢書序〉云：「許學盛於本朝……予謂

則以「乾嘉諸老」爲一派,「用鐘鼎文校許書」者爲一派,實則乾嘉諸老,業已濡染筆墨,即「用鐘鼎文以校許書」,而非涇渭分明,犁然辨晳,了不相涉也。然其初機幽微,芽蘖略吐,苟不細予批尋,難以究詰明白耳。

今觀惠棟《讀說文記》中,取「焦山古鼎銘王呼史習作冊」以證友之古文習〔註23〕,取「秦和鐘」所作以證簋之古文甌〔註24〕,取「周弭仲寶医」以證簠之古文医〔註25〕,取「周鄦子鐘銘」以證鸞讀若許〔註26〕,取「周季妘鼎云用乍季歔尊彝」以證籀文歔者〔註27〕,純粹徵引以證成《說文》古籀讀若,雖別無發難質疑,然此風氣既起,踵起後武者,仿而效之,段、桂諸書,執金文以明《說文》者,亦此起彼落矣!

段玉裁《說文解字注》一書,前人稱其嚴審博洽,體大思精,羅振玉則以爲未據金文爲之考訂而美猶有憾,嘗言曰:

> 予冠歲受小學,篤好金壇段氏注。顧疑當時吉金文字之學已昌盛,
> 而段君於許君所載古籀文,未嘗援據吉金款識爲之考訂,以爲美猶有憾。
> 〔註28〕

然試爲檢索,書中援據「吉金款識」處,如蘄下引「古鐘鼎款識多借(蘄)爲祈字」〔註29〕,綟下引「趙宋祕閣有宋公綟餗鼎,與竹書宋公綟合」〔註30〕,對下引「趙氏明誠曰:據古鐘鼎皆作對,是漢文亦從古耳,非肊更也」〔註31〕,勒下引「《毛詩》鞗革,皆當依古金石作攸勒、鋚勒」〔註32〕,殹下引「薛尙功所見秦權銘:其於久遠殹,《石鼓文》:汧殹沔沔。權銘殹字,琅邪臺刻石及他秦權、秦斤皆作㢴,然則周秦人以殹爲也可信」〔註33〕,簠下引「歐陽氏《集古錄》曰:

許學有兩派,自唐李氏陽冰至故明趙氏爲一派,名爲許氏功臣,實則許氏之不肖子。本朝諸老先生爲一派,爲二徐之諍臣,即爲許氏之功臣。乃近又別出一派,用鐘鼎文校許書,其極意處幾欲自爲蒼頡,駕許而上之,果駕許而上之耶?」見《說文詁林》(一)386頁雷浚序,文意略同。

〔註23〕見《說文詁林》(三)1053頁友下。
〔註24〕見《說文詁林》(四)1051頁簋下。
〔註25〕見《說文詁林》(四)1055頁簠下。
〔註26〕見《說文詁林》(五)1322頁鸞下。
〔註27〕見《說文詁林》(十)18頁妘下。
〔註28〕見《說文詁林》(一)446頁〈說文古籀補跋〉。
〔註29〕見一下艸部頁13蘄下,《說文詁林》(二)557頁。
〔註30〕見三上言部頁23綟下,《說文詁林》(三)623頁。
〔註31〕見三上丵部頁35對下,《說文詁林》(三)777頁。
〔註32〕見三下革部頁7勒下,《說文詁林》(三)906頁。
〔註33〕見三下殳部頁27殹下,《說文詁林》(三)1133頁。

篋外方內圓，與〈聘禮〉音義合」〔註34〕，也下引「《顏氏家訓》載開皇二年，長安掘得秦鐵稱權，有鐫銘，與《史記》合，其於久遠也，也字正作乜，俗本譌作世。薛尚功《歷代鐘鼎款識》載秦權一，秦斤一，文與《家訓》大同，而權作乜，斤作殹，又知也、殹通用，鄭樵謂秦以殹爲也之證也」〔註35〕，匫下引「畢尚書沅得召鼎，豈其器即匫與？」〔註36〕，鑒下引「古金石文字作攸勒，或作鋚勒」〔註37〕等，凡九條，數量雖微，然用以考經訂史，是正文字假借者，亦往往肯確，唯用「召鼎」以疑「器即匫」，是不知金文詞例，偶失負懃耳！而羅氏之疑，亦可渙然冰釋矣！

然段氏援據金文，方法簡略，取證直接，數量百不及一，謂之草創，可；謂之豐贍，則不可；其所論據，不出宋人著錄金文之《集古錄》、《金石錄》及《歷代鐘鼎彝器款識法帖》之範疇。而所據當世得器「召鼎」，一用即錯，知其金文之學尚非嫻熟，以故前其《說文解字注》，有乾隆十八年（1753），天都黃晟亦政堂修補寶古堂本呂大臨《考古圖》十卷、王黼《博古圖錄》三十卷，嘉慶元年（1796），錢坫刊《十六長樂堂古器款識考》四卷，二年（1797），阮元重刊薛尚功《歷代鐘鼎彝器款識法帖》二十卷，七年（1802），阮氏又刻王厚之《鐘鼎款識》一卷，九年（1804），阮氏刻成《積古齋鐘鼎彝器款識》十卷，段《注》書成於嘉慶十二年（1807），觀其援據者，不過薛氏一書耳！設非客觀環境上之形格勢禁，不遑補苴論斷，其何能舍諸乎？

以觀桂馥《說文解字義證》，則取證較博。桂氏於許君之說，旁通證明，向無一字之疑，是其援據金文，亦採客觀之呈現，臚列證據式，如嗑下引「鐘鼎文作𧫠」以疑籀文𧮫〔註38〕，造下引「古銅戈文曰：羊子之艁戈」以證古文𨑮〔註39〕，對下引「《金石錄》大夫始鼎銘跋云……」〔註40〕，𥥶下引「紀尚書昀所藏古鐘有銘云𥥶乃吉金」〔註41〕，陳下引「古銅印有陷陳破虜司馬」〔註42〕，攻下引「齊侯鑄鐘銘：肇敏于戎功，作攻」〔註43〕，惠下引「焦山鼎文作𢡆」以證古文𢤶〔註44〕，受

〔註34〕見五上竹部頁十篋下，《說文詁林》（四）1050頁。
〔註35〕見十二下乙部頁33也下，《說文詁林》（十）274頁。
〔註36〕見十二下匚部頁50匫下，《說文詁林》（十）411頁。
〔註37〕見十四上金部頁2鑒下，《說文詁林》（十一）14頁。
〔註38〕見二上口部，《說文詁林》（二）1113頁。
〔註39〕見二下辵部，《說文詁林》（三）45頁。
〔註40〕見三上丵部，《說文詁林》（三）777頁。
〔註41〕見三上廾部，《說文詁林》（三）796頁。
〔註42〕見三下攴部，《說文詁林》（三）1223頁。
〔註43〕見三下攴部，《說文詁林》（三）1263頁。

下引「漢銅印作𦥑，有橫畫，從舟省也。……戴侗曰：鐘卣之文皆从舟」〔註45〕，剝下引「《嘯堂集古錄》周齊侯鎛鐘銘：造而朋剝」〔註46〕，盒下引「《考古圖》有伯戔饋盒，通作盒」〔註47〕，躲下引顧炎武曰：「《左傳》成周宣榭火，呂大臨《考古圖》邾敦銘曰：王格于宣榭，蓋宣王之廟也。……」〔註48〕，櫺下云：「予嘗得一古銅罍，環其腹皆有畫，正如人間屋梁所畫曲水，細觀之，乃是雲、雷相閒為飾……」〔註49〕，鄦下引「《考古圖》有鄦鼎銘」〔註50〕，昔下引「紀尙書所藏銅鐘銘文：玄鏐赤鏐」從籀文𣊟〔註51〕，旅下引「秦和鐘款識：以受毛魯多釐」〔註52〕，冊下引「晉姜鼎：令俾串通」〔註53〕，禾下引「鐘鼎文穆、年等字作𥞫」〔註54〕，宗下云：「或借保字，鐘鼎款識：子孫永保用享」〔註55〕，保下云：「古文作𠊽，見楚邛仲南和鐘」〔註56〕，廱下引戴震云：「周鼎銘曰：王在辟宮，獻工錫章。……」〔註57〕，麋下引「鐘鼎款識眉壽多作麋壽」〔註58〕，㒸下引「齊侯鎛鐘銘：子子孫孫㒸保用亯」〔註59〕，龍下引莊述祖「鐘鼎文龍字从辰巳之巳」〔註60〕，終下引「周史頵鼎作𠆢，麂敦作𠆢」〔註61〕，釐下引「薛尙功《鐘鼎款識》盄和鐘銘：以受屯魯多釐」〔註62〕，鋚下引「宰辟父敦攸革，伯姬鼎攸勒，即石鼓文鋚勒」〔註63〕，巳下引「鐘鼎文龍字從巳，龍蛇同類」〔註64〕，鐘下引「鐘鼎款識有谷口銅甬」〔註

〔註44〕　見四下車部，《說林詁林》（四）540 頁。
〔註45〕　見四下攴部，《說林詁林》（四）572 頁。
〔註46〕　見四下刀部，《說林詁林》（四）884 頁。
〔註47〕　見五上皿部，《說林詁林》（四）1409 頁。
〔註48〕　見五下矢部，《說林詁林》（五）199 頁。
〔註49〕　見六上木部，《說林詁林》（五）784 頁。
〔註50〕　見六下邑部，《說林詁林》（五）1322 頁。
〔註51〕　見七上日部，《說林詁林》（六）97 頁。
〔註52〕　見七上𠅛部，《說林詁林》（六）180 頁。
〔註53〕　見七上冊部，《說林詁林》（六）279 頁。
〔註54〕　見七上禾部，《說林詁林》（六）362 頁。
〔註55〕　見七下宀部，《說林詁林》（六）681 頁。
〔註56〕　見八上人部，《說林詁林》（七）12 頁。
〔註57〕　見九下广部，《說林詁林》（八）87 頁。
〔註58〕　見十上鹿部，《說林詁林》（八）540 頁。
〔註59〕　見十一下永部，《說林詁林》（九）703 頁。
〔註60〕　見十一下龍部，《說林詁林》（九）909 頁。
〔註61〕　見十三上糸部，《說林詁林》（十）576 頁。
〔註62〕　見十三下里部，《說林詁林》（十）1269 頁。
〔註63〕　見十四上金部，《說林詁林》（十一）14 頁。
〔註64〕　見十四下巳部，《說林詁林》（十一）761 頁。
〔註65〕　見十四上金部，《說林詁林》（十一）127 頁。

65〕，丕下引「齊侯鎛鐘銘：不顯穆公之孫」〔註66〕，帝下引楊慎曰：「鐘鼎文子二孫二，字皆不複書……」〔註67〕等，凡三十條，較段之粗疏，已然纂密加詳，而中多疑許之語，似非「臚列古籍，不下己意，博引旁徵，展轉孳乳，使人讀之，觸類自通」〔註68〕而已，時或責以別擇弛紀，力謂「吉金不可以證雅訓」〔註69〕，唯察桂氏之意，敷佐鉤索，吉金正可以證雅訓也，而數條微眇，正如吉光片羽，用窺其意態走向耳！

　　段、桂二氏援據金文之晨熹初露，其後莊述祖以「復古之銳意」〔註70〕，撰寫《《說文》古籀疏證》，「惜屬草未竟而歿」，其書亦未成；嚴可均意在「語許君所未盡語，通經典所不易通」，集泉刀布幣鐘鼎盨匜弋戟等銘，取《考古圖》、《博古圖》、《嘯堂集古錄》、《薛氏鐘鼎款識法帖》、阮氏《積古齋》編錄，成《說文翼》一書〔註71〕，唯書亦不傳。然於其中，可略窺乾、嘉及後之治文字學者，無不沾染援據金文之習氣，惠、段、桂三氏如此，莊、嚴二氏焰更烈，而金文流風之所扇，研究《說文》者亦難攖其鋒，設非頑執太毅，掩目而屏耳，其能獨立於此靡天蓋地之風潮外者，能有幾希？故孫詒讓云：「我朝乾、嘉以來，經術道盛，修學之儒，摹斟篆籀，輒取證于金文。」〔註72〕良有以也。

　　王筠處此《說文》、金文兩相交會鎔鑄之契機，復承惠、段、桂、嚴諸家之初緒，忱心邃古，精審取證，於材料上別擇，於方法上入理，是沈家本嘗推許之曰：

　　　　近自乾隆以來，羣重許學，治之者亦人才輩出，以嘉慶、道光中為尤盛。段玉裁深於經術，每字必溯其源；桂氏馥蒐集宏富，能會其通；王氏筠承諸家之後，參以金石，義例益精。〔註73〕

後出轉精，義例益備，是王筠援據金文，殆亦淵源有自，非憑空拔起，忽成氣候也。然其涵泳潛研，實事求是，在《說文》四大家中，確能獨出機軸，深具卓識，而與文字之精髓契合矣！

〔註66〕見一上一部，《說林詁林》（二）31頁。

〔註67〕見一上上部，《說林詁林》（二）43頁。

〔註68〕見胡樸安《中國文字學史》322頁。

〔註69〕見許瀚《某先生校桂注說文條辨》3頁。

〔註70〕見潘祖蔭《說文古籀疏證》序，《說文詁林》（一）435頁，下引同。

〔註71〕見嚴可均《說文翼》自序、後序，載《說文詁林》（一）435～437頁；按：今北京圖書館藏有《說文解字翼》十四卷中一至七卷，稿本，一冊，見《北京圖書館古籍善本書目》164頁。

〔註72〕見〈古籀拾遺自序〉，《說文詁林》（一）437頁。

〔註73〕見〈說文校議議序〉，《說文詁林》（一）83頁。

二、金文著錄傳拓之再興與助成

（一）金文著錄傳拓之再興

　　夫金文之學，肇於漢，盛於宋，元、明兩代斯風稍戢，入清之後，則如枯木逢春，芽稊再興，百年之間，丘壟窟穴，田野溝塹，商周遺物，應世而出，其數大倍於往昔，以故摹寫著錄，氈墨傳佈，盛況空前，突軼往代矣！

　　清初順治、康熙、雍正三朝（1644～1735），其時吉金之器，未聞續出，故諸家攻究，承前明之餘，偏於石刻。乾隆（1736）以後，古器之學復興，乃與石刻分途專精，各自名家，蔚為極盛〔註74〕。乾隆以帝王之尊，「欽命儒臣」輯錄內府藏器，成《西清古鑑》四十卷、《寧壽鑑古》十六卷、《西清續鑑》甲乙編各二十卷等四書，上好下從，於焉海內士大夫，聞風承流，相與購致古器，蒐集拓本，靡遺餘力，而與乾、嘉樸學，融合交參，相得益彰，形成一新勁之高潮矣！

　　觀其成書於乾、嘉、道、咸四朝（1736～1861）者，以乾隆敕撰之「四鑑」為最早，然器既集於內府，書亦無由傳刊，森森門禁，學者能究其詳者鮮矣！至以私人之力，著錄一家藏器者，則始於錢坫之《十六長樂堂古器款識考》四卷，錢氏於「一物一器，必硠硠據經據史，務令等其至當。」〔註75〕是器雖不多，而皆精湛，尤以橅刻，更勝四鑑。書既刊於嘉慶元年（1796），承其緒者，摹刻益精，著錄益富，嘉慶九年（1804），阮元撰《積古齋鐘鼎彝器款識》十卷；道光十八年（1838），劉喜海撰《清愛堂家藏鐘鼎彝器款識法帖》一卷；道光十九年（1839），曹載奎撰《懷米山房吉金圖》一卷；道光二十年（1840），吳榮光撰《筠清館金文》五卷〔註76〕，及葉志詵撰《平安館金石文字》七種。是時愈趨後，著錄之書愈多，金文著錄傳拓之再興，於斯可見。

（二）金文著錄傳拓之助成

　　容庚嘗指出，箸錄之法，自宋至清同治以前，繪圖刻木，或刻於石〔註77〕，不論其刻石或雕板，皆工料浩繁，非官方及士大夫不易為〔註78〕。清代學術發達，士大夫雖提倡刻書，亦知刊印著錄之重要，苟非「有力而在都會」者，誠難望其功成，是陳介祺與鮑康書云：

　　　　今人論書必推許氏。許書已非真本，豈能如鐘鼎為古文字真面目。……

〔註74〕參見朱劍心《金石學》34頁。
〔註75〕見錢坫《十六長樂堂古器款識考》卷首自序。
〔註76〕諸書可詳王永誠《先秦彝銘箸錄考辨》69～199頁。
〔註77〕見容庚《商周彝器通考》258頁。
〔註78〕見容庚、張維持《殷周青銅器通論》139頁。

好古家刻書，每患己見之陋而沮。愚謂刻摹精審，則天下後世皆得借吾刻
以考證，又何必因噎而使錯過失時。〔註79〕

所謂「刻摹精審，則天下後世皆得借吾刻以考證」者，良是也。唯時條件未備，
常儒貧士，大抵皆「畢其一生之精力而一無所傳也」，刻書之難，陳氏亦慨而係之
曰：

刻書之事，不能不望有力而在都會者，無友無工，惟有浩歎！〔註80〕

是金文之著錄，不得不賴「有力而在都會」者之鳩工鑴行，以助成學者之研究矣！

時京師人才薈萃，「魁儒碩生，究樸學、能文章者，輻湊鱗比」〔註81〕，阮元
以一代儒宗〔註82〕，提進學者，開創學風，如何紹基所謂：

至於網羅六藝，貫穿百家，又巍然有聲名位業，使天下士歸之，如星
戴斗，如水赴海，在今日惟儀徵及司農兩公而已。〔註83〕

儀徵阮氏，以「巍然有聲名位業」，既為顯官，又有經師之尊，與吳榮光俱以封疆
大吏，嗜古而力足以副之〔註84〕，既倡樸學，復重視古器銘之研究，嘗於嘉慶二
年（1797），重刊宋薛尚功之《歷代鐘鼎彝器款識法帖》二十卷，又於七年（1802）
刊行宋王厚之所輯之《鐘鼎款識》一卷〔註85〕，為斯學之先導。其後於嘉慶九年
（1804），鑑於古物之不可久保，圖書卻可流傳不絕，欲聚一時之彝器，摹勒成書，
以繼薛書之後，乃聚友人同好者之各藏器各揭本〔註86〕，與其所自藏自揭者集為
一書，名《積古齋鐘鼎彝器款識》，凡收器五百五十一〔註87〕，廣肆博納，豐贍詳
實，其對當時研究古器銘之風氣，洵有推波助瀾，開創獎掖之功，學者假以為羽

〔註79〕 見陳介祺《簠齋尺牘》卷八頁 6。
〔註80〕 見陳介祺《簠齋尺牘》卷八頁 37。
〔註81〕 見何紹基《東洲艸堂文鈔》卷四頁 2〈龍泉寺檢書圖記〉一文。
〔註82〕 參見劉禺生《世載堂雜憶》13 頁〈清代之教學〉一條。
〔註83〕 註同 81。
〔註84〕 見梁啓超《清代學術概論》95 頁。又阮氏〈積古齋記〉中亦云：「予於鐘鼎古器，
有深好也。……予政事之暇，藉此羅列，以為清娛，且以償案牘之勞。」見《揅經
室三集》卷三頁 19～20。
〔註85〕 按：是書阮元定為王厚之所輯，道光二十三年（1843），阮氏遭鄰火之劫，此書原本
及刻板俱燬。道光二十八年（1848），葉志詵有翻刻本。
〔註86〕 見《積古齋鐘鼎彝器款識》（以下簡稱《積古齋》）阮元自序頁 1 云：「友人之與余同
好者，則有江侍御德量、朱右甫為弼、孫觀察星衍、趙銀臺秉沖、翁比部樹培、秦
太史恩復、宋學博葆醇、錢博士坫、趙晉齋魏、何夢華元錫、江鄭堂藩、張解元廷
濟等，各有藏器，各有揭本，余皆聚之，與余所自藏自拓者，集為《鐘鼎款識》一
書，以續薛尚功之後。」
〔註87〕 據阮書自序云：「薛尚功所輯共四百九十三器，余所集器五百六十，數迨過之。」容
庚《商周彝器通考》以其輯器五百五十一耳。

翼，梳理研析，稽考旁求，遂開研究金文之端緒矣！而吳氏之《筠清館金文》，非續《積古齋鐘鼎彝器款識》而作〔註88〕，乃著錄四十六年來手抄目見，搜羅蓄藏所得，凡二百六十七器。餘如《清愛堂》〔註89〕、《平安館》〔註90〕諸書，皆使觀覽者得其惠，爲學者蒙其澤，苟無是書之傳，學者欲攻究潛研，殆依傍而無門，既乏實物之藏，又無憑藉之書，則學問何能爲乎？

　　昔張之洞曰：「刻書者，傳先哲之精蘊，啓後學之困蒙，亦利濟之先務，積善之雅談也。」〔註91〕學者治學，需博覽載籍，腹富五車，而後可以揚搉是非，參稽同異〔註92〕。銅器銘文之著錄傳拓，使學者有機緣一窺此物之精蘊閫奧，「借書間話，疑事相質」〔註93〕，而使文字吉金，破除孤立之樊籬，相爲表裡，互闡幽韻。

　　王筠生於乾隆四十九年（1784），卒於咸豐四年（1854）〔註94〕，適逢乾、嘉、道、咸四朝，時金文著錄諸書方出，氈墨傳揚，蔚爲風氣，觀王筠行文著述，每每徵及《考古圖》、《博古圖》、《金石錄》、錢氏《款識》、《積古齋》、《清愛堂》、《平安館》、《筠清館》〔註95〕諸書，其於款識，無不旁稽援用，則金文著錄傳拓之助成，亦王筠應用金文之背景因素之一，可推闡而知云。

三、師友間之同氣砥礪

　　攏觀王筠諸傳記，若《清史稿》儒林傳卷四百八十二、《清史列傳》儒林傳卷六十九、《續碑傳集》卷七十四、《清儒學案小傳》卷十五貫山學案、《清代樸學大師列傳》小學家列傳第十二、《清代七百名人傳》樸學、《近代名人小傳》〔註96〕、《經學博采錄》卷四〔註97〕、《青州府志》卷五十〔註98〕、《續安邱新志》卷十六〔註99〕、

〔註88〕見吳榮光《筠清館金文》凡例一頁 3 云：「此書非續《積古齋鐘鼎款識》，亦非續《金石萃編》，不過紀四十六年之所得，名之曰《筠清館金石錄》。」
〔註89〕詳見王永誠《先秦彝銘著錄考辨》173～177 頁。
〔註90〕書今不傳，見朱劍心《金石學》37 頁著錄。
〔註91〕見張之洞《書目答問》二別錄〈勸刻書說〉78 頁。
〔註92〕見洪有豐〈清代藏書家攷〉，載《圖書館學季刊》第一卷第一期 42 頁。
〔註93〕語見何紹基《東洲艸堂文鈔》卷四〈邨谷論心圖記〉頁 6。
〔註94〕詳見後附錄之年表與《清史稿》卷四百八十二頁 13279～13280 云：「咸豐四年，卒，年七十一。」
〔註95〕詳見後文〈援據金文之來源〉一節。
〔註96〕以上諸書據周駿富輯《清代傳記叢刊》所收錄，明文書局印行（民國七十四（1985）年初版），趙爾巽《清史稿》卷四百八十二頁 13279～13280；國史館《清史列傳》卷六十九頁 599～600；繆荃孫《續碑傳集》卷七十四頁 290～294；徐世昌《清儒學案小傳》卷十五頁 43～45；支偉成《清代樸學大師列傳》第十二頁 328～329；蔡冠洛《清代七百名人傳》1673～1674 頁；費行簡《近代名人小傳》343～344 頁。
〔註97〕見桂文燦《經學博采錄》卷四「王菉友」138～141 頁。

《山東通志》卷百七十五〔註 100〕、《鄉寧縣志》卷九〔註 101〕、《安邱述略》古今人物〔註 102〕等，言其生平，詳略互見，論其交友，率以王筠「遊京師三十年，與漢陽葉志詵、道州何紹基、晉江陳慶鏞、日照許瀚，商榷今古。」四人皆金石名家〔註 103〕，所商榷之今古，或亦有「讀書當潛心，訂古必有據」〔註 104〕之古器物在內，是陳介祺〈《說文》古籀補敘〉文中亦言：

> 至我朝而許氏之學大明，鐘鼎之字亦大顯，儀徵阮文達公先成《積古齋鐘鼎款識》一書，最為精善，傳布於天下，所收王復齋《鐘鼎款識》拓冊，亦為最古。……時漢陽葉東卿駕部，海豐吳子苾閣學，道州何子貞同年，皆以文字及先公門，諸城李方赤，外舅劉燕庭，世丈安邱王菉友，婣丈日照許印林同年，皆在京師，嘉興張未末解元，徐籀莊明經，皆南中未見忘年交，共以古文相賞析。〔註 105〕

個中所敘葉、吳、何、李、劉、許、張、徐、陳與王筠諸人「共以古文相賞析」者，古文除為孔子宅壁中書、張蒼侯所獻《左氏傳》外，會其文意，實以鼎彝銘文為重點所在〔註 106〕，是王筠與諸友人於商榷賞析當中，援鐘鼎銘文以「通許書字，正許書字，補許書字」〔註 107〕，進而對文字之初形本義，蕃衍流變，存疑推勘，研索尋繹，亦理之所必然矣！

夫周咨擇善，往往取益于友朋，前說諸人，雖於具體之事實不易羅致，唯於王筠諸書及各家文集日記中，略能撝搉一二，並其所記，有溢出諸人之外者，是有則匯而比觀，無則闕而憾惜，銖積寸累，冀能略窺王筠援據金文，乃植基於師友相交，同氣砥礪，於撫摩賞析，商榷論辨之餘，施諸筆墨，布於諸札，一一呈現個中之風

〔註 98〕見劉燿椿等《青州府志》卷五十頁 3471～3472。
〔註 99〕見馬步元等《續安邱新志》卷十六頁 201～202。
〔註 100〕見孫葆田等《山東通志》卷百七十五頁 5041。
〔註 101〕見吳庚等《鄉寧縣志》卷九名宦錄 424～425 頁。
〔註 102〕見李江秋《安邱述略》古今人物王菉友 110～111 頁。
〔註 103〕見陸和九《中國金石學》〈清代金石家姓氏表（三）〉318～320 頁，列何紹基金石、許瀚石、陳慶鏞金。唯許瀚當不僅於石。
〔註 104〕見《釋例》卷十三頁 16。
〔註 105〕見《說文詁林》（一）417 頁收錄。
〔註 106〕按：陳文前云：「今世無許書，無識字者矣……今世無鐘鼎字，無通許書字，正許書字，補許書字者矣！……許氏之書，至宋始著，傳寫自多失真，所引古文，校以今傳周末古器字，則相似。」是古文與周末古器可相涵攝，唯其所論限於「周末」，似較狹窄。至許君所謂「古文」之義界源流，可參見邱德修《說文解字古文釋形考述》19～33 頁。
〔註 107〕見《說文詁林》（一）417 頁。

貌者也。

　　王筠嘗於《釋例》中提及：「張古娛贈我叔液匜，作⊙，皆與也篆相似。葉東卿贈我鄭伯盤，銘有𣓤𠦲字，即〈既夕禮〉之盤匜也。」〔註108〕關於「張古娛」，史傳未載，知者亦王筠自道之曰：

　　　　廿年前在都，識陽曲張古娛學博，以所藏周召公尊拓本見示，且曰：《博古圖》載此器一手痕，此則兩手痕，然都人士皆目爲宋翻沙。丙午初夏，在陽曲，於司馬李鶴生座上，見其器，則翻沙之跡具存，其銘文之無神采，亦與此同，則誠不足珍也。〔註109〕

是張古娛者，陽曲人，官學博，亦嗜古器物者，其贈王筠「叔液匜」，王國維《國朝金文著錄表》與福開森《歷代著錄吉金目》皆未嘗著錄；而所藏「周召公尊」，曾以拓本與王筠相推勘，證知其銘「無神采」，並與《博古圖》對校，判爲「宋翻沙」，則辨證校勘，審辨眞僞，有如是者矣！

　　至若「葉東卿」者，名志詵，官至兵部郎中〔註110〕，世爲魁碩巨儒，家多金石文史〔註111〕，於時家門鼎盛，樂與二、三寒士訂交〔註112〕，尤以其子名澧，字潤臣，與王筠最善〔註113〕，相勗以樸學〔註114〕，作文字飲，以商榷文字爲樂〔註115〕。東卿既富家藏，有《平安館金石文字》〔註116〕，《平安館藏器目》〔註117〕傳世，王筠時相過從，目驗手摩，共商細量，以推究文字者，得有其機緣，況東卿所贈，乃爲珍器，情誼非凡，於斯可見，是王筠於著述中，屢屢引及《平安館金石文字》者，亦有其背景成因在。

〔註108〕見《釋例》卷五頁27𠃍部也下。按：葉志詵《平安館藏器目》6頁作〈鄭伯匜〉，當是。

〔註109〕見《肍說》50頁〈父乙鼎記爲蘇賡堂作〉下。

〔註110〕其本傳詳見《續輯漢陽縣志》卷十八頁52。

〔註111〕詳見閔爾昌纂錄《碑傳集補》朱琦撰〈葉中憲君傳〉卷五十頁200。

〔註112〕按：葉志詵子名琛，由翰林累官督兩廣，以撫夷，晉男爵，拜大學士，是時漢陽葉家，門貴勢盛。詳見《碑傳集補》卷五十頁200。

〔註113〕按：王筠《繫校》序中，稱與潤臣約，王任異文，葉任典故，厥後書成，而葉氏之稿未完，然書中亦頗引其說，如卷一頁1（8）上字、示字；卷一頁2（9）福字、祡字；卷八頁3（94）腰字。

〔註114〕見葉名澧《敦夙好齋詩續編》卷五頁22〈附劉炳父書〉有：「閣下家門鼎盛，樂與二、三寒士訂交，……願與閣下相勗以樸學」之語。即葉氏之謂：「相謀文字樂，暇日一盤桓」，同上卷七頁16〈秋夜李子衡招飲〉詩。

〔註115〕見《敦夙好齋詩續編》卷十頁13；卷一頁6。

〔註116〕見朱劍心《金石學》37頁。

〔註117〕見藝文印書館《百部叢書集成》本。

何紹基是清代有名書家，所謂「於學無所不窺，六經子史皆有著述，尤精小學。……書法具本平原，上溯周秦兩漢古篆籀，下至六朝南北碑版，搜輯至千餘種，皆心摹手追，卓然自成一家」〔註118〕，而於「經史《說文》考訂尤研審，旁及金石圖刻律算，實事求是，識解精超。」〔註119〕觀其於〈僧六舟金石書畫編年錄敘〉文中云：

> 余性喜學書，亦好爲金石攷訂之學，又兼及畫理。……六公欲破吾悲涕，則日出其積年所蓄金石打本，及所藏名書古畫，相與欣賞訂正，有時辨駁風起，奇論電發，蚊蹲於筆，汗流被髁而不知也。〔註120〕

描摩考訂金石之興酣專注情形，頗爲傳神，而其所好，則在與志同者之「相與欣賞訂正」也。至其切磋之誼，在語言文字之外，所謂「相視而笑，莫逆於心」〔註121〕。王筠與紹基，趣好相同，書翰往來，時露切磋賞析之情景者，如《何紹基手寫日記》中，嘗道及：

> 見菉友寄來之錫叔液彝字，及翁祖庚所贈之馮姑昏鑼，鑼蓋即銚字。器形奇而字極趣。〔註122〕接陳晉卿書，贈《王菉友說文兩種》，皆我所已有。〔註123〕

所述雖如電光石火，一閃即滅，然從稍縱即逝之火光中，得略窺其書信往返，推勘器物銘文之殘跡，而所言之「錫叔液彝」，疑即張古娛所贈之「叔液匜」也。

餘如〈書莊子後〉文中，知王、何二人口耳言聞，增廣見識，研析學問，幾至無所不談之情境，非僅拘拘於字摩而句辨，斤斤於抱殘而守闕，但仍不改其考證之本色者，其言曰：

> 昔聞俞理初、王菉友俱言旃檀寺道藏中，莊子書多出於世間傳本之外，即今本所有者，文字亦多異同。然則後人讀書難得完本、善本，豈徒儒家者流乎？可爲一慨也。〔註124〕

是王、何二氏，藉文字言語，推究學問，尤於小學金石，多所研析之情景，亦可一隅而反矣〔註125〕！

〔註118〕 按：《繫校》卷三十頁 5（405）有：「辛卯冬，復至都，葉氏平安館買一《考異》鈔本，借校一過。」知其時相過從也。

〔註119〕 詳見《碑傳集補》卷九頁 541 熊少牧所撰〈道州何君墓誌銘〉及《清代七百名人傳》第五頁 1857～1858 何紹基。

〔註120〕 見何紹基《東洲艸堂文鈔》卷三頁 13。

〔註121〕 見《東洲艸堂文集》卷三頁 19～20〈陳松心撼山艸堂詩集序〉。

〔註122〕 見《何紹基手寫日記》118～119 頁初八日下。

〔註123〕 同上 248 頁廿四日下。

〔註124〕 見《東洲艸堂文鈔》卷五頁 4〈書莊子後〉。

〔註125〕 何紹基有《東洲艸堂金石詩》，山陰吳氏遯盦金石叢書本，唯所題詠，石多而金少。

陳慶鏞者，字乾翔，號頌南，以直聲冠三御史之目〔註126〕，治經實事求是，考
釋鐘鼎，能紬發故訓，洞達神恉〔註127〕。嘗爲吳榮光編釋《筠清館金文》〔註128〕，
並著有《齊侯罍銘通釋》二卷〔註129〕，稱當時金石名家。並於小學之書，沈研鑽極
〔註130〕，精眇獨至〔註131〕。與王筠論交，亦同氣相求，嘗跋王筠《正字略》曰：

> 余友菉友，精于六書，上及倉頡史籀觟書遺意，著有《說文釋例》廿
> 卷，未梓，茲先付梓《正字略定本》。其書簡明易曉，使初學者一覽了然，
> 讀許氏書者，以此爲津逮可也。〔註132〕

既稱爲「友」，朝夕昕從，互與論學，濡化沫染，風習相尚，即王筠所謂：「君子以
文會友，安有無故群居者。」〔註133〕況《筠清館》、齊侯罍諸器銘，王筠亦屢加汲
引〔註134〕，是知二人之同氣砥礪，亦爲王筠應用金文之胚基也。

許瀚者，即龔定盦推尊爲「北方學者君第一，江左所聞君畢聞」之日照許印林
也〔註135〕。史傳稱其「博綜經史及金石文字」，尤篤嗜金石，友有所得，輒共爲審
訂，每於經史中得佐證，古之益友，直諒多聞，洵許氏之謂〔註136〕。其金石著作，
有《金石學》五卷《跋尾》二卷、《濟州金石志》八卷〔註137〕。惜經籍金石，俱燬
於捻寇，今所見之《攀古小廬雜箸》十二卷中〔註138〕，卷六至卷九〈金石說〉乃說
金之部分，收錄周楚公鐘鐘、周楚公家二鍾、周受鐘、周兮中鐘、周子璋鐘、周許
子鐘銘釋文、周叔氏寶林鐘、周虢叔大林鐘、兩子昇缶鼎、周明我鼎、周扶鼎、周
中自父鼎、周本鼎、周太保鼎、周父丁方鼎、明神鼎、邾束朋鼎、周犀伯魚父鼎、
周輅叔朕鼎、周季娰妣鼎（以上卷六）；商父己尊、周贏季尊、亞丙尊、肸尊、周拍

〔註126〕 詳陳慶鏞傳，可見《清史稿》列傳卷三百七十八頁 11591～11593；《續碑傳集》卷
　　　　十九頁 63〈陳公墓誌銘〉；丁晏《頤志齋文鈔》〈朱琦陳慶鏞合傳〉7～16 頁。
〔註127〕 見《清儒學案小傳》卷十五頁 57～58。
〔註128〕 見吳榮光《筠清館金石錄》序。
〔註129〕 按：中央研究院傅斯年圖書館藏陳慶鏞《籀經堂類稿》二十四卷，清陳榮仁重編，
　　　　光緒九年（1883）刊本，後附〈齊陳氏韶樂舞罍通釋〉上下篇，即此。又《籀經堂
　　　　鐘鼎考釋跋尾》一卷，在《邃雅金石叢書》第二八冊，可參。
〔註130〕 見《籀經堂類稿》卷十七頁 22〈小學策對〉下語。
〔註131〕 見何秋濤〈齊侯罍銘通釋跋〉頁 1。
〔註132〕 見《正字略》63 頁跋。
〔註133〕 見《四書說略》論語 18 頁。
〔註134〕 參見後文〈王筠援據金文之來源〉一節。
〔註135〕 見龔自珍《定盦文集補》頁 3〈己亥雜詩〉三百十五首之三十九。
〔註136〕 見《續碑傳集》卷七十九頁 578～580 楊鐸撰〈許印林先生傳〉及《清史稿》卷四
　　　　百八十一頁 13231 本傳。
〔註137〕 見《山東通志》卷百三十四頁 3754 藝文志史部下。
〔註138〕 按：是書今藏日本東方文化學院京都研究所內。

尊、周趲尊、己卣、高圞出父己卣、矢伯隻卣、周兄日壬卣、周宰德氏壺、周仲伯壺、子爵、商父己爵、祖甲爵、豕形立戈爵、周鷹公觶、商戚觶、商觶、商子孫父乙角、宰虞角、周魯侯角、婦鱻觚、周手執矢觚、商龍銅、周安父彝、君錫彝、周集咎彝、商祖癸彝、茉姬彝、父戊彝、吳彝（以上卷七）；周中隹父殷、周兄殷、呪殷、周吳象父殷蓋、周遣小子殷、周幽中殷、周杞白每殷、晉姬殷、周太僕原父殷、穌公子癸父甲殷、周郜遣殷、周陳逆殷、商戲殷、周豐伯車父殷、周鑄叔皮父殷、太保子肉殷、周君夫殷蓋（以上卷八）；周伯其父簠、史尢簠、齊陳曼簠、周叔命簠、甲午簠、周格伯簠、伯憲盉、周杞伯匜銘、周柙盉、父己甗、伯貞丁甗、周晉姬鬲、友父鬲、周伯夏鬲、周般仲盤、齊大宰盤、叔多父盤、周齊國佐鐵、周劉、周距末、克楚戈、宋公䝿戈、陳戈等諸前漢器，所刻金文拓本，尚多空白，蓋未完工之刻，而摹寫金文極精〔註139〕，考據詳密，幾可成家，是印林之致力於金石之考訂，掔究其蘊奧，實靡於寒暑矣！

　　王筠與許瀚論交甚久，書中引述，亦多不勝舉，所謂：「不能決者，決之日照許印林。」〔註140〕依傍信賴之情，溢乎文表，而二人之以學問相切磋，其最著者，乃〈與王菉友論《說文》或體俗體〉、〈與菉友論《說文》異部重文〉二書〔註141〕，筆墨往返，相互論證，至其精微而後可〔註142〕。況王筠在論著中，亦時取許氏考釋金文之說以相發明證成〔註143〕，前舉諸器，每在或採之林，則其譽欸相隨，如影追形，爰斯可見矣！

　　王筠嘗為蘇賡堂作〈父乙鼎記〉，賡堂係蘇廷魁之字，廣東高要人〔註144〕。記曰：

　　　　甲辰歲（按：即道光二十四年），張石州書來，言蘇賡堂給諫得商父乙鼎，以為此乃《博古圖》中第一器，筠即致書以賀賡堂，賡堂俾作記，

〔註139〕按：漢器尚多，不具錄。《山東通志》卷百四十七頁4386～4400另錄其魯頌叔多父盤、陳侯午敦、齊陳曼簠、齊國佐甗諸器考釋。又按：葉景葵《卷盦書跋》152頁〈攀古小廬雜著〉下云：「所刻金文拓本，尚多空白。蓋未完工之刻，印林摹寫金文極精，予得《攈古錄金文》原稿中，取印林摹本，可見一斑。」

〔註140〕見《正字略》頁3又記。

〔註141〕見許瀚《攀古小廬雜著》卷五頁8～10。

〔註142〕唯二人尚有不莫逆會心處，許瀚在〈附荅楊至堂先生書略〉文中嘗云：「丙戌、丁亥之間，瀚在京師，為李方赤觀察分校此書，同人厭其蕪雜，欲從事刪汰者甚眾，鄙意亦云然，獨安邱王菉友筠孝廉以為未可輕議，當時不甚解其意，展轉十餘年後，初見頓易。」卷五頁15。筠之識見，實駕乎許瀚之上。然二人情誼，洵如張穆所謂：「安丘與俞、許，誼亦罩季親。」見《㫋齋詩集》卷三頁5。

〔註143〕詳見後文〈援據金文之來源〉一章。

〔註144〕按：蘇廷魁傳詳見《清代河臣傳》卷之四頁203～204。

石州又寄其拓本，並鈔《博古圖》跋語以來。筠於是書，未得見宣和原本，蓄有至大重修一本，篆文劣於泊如齋本，而每器之下皆有注，或曰依元樣製，或曰減小樣製，以兩本校之，泊如齋圖無不小者，是以於此區別之詞，一切刪之也。父乙鼎固署曰：依元樣製。遂以廬俿尺度之，本高七寸，今加五分。耳高一寸二分，今一寸七分。口徑五寸六分，今六寸一分。腹徑六寸，今七寸一分。其耳闊及深不可較。不知宣和時，所用何等尺也。泊如本篆文雖精巧，然體製一律，知是但書其文，未摹其體，故概置不論。惟以拓本與積古齋本校之，拓本字高二寸九分，闊一寸九分，積古本高二寸五分，闊一寸，其數既不符，積古齋玉字，拓本、至大本皆不可識。摩滅二字，兩本作🔳，三作☰，拓本之🔳，則又兩本皆作〵。是知虡堂所得者，別自一器也，然以篆文決之，此乃宋人翻沙，不足珍也。金刻文雖不一，然或橫肆，或工巧，或古穆，未有無神采如此者。廿年前在都，識陽曲張古娛學博，以所藏周召公尊拓本見示，且曰：《博古圖》載此器一手痕，此則兩手痕，然都人士皆目為宋翻沙。丙午初夏在陽曲，於司馬李鶴生座上，見其器，則翻沙之跡具存，其銘文之無神采，亦與此同，則誠不足珍也。……然則虡堂於此鼎也，第當觀乎其象，而勿泥乎其物，於所戒者戒之，於所吉者吉之，安知數百年後，人不以虡堂之物，而寶貴藏弆之，以為此前賢之手澤乎！若以為翻沙不足珍，將必求可珍者而珍之，則玩物喪志，正足戒矣！吾知虡堂之不然也。〔註145〕

記甚長，約其原文如上。知一器之傳佈，由友朋之氈墨書寄拓本，比按書冊，判其形制大小、銘文點畫、以至書法精神，皆細加審訂，而後躬親目驗，合觀諸器，推勘真偽，大含細入，一絲不苟。而其過程如是之繁複，非一人一時一地之可立判而成者，必也蘇虡堂、張石州〔註146〕、李鶴生諸人，共襄盛舉，鼎力相助而後可。故王筠援據諸器銘文之背底，亦可作如是觀；其於吳子苾、李方赤、劉燕庭之相與論學，其內容亦有如是者矣！

前述諸人，王筠大抵以友視之，至其以「師」稱之者，除王惺齋朝銤外〔註147〕，

〔註145〕見《肵說》49～50頁。

〔註146〕按：關於王筠與張穆論交決絕之瑕隙，於此不遑細述，宜另文為之，詳可參見張穆《𦙾齋文集》及柳詒徵〈說文句讀稿本校記〉，載《中央大學國學圖書館》第二年刊頁1～15；〈說文釋例稿本校記〉題詞，載《員幅》一卷一期1～61頁；王獻唐〈說文繫傳三家校語抉錄〉，載《說文詁林》（一）159～203頁。

〔註147〕見《教童子法》10頁。

知者僅祁文端公寯藻一人耳〔註148〕。王筠嘗云：

> 淳父先生歸自江蘇，攜此書（按：指祁刻本《說文繫傳》）五部，一
> 贈徐星伯松太守，同館也；一贈苗先麓，即序所云也；一贈張石洲穆，婚
> 姻也。惟筠於先生無素，亦使石洲賜一部，此辛丑二月事也。三月會試，
> 余弟範出先生門。八月，筠始識先生，記之以志感。〔註149〕

其子彥侗所撰〈行述〉，詳記其始末曰：

> 祁淳父〔註150〕欲見先生，以所刻《說文繫傳》，介張石洲相贈，先生
> 囑其代謝，未嘗往也。既先生弟範受知淳父，往謁，歸告先生曰：與弟同
> 往者二人，師所言者，皆兄也。先生仍不往。無何張石洲來，出一紙曰：
> 此淳父先生招飲名刺也，中無熟客，浼余爲書以達，可往乎？先生曰：若
> 然，是我以貧賤驕人也，必往，往必稱以師，不嫌於師弟之師也。既往，
> 淳父甚敬禮之。然自是歲謁，亦罕過三者。〔註151〕

是王筠視祁氏爲弟師也。祁氏既貴，以小學提掖後進，儼爲一代儒宗〔註152〕，時「京
師才士之藪，究樸學能文章者，輻湊鱗比，至於網羅六藝，貫穿百家，又巍然有聲
名位業，使天下士歸之，如星戴斗，如水赴海」〔註153〕者，或推祁氏，所謂「一時
如王菉友、苗先麓輩，精研訓詁、聲韻，皆先生提倡之力也」〔註154〕。而祁之禮敬
王氏，衷心推服，可由其詩以證，其〈次韻贈王菉友孝廉筠四首〉詩云：

> 何緣博采得通人，坎壈名場自在身。
>
> 漢學希微尋草莽，奎文錯落識星辰。
>
> 長安客久仍彈鋏，後進才多等積薪。
>
> 十載相知吾恨晚，片雲敢擬逐龍鱗。

〔註148〕 按：祁寯藻傳見《清史稿》卷三百八十五頁 11675～11678；《清史列傳》卷四十六
頁 523～545。

〔註149〕 見王獻唐〈說文繫傳三家校語抉錄〉，載《說文詁林》（一）182 頁，〈王菉友校祁
刻本〉下迻錄菉友題記。

〔註150〕 按：祁寯藻字叔穎，又字淳甫，以敬避御名，改字實甫，自號曰春圃，學者稱春圃
先生，諡文端。詳見《續碑傳集》卷四頁 221～236〈祁文端公神道碑銘〉。

〔註151〕 見王獻唐引，《說文詁林》（一）182 頁。又劉燿椿《青州府志》卷五十頁 7（3472）
本傳亦言王筠：「性孤介，未嘗登顯者之門，壽陽祁相國寯藻亦治《說文》，嘗刊《說
文繫傳》於江蘇試院，以贈筠，筠不往謝，及弟範成進士，出壽陽門，筠始一往。」

〔註152〕 見支偉成《清代樸學大師列傳》中〈提倡樸學諸顯達列傳〉第二十五頁 637（701）；
迂齋〈道光朝之君相〉3 頁，載《中和月刊論文選集》第三輯。

〔註153〕 見何紹基《東洲艸堂文鈔》卷四頁 22〈龍泉寺檢書圖記〉一文，本是推崇阮元、
程恩澤之語。

〔註154〕 見《清儒學案小傳》卷十一（485）頁。

尾焦根爛力能禁，古調難逢爨後琴。
伯玉行年臻化境，子雲異代有知心。
中懷耿耿元精貫，共語醰醰道味深。
猶爲憂時見顏色，蘭陵感慨賦蠶箴。

孰是聞知孰見知，小徐而後歎中衰。
聖朝稽古功誠鉅，學士甄微志不疲。
窮老著書關世運，行藏隨分付時宜。
一官淡長千秋在，龜卜何煩問偶奇。

析疑爲我證羣書，咀嚼菁華弃土苴。
夢覺雲雷動科斗，笑看楊柳貫魴魚。
通經合稱無雙品，載筆空慙第七車。
但許從君問奇字，雄文奚必慕相如。〔註155〕

二人共語醰醰，咀嚼群書，析疑奇字，頗有相知恨晚之慨，而稽古甄微，樂此不疲，「夢覺雲雷動科斗，笑看楊柳貫魴魚」下嘗自注云：

　　君頃與何子貞爲余撰〈祁大夫字黃羊說〉，又與張石州釋虢季子白盤
　　銘見示。〔註156〕

是王筠亦曾與張穆共釋虢季子白盤銘，張穆存其跋語於《月齋文集》卷四中，王筠之釋文未見，而有題跋附《說文釋例》稿本後，其文曰：

　　淳父夫子以子伯盤拓本命題，筠謹案：𤞤𤟤，《毛詩》作獫狁，以盤
　　爲正。太王時謂之獯鬻，文王時謂之昆夷，宣王時謂之獫狁，漢時謂之匈
　　奴，是皆狄語，譯者以華夏字擬之，非如蠻夷戎狄爲聖人所命，可以於字
　　求義也。《說文》不收獫與獫狁，知所據係古本，今加犬者，以狄字例推
　　之，如許君引昆夷爲犬夷也。𤟤者，嚴之省形存聲字。《說文》嚴之古文
　　作�，從厰聲，厰下失收古文厰，叚之正文叡，從受、古聲。桂未谷曰：
　　當作占聲。此盤正作古，信而有徵也。爪作彐者，古文不論反正。盤之𤢡，
　　《說文》作𤟗矣。𤟗，即《說文》本部𤡮字。𤡮者，進也；允者，信也，
　　似不同者。然狀部籲下云，允允進也，則𤡮即允之異文，故許君所引𤡮叔

〔註155〕見祁寯藻《𩜹飱亭集》卷二十七頁6。

〔註156〕按：張穆《月齋文集》卷四頁8有〈虢季子白盤文跋〉。何紹基《東洲艸堂文鈔》
　　　　卷五頁12有〈祁黃羊大夫字說〉，可參見。

大吉，今《易》作允也。左半不同者，《博古圖》邢敦𢹂作[illegible]，與此尚小異，寅簋𨪕作[illegible]，則全同矣。𡚁者，疾也。允從𡚁者，進趣之疾也。許君未收[illegible]爲[illegible]之重文，蓋是時金器尚多未出矣。此盤多難字，筠僅識其二，敢藉手以報命。病目，不能莊書，夫子幸𠬝察焉。王筠謹跋。〔註 157〕

則師既命題，拓本傳示，游其門者，雖病目，不得細審入纖末，猶勉力考證，詳加稽索，得其精髓之一二，祁氏以「菉友博大精深，辭尚體要」〔註 158〕，是豈虛美哉，而困知勉行之工夫，亦爰斯可見。

是王筠於論說文字時，每每援據金文以發文字之底蘊者，究其原因，實有緣自師友間之同氣砥礪者，亦梁啓超所謂：「後輩之謁先輩，率以問學書爲贄，——有著述者則媵以著述，——先輩視其可教者，必報書，釋其疑滯而獎進之。平輩亦然，每得一義，輒馳書其共學之友相商榷，答者未嘗不盡其詞，凡著一書成，必經摯友數輩嚴勘得失，乃以問世，而其勘者皆以函札。此類函札，皆精心結撰，其實即著述也。此種風氣，他時代亦間有之，而清爲獨盛。」〔註 159〕王筠既「坎壈名場」，素慣淡泊，與世無競，而終其身於學，惟日夕閉戶親書卷，得間與同氣相過從，並互出所學相質〔註 160〕，所學既爲金石文字居多，宜其浸潤膚愬，不能自外於此風氣者矣。

第二節　王筠家風之濡化與個人之態度

一、王筠家風之濡化

（一）前　言

昔臧孫紇有言曰：「聖人有明德者，若不當世，其後必有達人。」〔註 161〕荀子亦謂：「先祖者，類之本也；無先祖，惡出？」〔註 162〕一自德性上之承澤，一從生

〔註 157〕見〈說文釋例稿本校記〉61 頁。

〔註 158〕見祁寯藻《䜌䜌亭集》卷二十七頁 6 有記云：「菉友爲安邱巨族，選鄉甯令。精通六書，著有《說文解字釋例》二十卷，《說文句讀》三十卷。與肅寧苗氏夔同以研究許書見俑，苗專心聲韻，菉友博大精深，辭尚體要。余藏段氏手校《集韻》副本，曾爲校勘，多所糾正。《馬首農言》，余里居時所輯，亦爲辨證數十條。癸卯歲八月十日淳甫記」。

〔註 159〕見《清代學術概論》104 頁。

〔註 160〕參見上註 106 頁。

〔註 161〕見竹添光鴻《左傳會箋》第二十一昭公七年傳頁 69，乃孟僖子引臧孫紇之言，用以稱許孔子者。

〔註 162〕見《荀子》禮論篇第十九。

命上之引發，點出先人施予後人在內質外形上先天之必然性。而今之心理學家、人類學家論及個人「人格」（Personality）——指由理性、知覺、思想、習慣、制約之情緒反應等交織而成之綜合體之「濡化」（enculturation）過程時，無不認為家庭是在叢脞複雜之影響中，最彰顯較著之主要因素〔註163〕。故欲求個人人格之底蘊與夫學識之陶染含藏，舍其家庭泱泱瀰瀰之血脈流遞夫焉能為？是振葉尋根，必首論其家世背景。

　　然王筠之先人幽居鄉曲一隅，並無彪炳顯赫之事功，求諸正史，勢不可得〔註164〕。退而求諸史部著述，可徵引者，僅存其父王馭超所撰輯之《海岱史略》一百四十卷而已。然其書雖對西漢迄前明之山東人物，舉凡「忠臣、孝子、文苑、武功無不備；嘉言、懿行、豐功、偉烈無不具。」唯限於體例別擇，「非正史所載者皆不錄」〔註165〕，廓然大公，言不及私，更無由以窺其家族之私人傳記。然方志之中，吉光片羽，亦不乏寶藏，斯以探驪覓珠，採銅於山之態度，於醇駁參差之資料中〔註166〕，取汲一二，用以補苴正史集部之不足，唯「史家立傳，往往徵采家傳碑誌，事跡多文飾，不可信。」〔註167〕家傳碑誌之遭受懷疑，以其由儒家隱惡揚善，子孫光宗耀祖之溢美諂諛心理作祟〔註168〕，在援引徵用之時，必慎加辨析審定，「故

〔註163〕 參見張春興《心理學》第十一章人格頁401～411；宋光宇《人類學導論》第十五章文化與人格頁417～435。

〔註164〕 劉兆祐《中國方志中的文學資料及其運用》文中嘗云：「一朝的正史，篇幅有限，史料的取擇與著錄，都有其標準與限制，因此，專錄一地的文獻以補正史不足的『方志』，就應運而生了。」，見《漢學研究》第三卷第二期頁845。

〔註165〕 見王馭超《海岱史略》，嘉慶二十三年（1818）刊本。

〔註166〕 宋晞〈論地方志在史料學上的地位〉嘗統言：「我國地方志自古迄今現存約有八千多種，論其內容，因纂修時代的不同，主修者學養參差不齊，與憑藉資料的多寡有別，則各種地方志的學術水準自然不一。但總的說來，地方志仍為我國史學研究所憑藉的史料之一大寶藏，正如顧亭林所謂採銅於山者也。」見《漢學研究》第三卷第二期頁11。

〔註167〕 錢大昕《十駕齋養新錄》卷九〈汪世顯傳不可信〉條頁209。

〔註168〕 按：《禮記‧祭統》云：「夫鼎有銘，銘者，自名也。自名以稱揚其先祖之美，而明著之後世者也。為先祖者，莫不有美焉，莫不有惡焉。銘之義，稱美而不稱惡，此孝子孝孫之心也，唯賢者能之。」是但尼斯推及特（Denis Twichett）〈中國傳記的幾個問題〉中，以為「由家族祭禮的觀點來說，墓表或墓誌銘是一個宗族的眾人向祖先宣佈死者的成就及功績的權威性報導。」見《中國歷史人物論集》頁33；杜維運〈傳記的特質和撰寫方法〉亦以「家傳碑誌是屬於家庭頌揚作品（the enlogistic writing of family cults），沒有經過嚴格批評。誰相信子孫為其先人寫的行狀絲毫沒有溢美呢？誰相信受私情委託或金錢誘惑所寫的碑銘是全無虛譽的實錄呢？子孫光宗耀祖的心理無窮，寫諛墓之文者遍天下，於是傳記乃不可問。」見《聽濤集》頁27。

不讀其人一生所著之文，不可以作；其人生而在公卿大臣之位者，不悉一朝之大事，不可以作；其人生而在曹署之位者，不悉一司之掌故，不可以作；其人生而在監司守令之位者，不悉一方之地形土俗，因革利病，不可以作。」〔註169〕今采掇者，以同縣時人劉燿椿等纂之《青州府志》爲主〔註170〕，爲其符於作傳之原則，並以前乎此之眾府志爲輔〔註171〕；復參諸《安邱縣志》〔註172〕、《山東通志》〔註173〕及《安邱述略》〔註174〕諸書所載錄之傳記資料，董理爬梳，冀能呈現王筠受家風濡染默化之內在本質層面，與其治學之途徑取向關係若何？

（二）家風之濡化

王筠之父馭超，是影響王筠修習治學最深切之人物，其可憑藉之資料已較豐富，並有著作傳世。今先取《青州府志》所載，窺其生平如下：

> 王馭超，字駕千。周子。乾隆五十一年舉人。揀選寧知縣。母憂歸。再補潛山，俗好訟，馭超發姦摘伏，獄立折，號爲神君。縣城當皖水之衝，夏霪霖，水漲，城且圮，立脩之，水至而城無患。移署阜陽，幅員遼闊，西南鄰河南，民俗獷悍，或白晝劫奪。馭超至，得其主名，一一捈治之。

〔註169〕 顧炎武《日知錄》卷十九〈誌狀不可妄作〉條云：「誌狀在文章家爲史之流，上之史官，傳之後人，爲史之本。史以記事，亦以載言。……今之人未通乎此，而妄爲人作誌，史家又不考而承用之，是以牴牾不合。子曰：蓋有不知而作之者。其謂是與？」

〔註170〕 清咸豐年間，毛永柏等重修，劉燿椿等纂之《青州府志》六十四卷，態度較嚴飭，對於王筠之先世濡染筆墨亦較豐富，故取以爲主。有咸豐九年（1859）刊本。

〔註171〕 關於《青州府志》，除咸豐年間纂修者外，今存者，前乎此有明嘉靖四十四年（1565）劉應時、馮惟訥等纂修之十八卷附圖；萬曆四十三年（1615）鍾羽正等修之二十卷附圖，清康熙十二年（1673）增刊序文本；清康熙六十年（1721）陶錦重修、王昌學等纂之二十二卷刊本。唯康熙十二年（1673）崔俊修、李煥章纂之二十卷刊本則僅存書目，未見。

〔註172〕 關於《安邱縣志》，今存有明萬曆十七年（1589）熊元修、馬文煒纂之二十八卷刊本，民國三年（1914）石刻本；清康熙二年（1663）王訓續修之二十八卷鈔本；清康熙二十一年（1682）任周鼎修、王訓纂之二十五卷，民國三年（1914）石刻本；民國九年（1920）馬步元等纂修之《續安邱新志》二十五卷石印本。唯康熙四十五年（1706）序，張貞纂述之《杞紀》二十二卷刊本、道光二十二年（1842）馬世珍纂之《安邱縣志》二十八卷，民國九年（1920）石印本書未見。

〔註173〕 關於《山東通志》，今存有明嘉靖十二年（1533）陸鈇等纂修之四十卷附圖刊本；清乾隆元年（1736）岳濬等修、杜詔等纂之三十六卷首一卷刊本；清宣統三年（1911）楊士驤等修、孫葆田等纂之二百卷首一卷附錄一卷刊本，民國四年（1915）鉛印本。而康熙十七年（1678）趙祥星修、錢江纂之刊本書未見。

〔註174〕 《安邱述略》二十五章，民國六十五年（1976）李江秋撰述，于瀛仙烈士殉難三十周年紀念會印行。

有陳繩赤者，亡命走新蔡梟徒馬詩家，引詩黨以攻所怨。馭超率兵役馳抵
詩家，獲其黨九人，詩等夜逸去。追之，又獲十八人。詩、繩赤皆論死，
民賴以安。後調霍邱，好訟亦如潛山，日三百餘事，判決如流，月餘而訟
幾息。再署阜陽，治如前。升壽州知州，以事罷。家居二十餘載，野服
蕭然，恂恂如寒素。著《弊訟錄》一卷、《三元通紀》一卷。《海岱史略》
百四十卷。〔註175〕

按馭超之生卒年，王筠嘗於《說文句讀》木部楷字下提及云：

　　　　筠家先祠中，植楷一株，兩人合抱矣。本兩株共本，以礙檐去其一，
　　　制爲祭俎，重倍於松柏，非魚膠所能黏合。吾父約齋先生曰：植此樹時，
　　　吾十二歲也。吾父生于乾隆丙子，卒于道光壬辰。今計此樹七十五年矣！
　　　喬木扶疏，可勝泫然。〔註176〕

「約齋」是馭超之號〔註177〕。乃生于乾隆丙子二十一年（1756），卒于道光壬辰十
二年（1832），年七十七。於乾隆五十一年（1786）三十一歲中舉後，任過遂寧、潛
山、阜陽、霍邱知縣。後升壽州知州。以子簡之故，贈「通議大夫河南等處提刑按
察使司按察使」〔註178〕。其人精於折獄，能洞鑑情理之實，曲直立判；長於知幾，
克禦災害於無形；而嚴於賊防，鍥而不舍，肝膽氣魄，赫喧強矯，「民賴以安」。其
政績卓著，仕宦漸顯。察馭超於嘉慶四年（1799）宰潛山、十一年（1806）爲霍邱
知縣〔註179〕。任潛山知縣時，筠亦隨侍在側，嘗在《夏小正正義》序中云：

　　　　嘉慶四年，先大夫約齋先生出宰潛山，筠隨侍在署。幕賓有《夏小正》
　　　鈔本，傳文多刪節，又有金仁山履祥說，濟揚張稷若爾歧說，北平黃崑圃
　　　叔琳說，頗爲詳備，使小胥鈔存之。〔註180〕

又〈致多雯溪先生書〉中云：

　　　　然近人之不刻其書者，弟亦嘗聞之，先大夫宰潛山時，聞婺源有王先
　　　生，與江慎修先生，同里同時而不相識。忽寓書于江氏，褒譏所箸之是非，
　　　惟《四書典林》不可訓。江氏答書，服其所非之是者，而辨其非者。《四

〔註175〕見劉燿椿《青州府志》卷四十九頁 34～35（3423～3424）。《山東通志》卷百七十
　　　　五人物志第十一頁 5037，乃據府志約簡而成。

〔註176〕見王筠《句讀》卷十一頁 3（741）。

〔註177〕「約齋」之稱，除馭超自署《海岱史略》卷之一端首外，尚見諸王筠《夏小正正義》
　　　　序及《蛾術編》卷下頁 29，唯方志傳中不言。

〔註178〕見馬步元《續安邱新志》卷十三胁封表頁 1（165）。

〔註179〕見何治基光緒《重修安徽通志》卷一百三十一職官志表十九頁 5（1467）、頁 17
　　　　（1473）。

〔註180〕見王筠《夏小正正義》序頁 1。

書典林》版，則斯之以爲薪。二先生之究竟謀面與否？亦未聞知。即王氏之名，並未聞知。而聞王氏緘縢其書，命其子曰：書佳自有刻者，不可自刻，受人姍笑也。〔註181〕

而《說文釋例》在論及「郭注以爲天柱山，灅水所出者，是也。此山今屬灅山縣。」下自注云：

> 吾父曾知其縣事。縣印字作潛，校官印字作灅，亦馬伏波所云：宜齊同也。〔註182〕

知馭超於仕宦生涯中，以賓從附益〔註183〕，切磋琢摩，延伸拓展筠之知識領域與體察深度，耳聞目治，濡染浸多，而於版本之考究、刻書之審愼、與夫文字間之差舛異同，有所引發，上所舉例，不過鑊中一臠，冰山頂露耳。

其後馭超不知何事罷官，府志以諱未言。然其處境之蹇困，遭遇之薄涼，觀《續安邱新志》所云：「馭超官既罷，負累不能歸，賓從皆散去。」〔註184〕數語，愁切慘絕，不言可喻，與廉頗所嘆「市道交」者，古今相應，令人慨歎！此一重大扼擊，使馭超由排陷廓清之政治舞臺汎津而退，歸隱鄉里，「野服蕭然，恂恂如寒素」者二十餘年。伏處於楓葉村之學翼堂〔註185〕，猶然讀書，教誨諸子，並以著述遣其心志，嘗自道其情境云：

> 予學殖淺薄。歸田以來，時取史傳自娛。……觀其得位行道，言聽計從，君明臣良，相得益彰，則忻然而喜；若其忠而被謗，信而見疑，憂讒畏譏，動輒得咎，則悄然而悲。兩年之中，孜孜矻矻，而予之藉以賞心，蓋無窮矣。故予既以自適，因以教誨諸子，知桑梓之前賢，則家有敝帚，享之千金矣！僅由此而進於全史，通古今經緯治亂之總，予日望之。〔註186〕

斯於忻悲悚動之讀史情懷中，寄其餘志；並在知人論世之書傳筆法裡，寓其厚望。俯仰宇宙，知往鑑今。其諸子長時期之膚體身受，耳薰目染，有形無形中，對其精神之傳承與氣質之感召，疑亦匪淺。

觀方志中載及馭超之著述，有《弊訟錄》一卷〔註187〕、《三元通紀》二卷〔註188〕、

〔註181〕 見《蛾術編》卷下頁 29。

〔註182〕 見《釋例》卷十八頁 28 嶽下云。

〔註183〕 見劉燿椿《青州府志》卷四十九頁 35（3424）。

〔註184〕 見《青州府志》卷四十九頁 35（3424）。

〔註185〕 見王馭超《海岱史略》自序頁 2 末署語。

〔註186〕 見《海岱史略》自序頁 1～2。

〔註187〕 見劉燿椿《青州府志》卷三十三頁 18（2386）、卷四十九頁 35（3424）；又《山東

及《海岱史略》一百四十卷〔註189〕。前二書僅存書目，莫究根詳〔註190〕。而《海岱史略》一書，今可見其傳本，爲嘉慶二十三年（1818）校本〔註191〕，李江秋稱之爲「安邱縣第一史學名著」〔註192〕者也。殆以山東自古爲聖賢鍾毓之地〔註193〕，鄒魯餘風，尊經黜史。「經生家知讀經，而不知讀史。」〔註194〕唯馭超在遺志課子之餘，以「經」爲致世大義之創通，爲生命性理之修持；而「史」則經義理念之實踐，天下家國之證成，兩相夾輔，表裡彰顯，斯爲完璧，斯爲通儒，故有爲而發，別出經生拘滯之病外也〔註195〕。而欲知馭超之學問取向，治學方法，舍此書莫由。

　　察《海岱史略》之撰述動機，除上引歸隱以史傳自娛外，最直接之緣由，其自序已明言曰：

　　　　丙子秋，次子簡赴試，主司以山東人物爲問，弗能對。予戒之曰：此
　　　即孟子所云：誦其詩，讀其書，不知其人者也。甯不貽桑梓羞乎？鄉曲之
　　　士，習帖括以弋功名，語以稽古之學，則笑以爲迂，抑知學問由人，功名

通志》卷百三十六藝文十子部頁（3799）。

〔註188〕見劉燿椿《青州府志》卷三十三頁18（2386）作：「二卷」；卷四十九頁35（3424）本傳作：「一卷」。《續安邱新志》卷十頁5作「二卷」。今書不傳，未知孰是。外《山東通志》卷百七十五本傳「紀」作「記」，當誤。

〔註189〕見劉燿椿《青州府志》卷三十三頁18（2386）、卷四十九頁35（3424）；又《山東通志》卷百三十二藝文志第十史部頁（3655）；李江秋《安邱述略》頁45。

〔註190〕據本傳，馭超宰潛山、知霍邱時，以俗好訟，其「發姦摘伏，獄立折，號爲『神君』」。「日三百餘事，判決如流，月餘而訟幾息。」則《弊訟錄》者，疑其斷決訟事之案例記錄也，爰出《周禮》卷三十四大司寇頁18（518）：「凡庶民之獄訟，以邦成弊之。」注云：「憋當爲弊。邦成，謂若今時決事比也。弊之，斷其獄訟也。故《春秋傳》曰：弊獄邢侯。」

〔註191〕按《海岱史略》自序作于嘉慶二十三年，而書末王彥佶跋語謂：「先大父約齋公輯是書近百年矣！兄彥侗珍藏之，未梓也。同治戊寅春中發刻，未蕆事。光緒丙申彥佶俸滿旋里，與兄彥侗重校刊之，開雕於本年十月，至次歲秋始告竣……時在強圉作噩壯月，孫彥佶謹識於曹南之武陽學舍。」考同治中並無「戊寅」年，五年丙寅（1866），七年戊辰（1868），疑跋語有誤。書成於光緒二十三年丁酉（1897），據《爾雅》釋天第八歲名月陽，「強圉作噩」即丁酉，是《山東通志》卷百三十二頁（3655）云：「是書有嘉慶間刊本」當誤。

〔註192〕見李江秋《安邱述略》頁45。

〔註193〕見《海岱史略》例言頁1云：「上古海岱鍾靈，帝王誕降，若大庭氏、神農、黃帝、少昊、顓頊、帝舜尚矣。至我孔子，集群聖之大成，爲萬世所宗仰，顏、曾、思、孟，七十二賢多在齊魯，豈非千古之極，盛甲於天下者乎？」

〔註194〕見《海岱史略》許鴻磐序頁2。

〔註195〕王馭超在《海岱史略》自序頁1中嘗舉：「五代張昭，弱冠通九經，自以馬、鄭不若也。有程生者，謂昭但究經旨，不通古今，率多拘滯，若極談王霸，經緯治亂，非史不可。昭從其言，遂成通儒。旨哉！程生之言也。」由中亦可窺知馭超尊經不廢史之觀念原由矣！

有命，得失亦略相等耳！乃取史傳所載山東前賢，手自鈔錄，起兩漢迄前明，人則不遺，事則從略。閱兩載而書成，此《海岱史略》之所由輯也。殆由次子簡遭擯斥之曲羞中，坦然面挫，反躬檢討，痛定思痛，重對學問之本質作一番省察與體悟，而透過不虛矯、不溢美、不夸飾貢張之筆法，以《海岱史略》之撰述，必循證據以行，本其是則是之，本其非則非之，絕無半點鄉愿調停之氣存乎其間，故取材「必采正史，史傳不明則闕如。」〔註196〕既取之材料，復斟酌審析，並不盲附曲從，是「逐加辨覈，不使名實淆亂」、「辨別疑似，另有發明。」〔註197〕斯於前志之遺漏舛誤，刺謬乖訛之處，絕不馬虎帶過〔註198〕。故憑藉其循名核實之具體工夫，表徵出「實事求是」之精神也。

況《海岱史略》之撰，其於義例之創通，人物之經營，材料之別擇，與夫類別之區劃，在兩漢迄明止之眾多人物中，擘績架構，針穿網佈，撮舉綱領，不紊不亂，洵待博綜約取，歸納併析之才略，與夫統觀興衰流變、經理脈絡之器識，馭超能涵容及此，實屬不易，故友人許鴻磐為序，謂是書「比《寰宇記》為加詳，較各通志為有據，……著述之有關學術者莫要乎此。」〔註199〕當非過譽。至論其性質，著眼于通論總觀，是約舉大耑，張其本末耳。果若以邃密精深、考辨詳瞻之義理詁訓相求，則未免失之苛，斯觀其論辨文字，留心訓詁之處，若卷二十一「東漢獨行傳」中襄楷傳云：

襄楷，字公矩。平原隰陰人也。

自注云：

隰陰，晉省。今在臨邑境內。隰字或作濕，即〈禹貢〉之濕。〔註200〕

未免疏闊脫略，然所重者在彼不在此，斯亦未可強求，唯察微知著，夔一已足，其於文字之辨析，汲古之助益，殆抑椎輪大輅，宜乎其簡乎？然其「實事求是」之精神與夫「博綜約取」之方式，當有遺乎來哲矣！

王馭超外，尚有一「表祖」者，闕其名姓，生平亦不詳，然王筠嘗與之論小學

〔註196〕見《海岱史略》例言頁 1、3。

〔註197〕按《海岱史略》例言頁 1 云：「古今疆域，歷代不同，或屢易其名：或數遷其治：或一縣而割分兩省。至於南北兩朝郡縣率多僑置，循名則是，核實則非，而其中又多變易，尤為錯雜難稽。今於每傳某人某籍之下，惟古今同名者不須加注，餘皆逐加辨覈，不使名實淆亂。凡郡縣初見者，必詳注其沿革；再見者，則但注為今之某府某縣；三見者不復注（若更一卷，雖三見亦注之），其有辨別疑似，另有發明者，不在此例。」

〔註198〕按《海岱史略》例言末條頁 4 云：「《青州府志》遺漏舛錯頗多；《山東通志》陸氏初修本刺謬更甚，恐其貽誤後學，辨證各數十條。」

〔註199〕見《海岱史略》許鴻磐序頁 2。

〔註200〕見《海岱史略》卷之二十四頁 10。

中《六書正譌》之問題，並具陳《正譌》書中「自相矛盾及顯而易見者」，有「改《說文》而譌者」、「改《說文》而不能堅持其說者」、「《說文》不通而通之者」、「增《說文》而譌者」、「刪《說文》而譌者」、「鈔《說文》而仍譌者」等諸條例，兼論《正譌》「本原之譌，在於改《說文》之轉注」，旁及「六書通」、詛楚文、吳彩鸞韻、並著書之當守原則。夫知人知言，筠之所由發，必知其人可與言，用推其「表祖」，在《說文》之學上，或精熟博洽，而於《六書正譌》，亦稔悉能詳，觀王筠於〈又論六書正譌書〉末所云：

> 夫《說文》之蕪久矣，徐鼎臣表云：寫《說文》者多非其人，故錯亂遺脫，不可盡究。今以集書正副本及羣臣家藏者備加詳考。然筠猶病其未考他書之引《說文》者，即如《釋文》所引，半與徐本異，而義勝者多。苟能博采，尚可補苴，惜乎鼎臣之不能也。筠讀之六個月，略有窺測。而學殖淺薄，家少藏書，未能闡發。所糾《正譌》之失，亦未知果是與否？結識太疏，獨學無友，表祖而外，誰與正之？故敢縷陳，上乞斧削，惟裁示是幸。《正譌》篆法，良可愛玩，姑留案頭，未能返璧。〔註201〕

知時筠所閱之《六書正譌》，係其「表祖」之藏書，筠借之六月，尚未返璧，而之所以縷陳《正譌》之失，殆用祈表祖斧正，則表祖家中藏書或豐，且不吝借閱，其人之獎掖後輩，諄諄善誘風範，不辯可徵。尤可注意者，為筠論及《六書正譌》之俗別時云：

> 今《正譌》於俗字及《說文》本有之字，概自為俗別，或命為隸。夫身不生漢以上，安能知祭酒所收之字為俗別？欲取斷碑古印以闢專門名家，不可也。如其敘文所引東觀記古印，又安可俟哉！〔註202〕

知筠已意識及欲判別漢以上字之正俗，假「斷碑古印」實不足為憑，必轉求信而可徵之證據。其表祖之意見若何，雖未得窺知，設以王筠祖周之年歲肝衡比觀，並以筠自謂「結識太疏，獨學無友」之情況推斷，此書鴻當不晚於嘉慶二十二至二十五年間（1817～1820）〔註203〕，其表祖在王筠早年接觸鑽研《說文》六書之學上，與夫援古證今，舍碑印而擇金文之認知上，洵有啓迪引發之功，推波助瀾之力，惜此書信前文既泯滅，而攏觀餘書，僅得雪泥鴻爪之殘跡耳。致使此攸關王筠學問取向

〔註201〕見王筠〈論小學二書〉，載《學海月刊》第一卷第四冊頁13～19。

〔註202〕同前註。

〔註203〕設依王筠作《說文釋例》於道光十七年（1837），而卷一頁22嘗謂：「二十年前初讀《說文》，所見闇合段氏。」逆推，則初讀《說文》時疑在仁宗嘉慶二十二年（1817），至道光元年（1821）時筠中鄉試已入都，焉會「結識太疏，獨學無友」乎？

之鈐鍵人物，無緣按圖索驥，而致一生學問事蹟不彰，良可歎也。

由上所論，知王筠之家學，本重經史，旁及子集。其著述可見者，或慊於《說文》金石之學，然表祖於《六書正譌》之精熟，導夫「欲取斷碑古印以關專門名家不可也」之認知，轉而他求金石之篤實可徵者，實有疏瀹引發之功；而父馭超之身教言教，諸子之浸潤沈潛，除拓展識見外，其於「汲古之助」具「實事求是」之精神與「博綜約取」之方法，粗闢蹊徑，大輅椎輪，功不可沒。

二、王筠個人之態度

（一）前　言

昔朱一新嘗謂：「古人舞象舞勺，特因童蒙所嗜好而順以導之，若訓詁通假之繁，旁要夕桀之贖，豈舞象舞勺時，所能遽解，必終身服習，而性與之近，乃能造乎其微。」〔註204〕是豈舞象舞勺時為然，凡做學問，亦無非由外之刊落聲華，篤切實踐，終身服習，死而後已之力行，揉和內之躁紛盡棄，凝靜斂細，性與之近，渾然坐忘之深情，專神傾力，斯能通其廣瀚而造其精微〔註205〕。

夫心性之深涵廣納，投射於外者，乃具現於態度之取徑上，王筠於《說文》能深切著明，於金文能汲取嫻用，莫不源自「性與之近」與「態度取向」中來，是考索其著述文字〔註206〕與生平傳略，推繹出二者間之陶染涵攝，牽引脈動，而得窺其原委底蘊者，然其本傳簡略，僅曰：

> 王筠，字貫山，山東安邱人。道光元年舉人。游京師三十年，與漢陽葉志詵、道州何紹基、晉江陳慶鏞、日照許瀚商榷今古。後官山西鄉寧縣知縣，鄉寧在萬山中，民樸事簡，訟至立判。暇則把一編不去手。權徐溝，再權曲沃，地號繁劇，二縣皆治，然亦未嘗廢學。少喜篆籀，及長博涉經史，尤長於《說文》。……筠治《說文》之學垂三十年，其書獨闢門徑，折衷一是，不依傍於人，論者以為許氏之功臣，桂、段之勁敵。其後潘祖蔭見其書，謂筠書晚出，乃集厥成，補弊救偏，為功尤鉅云。……咸豐四年卒，年七十一。同治四年，子彥侗由禮部進呈所著《釋例》、《句讀》二書，奉旨覽。〔註207〕

〔註204〕見朱一新《佩弦齋雜存》卷上〈答某生〉書。

〔註205〕按：段玉裁亦有如斯之見解，其言曰：「凡詁訓，有析之至細者，有通之甚寬者，非好學深思，心知其意，不能盡其理也。」載《說文解字注》十二上臣部配字條。

〔註206〕詳見第壹章第二節本題研究之範疇中論王筠著述部分。

〔註207〕關於王筠之傳誌，知見有者：徐世昌《清儒學案小傳》卷十五貫山學案43～45頁；支偉成《清代樸學大師列傳》小學家列傳第十二王筠 328～329 頁；趙爾巽《清史

是知其好學，博涉經史，少喜篆籀，長於《說文》，唯於其心性所鍾與態度取向，則付闕如。故博綜約取，提引錘鍊，咀其英華，由其著作與傳記中，爬梳一二，茲由：1. 善存懷疑。2. 持心平正。3. 實事求是。以論其大要云。

（二）個人之態度

1. 善存懷疑

凡治學，當以懷疑爲起點，胸中無所疑，不過如矮子看戲，隨人指說而已。何從糾謬而發覆，博觀而深思，求其證據之確鑿乎？故懷疑之態度，實爲治學之第一步工夫〔註208〕。而王筠之懷疑態度，幼年（十一歲前）時已顯露出來，其言曰：

> 我幼年所受之苦，附書於此：讀《四書》時，見《大學》、《中庸》註，皆題朱某章句，《論語》則題朱某集註？不知古人注書多名章句，又不知《學》、《庸》是古注粗疏，朱子創爲此註，則名章句；《論語》則多用前賢說，故名集註也。又不知注、註是古今字，轉以註字爲正，不敢問之師也。讀《詩經》時，見〈國風〉一，不知下有〈小雅〉二、〈大雅〉三、〈頌〉四也。又曰〈周南〉一之一，不知上一字承〈國風〉一，下一字對下〈召南〉一之二至〈豳〉一之十五言也，直以爲囈語而已，亦不敢問之師也。讀《周易》時，見二程子序，當時雖不知朱子乃程子再傳弟子，無由爲朱子作序，然疑《四書》、《詩經》皆朱子自作序，此何以他人作序也？朱註《周易》一段末云：今乃定爲經二卷、傳十卷。核其卷數，固不符，不知朱子本義本連書於程子易傳之後，述而不作，故謙而不再作序。朱子定本是文王象辭、周公爻辭（按下注刪，下仿此）分兩篇居首，孔子自作者退處於後，不敢攙雜先聖之文，聖人之謙也。（按下注刪）曰〈象上〉、〈象下〉、〈象上〉、〈象下〉、〈繫辭上〉、〈繫辭下〉、〈文言〉、〈說卦〉、〈序卦〉、

稿》儒林傳卷四八二王筠傳 13279～13280 頁；國史館《清史列傳》儒林傳卷六十九王筠 599～600 頁；繆荃孫《續碑傳集》卷七十四王筠傳 290～294 頁；蔡冠洛《清代七百名人傳》樸學王筠 1673～1674 頁；費行簡《近代名人小傳》王筠 343～344 頁；桂文燦《經學博采錄》卷四王萊友 138～141 頁；劉燿椿《青州府志》卷五十王筠 3471～3472 頁；馬步元《續安邱新志》卷十六儒林傳王筠 201～202 頁；孫葆田《山東通志》卷百七十五青州府王筠 5041 頁；吳庚《鄉寧縣志》卷九名宦錄王筠 424～425 頁；李江秋《安邱述略》古今人物王萊友 110～111 頁。詳略互出，各具獨到筆墨，唯大抵陳陳相因，無甚參差，此據者，《清史列傳》卷六十九頁 599～600。

〔註208〕 按梁啟超嘗研察高郵王氏父子之治學方法有六，第一曰注意：凡常人容易滑眼看過之處，彼善能注意觀察，發現其應特別研究之點，所謂讀書得閒也。與此懷疑精神是一貫的。彼說見《清代學術概論》74 頁。

〈雜卦〉，謂之十翼。御纂《周易折中》即用朱子舊本也。明永樂時，蘇州府教授刪程傳，專用本義，朱子曰：程傳備矣者，始錄傳於後，而〈序卦〉傳之程傳，本分冠各卦之首，他不知，合錄於本篇，遂致〈序卦〉無一字注解，我雖疑之，不敢問也。惟十一歲從王惺齋師（名朝輅），事事皆講，遂知用心，以有今日。夫此等可疑之事，皆屬皮毛，不關大體，尚無訓誨者，令我獨感惺齋師。〔註209〕

可見王筠幼時讀《四書》、《詩經》、《周易》，已字字細求，絕不輕易放過，參照比觀，獨發疑難之情態，雖自以「此等可疑之事，皆屬皮毛」，無非為文字形式間之幽微扞格，無關乎宏旨，然常人誦習如流，滑眼就過，鮮能有纖毫之注意及懷疑者，王筠獨狐惑滿腹，處處生疑，此種字字推求，細密懷疑之特質，實呼之欲出矣！

王筠初由「可疑」處著眼，己所秉持或勸人為學，更本著「善信不如善疑」之信念，積極由本文他書中求其不通處，爰自不通處以臻於耆然開解之境地，試觀其說：

聖賢書，你怕他不通，然讀者必以本章先後文求其不通，更以他書之相似者參伍以求其不通，到得耆然以解時，觸處皆通矣！故曰：善信不如善疑。〔註210〕

更嘗舉其事例云：

沂州張先生，筠之父執，李荊原（名映軫）先生師也。嘗言從學時，每日早飯後，輒曰各自理會去。弟子皆出，各就隴畔畦閒，比反，各道其所理者何經？何文？有何疑義？張先生即解說之。

吾安邱劉川南先生（名其旋），十餘歲時，師為之講書數行，輒請曰：如此則與某章反背。師令退思之，而復講，如是者每日必有之，半年後，師遂不窮於答問，是謂教學相長，然此等高足那可多得。故為弟子講授，必時時詰問之，令其善疑，誘以審問，則其作文時，必能標新領異，剝去膚詞。〔註211〕

然「善疑」者，非任口揮斥，隨意加鞭之謂，舉凡經籍所載者，皆一一而懷疑之，不問證據之有無，如近代疑古學派直指大禹為爬蟲之類者〔註212〕。故懷疑需有標準

〔註209〕見王筠《教童子法》9～11頁。

〔註210〕見王筠《四書說略》論語4頁。

〔註211〕見王筠《教童子法》6頁。

〔註212〕詳可參見杜維運《清代史學與史家》中〈顧炎武與清代歷史考據學派之形成〉140～141頁。

限度，萬不可穿鑿附會，猖狂妄行，所謂「多聞闕疑，慎言其餘」是也。王筠亦有如斯之體會，謹慎斟酌，使不流於狂悖行，若其《說文繫傳校錄》卷十七中校「顧，頡顱，首骨也。」一段云：

> 頡顱，小徐同，是也。孫、鮑二本頡作項，余初見以爲非，既而見《玉篇》顱字注引《博雅》：「項顱謂之髑髏。」又項字汪云：「項顱」，遂幡然信之。又見《廣韻》三燭項音玉，注曰：「人項煩」。案項煩即玉枕也。十九鐸頡下云：頡顱，乃再檢《玉篇》頡下引《說文》曰頡顱也。然後恍然曰：今《說文》本頡下云顱也，乃是拆一頡字，兩字爲名者，不可割裂也。《繫傳》曰：今併作髑字。案頡、髑、顱、髏皆一聲之轉，是以《廣雅》云然，項則聲不諧矣！此自顧氏誤耳。凡經三思而後心安，書之以告讀書者，不可妄疑妄信也。〔註213〕

立一說，必細審再三，舉證歷歷，而後心安，殆爰自「不可妄疑妄信」之原則，所謂「讀書必當用心，非欲其猖狂妄行也」〔註214〕、「聞疑載疑、闕之爲是」〔註215〕、「闕之可矣，不敢強不知以爲知」〔註216〕、「不知爲不知，不可強解」〔註217〕、「吾於一日之文，不敢盡信」〔註218〕、「世之君子，必有能知其故者，姑獻其疑以俟焉。凡吾之意，欲啓人用心之端，不欲故智自封，蓄疑不言，反爲人之障蔽也」〔註219〕、「要之讀書者，心貴細，氣貴平，不可任口揮斥，隨聲附和也。」〔註220〕凡此所引，皆王氏持懷疑態度而能以理性檢省、規範之言語，《說文釋例》中凡六卷十四篇之存疑條目，正是此等理念之落實，兩相掩映，意態備出，故龍師宇純嘗論之曰：

> 四家之中，王氏最富疑古精神，《釋例》中存疑部分約居三之一。對於許君，多所匡正。如云从爲全象形，鷹爲通體象形，晶、㗊皆當爲古文星字，鳥字無緣從匕，午爲杵字象形，申即電字象電光，勝義不一而足。〔註221〕

王氏最富於疑古之態度，用在對傳承久遠，黃茅白葦，彌望如亂叢之典籍資料時，

〔註213〕見王筠《繫校》卷十七頁4（238）。
〔註214〕見《四書說略》序。
〔註215〕見《釋例》卷九頁31量字下。
〔註216〕見《夏小正正義》63頁；《釋例》卷十一頁10。
〔註217〕見《釋例》卷二十頁44。
〔註218〕見《釋例》卷三頁10。
〔註219〕見《釋例》卷六頁55。
〔註220〕見《釋例》卷五頁36。
〔註221〕見《中國文字學》408頁。

不免有迂拘蹇窮之感，而興如斯之喟歎：「大抵儒者體物，率從書冊中來，不盡可信。」
〔註222〕況且《說文》所收者，多爲經典所無；而經典所有者，又多爲《說文》所不
收〔註223〕乎？益之以「說字與解經稍異」〔註224〕，則採引證之活法，取山川所出
鐘鼎彝銘以釋疑，不亦可乎？

2. 持心平正

夫人興好所鍾，潛研日深，酷嗜之情，或左右其心，使對所好之物，不得衡平
論之，或有愛深責切，隨意加鞭者，皆失平正客觀之立場。其能持心平正，本諸理
實者，誠不易得。

王筠本出安邱巨族，書香世家，積代爲儒素，父馭超「家教甚嚴」，子弟皆知讀
書〔註225〕，王筠嘗自道早年讀書忘疲卻倦，喜好篆籀《說文》之情景曰：

> 筠少喜篆籀，不辨正俗。年近三十，讀《說文》而樂之，每見一本，
> 必讀一過，即俗刻《五音韻譜》，亦必讀也。〔註226〕

知其興好所趨，在於篆籀《說文》，非苟隨時尙，恐不廁士林，徒爲飾習矜學者流。
其年近三十，樂讀《說文》，專如棉吮，廣而博納，不論雅俗，絕無輕棄。即以功名
仕宦之所繫，春闈在即，而勤索力研，一如往昔，不改本色者，酷嗜之情也如是，
觀其〈論小學二書〉之一，論及購讀《說文繫傳》一帙云：

> 而日來索米長安，二三執友，皆以春闈在即，督作時文，不敢拂其私
> 愛之意，惟是之爲研究。今當歲除，客子思家，兀坐無聊，用敢再伸前說
> 以瀆聽，幸詳教焉。近購得《繫傳》一帙，甫讀首卷，即爲愛我者所禁錮，
> 不許攜入書館。然即此卷中，示部禰祧等四字，在大徐爲新附。……又卪
> 部單字，注中甲字，亦不成字，屢問之未遇知者。凡此之類，多未能明於
> 心。〔註227〕

〔註222〕見《釋例》卷二十頁2。
〔註223〕見《蛾術編》卷上頁20。
〔註224〕按：此說王筠屢言之，如《釋例》卷十八頁45云：「〈考工記〉曰：東方謂之青，
　　　　南方謂之赤，西方謂之白，北方謂之黑，天謂之元，地謂之黃。《說文》曰：青，
　　　　東方色也。赤，南方色也。白，西方色也。黃，地之色也。乃元下不云天之色也，
　　　　而曰幽遠也。黑下不云北方色也，而云火所熏之色也（《玉篇》引韓康伯曰：黑、
　　　　北方陰色）。則知說字與說經小異也。說經者，但取其義之相中而已；至于說字，
　　　　則必使字形與字義相貫通。」餘如《句讀》卷一頁9禳字（57）、卷十三頁2睹字
　　　　（913）條下皆有如斯說法。
〔註225〕按李江秋《安邱述略》147頁王簡語推知。
〔註226〕見《釋例》序卷一頁1。
〔註227〕詳見《學海月刊》第一卷第四冊13～15頁。末並云：「則春闈後再理舊業，當陸續

見其悃悃所念，在於《說文》，書中除以大、小徐互校外，並參酌汲古初印本、校平津館翻宋本、汲古剜補本、揚洲鮑氏翻宋本數種，證同疑異，見其素習親炙之工夫，已非泛覽粗誦可及，以至精義日發，與段注符契冥合，《說文釋例》載二條云：

> 鬥，全體指事，非從鬥厨也。廿年前初讀《說文》，所見闇合段氏。由今思之，此所謂據形系聯也。〔註228〕

> 广下云因广爲屋，段氏改广爲厂，是也。余初治《說文》時，固見及此，广广厂三部之相連，即以此也。然許君誤矣，广當與宀相次耳。〔註229〕

復於春闈而後〔註230〕，重理舊業，專治《說文》，自道及：

> 筠之專治《說文》也，自癸未冬始，十閱月而成一書，凡十五卷，名曰《說文鈔》。〔註231〕余之專治《說文》也，自癸未始，爾來廿有一年矣！〔註232〕

則王筠之專治《說文》，劃自道光三年癸未（1823）始，時值不惑之年矣！

筠於此後，暗砌蛩吟，曉窗雞唱，無一時墮荒忽，每一日增廣益，「端居殫箸述，夕惕總若賣」〔註233〕，乃維妙形容。而緊積潛研，專意蒐討，層累三、四十年之精力，自始至終，殫思恆慮在《說文》一書上，終其一生所肆，先後纂成《說文鈔》、《說文屬》、《說文繫傳校錄》、《說文韻譜校》、《說文新附考校正》、《說文釋例》、《說文部首讀》、《說文解字句讀》、《說文部首表校正》、《說文解字繫傳攷正》、《說文廣訓》〔註234〕諸書，皆如《釋例》序中所謂「羊棗膾炙，積二十年，然後於古人制作之意，許君箸書之體，千餘年傳寫變亂之故，鼎臣以私意竄改之謬，犁然辨晢，具於匈中」者，雖精義屢出，猶云有不如意處〔註235〕。觀其病危疾革時，執《說文句

瀆請也。」

〔註228〕見《釋例》卷一頁 22。按《釋例》成於道光十七年（1837），上推廿年，時值嘉慶二十二年丁丑（1817），王筠年三十四。參照年表。

〔註229〕見《釋例》卷十八頁 28。

〔註230〕按：王筠於宣宗道光元年辛巳舉鄉試，中舉人。詳見《清史列傳》卷六十九頁 46（599）。

〔註231〕見《釋例》卷十四頁 37〈鈔存〉條。

〔註232〕見柳詒徵〈說文句讀稿本校記〉，載《中央大學國學圖書館第二年刊》4 頁。

〔註233〕見張穆《𦙍齋詩集》卷三〈述懷感舊六十韻爲老友安丘王貫山先生壽（七月初七日）〉詩頁 2。

〔註234〕列書先後以年代次第排列，後二書年代未明，姑列末。其詳參書後附錄王筠年表。

〔註235〕按柳詒徵〈說文句讀稿本校記〉云：「此書以道光庚戌四月付梓（據通行刻本自序）。至咸豐三年自題此書，猶云有不如意處。是籙友自四十歲至七十歲，互三十年治一書，猶未盡愜心，亦可見著書之不易矣。」

讀》尚且刪改增益，不餘遺力，《句讀補正》卷三十末云：

> 咸豐四年八月覆閱之，至十月杪而畢。凡所刪改增益約數百事，將別勒爲一冊，刻爲《補正》。十一月初三日冬至記。

其子彥侗識云：

> 是時先大人已病，猶日鈔別冊不釋，至第六卷遂成絕筆，十二月初九日疾革，彥侗以是冊宜付梓爲請，然之，遂卒。痛哉！〔註236〕

則王筠之於《說文》，喜愛之深，浸淫之久，有甚於造次顛沛者，崇奉之情，涵養之篤，適與其生相終始，所謂：「必終身服習，而性與之近，乃能造乎其微。」〔註237〕殆無疑義，亦其自謂之：

> 人之才不一，有小才而鋒穎者，可以取快一時，終無大成就；有大才而汗漫者，須二十年功，學問既博，收攬起來，方能成就。此時則非常人所及矣！須耐煩。〔註238〕

汗漫耐煩之工夫，株守《說文》〔註239〕，專研深治，故能窮其精微奧蘊者。

王筠以此心性情懷，朝親夕炙課程，如本傳所云：

> 道光元年舉人，後官山西鄉寧縣知縣。鄉寧在萬山中，民樸事簡，訟至立判。暇則抱一編不去手。權徐溝，再權曲沃，地號繁劇，二縣皆治，然亦未嘗廢學。〔註240〕

未嘗因公務倥傯而廢學，獨獨鍾心《說文解字》，能不墮入「爲字學而讀《說文》，猶之經也」〔註241〕之神聖迷霧中耶？既而喪失權衡輕重，偏坦迴護，曲加辯解，厥失客觀理性之平允態度耶？終至自蔽蔽人，乖戾斷制，無復虛室生白耶？觀筠自道：

> 凡依傍一書而成一書者，其心思必苟，其目光必短，雖幸而傳，亦必不久。無論他書，即經亦不可依傍也。許君之精神，與倉頡、籀、斯相貫通，故能作《說文》，所引經典，聊爲印證而已。神禹之鑄鼎也，渾然大物也，雖百物皆備，兼具神姦，然使玩其一物，自謂識鼎，則必爲螭魅蝄蜽所侮矣！《史記》似此鼎，《說文》亦似此鼎，皆洪鑪所鑄，渾然大物也。故觀其會通，則《說文》通矣；枝枝葉葉而彫之，則《說文》塞矣。

〔註236〕 見《句讀補正》卷三十頁2（2525）。
〔註237〕 見朱一新《佩弦齋雜存》卷上〈答某生〉書。
〔註238〕 見《教童子法》8頁。
〔註239〕 按：王筠〈復馬臥廬先生書〉中嘗云：「惟筠資性愚闇，家少藏書，株守《說文》。」見《繫校》卷三十頁5（405）。
〔註240〕 按：諸傳蓋同，可見《清史稿》卷四百八十二頁13279。
〔註241〕 見《釋例》卷九頁6。

宋、元人好訾《說文》，今人好尊《說文》，乃訾尊雖異，病根則同，皆謂
其爲零星破碎之書也。今人所以尊之之語，有訾者起，即取以實其所訾，
而許君眞無詞矣！不知羣愚謗傷，固等蚍蜉，而爲羣經之鈐鍵者，亦何待
於尊乎？〔註242〕

本是對《說文》「百物皆備」、「渾然大物」之肯定，亦可推知王氏持不尊不訾之平實
平常心態，一空依傍，實事求是之態度取向，能以《說文》爲鈐鍵，而不爲其障蔽
霧眛者也。

更而論之，王筠殆以「讀書者，心貴細，氣貴平，不可任口揮斥，隨聲附和也。」
〔註243〕於「小有違異，亦必稱心而出，明白洞達，不冒首施兩端，使人不得其命意
之所在，以爲藏身之固。」〔註244〕，故持論必須平允稱實，非「隨風倒柁，漫無把
柄」〔註245〕，或偏執己見，罔顧事實，而「屏人耳目，使不聰明」〔註246〕」，以故
於《說文》之失，前賢之妄，不必委曲比附，識爲完書，或藏訛隱謬〔註247〕，過於
深解。亦不必榮古以虐今〔註248〕，阿今以附古，此皆有失爲學者平允公正之客觀立
場，「如扶醉人一般，扶了一邊，倒了一邊」〔註249〕，以致「猒故喜新，不加平議」、
「不求其端，不訊其末，苟以炫博物而矜細心」，成爲學者之通患〔註250〕。個中尤
能識「《說文》非完書」之超拔流俗觀念，最能突破前人之格局，進而活絡其方法證
據，正視其客觀事實，而其基礎點，無異立根在持心平正上。觀其論「說文解字第
一」下云：

每部首下云：部一、部二、以至部五百四十，小徐各本皆無之，是也。
設本有此文，則郭忠恕與夢英書，謂部首五百三十九字，林罕云偏旁五百
四十一字，張美和序《增補復古編》云：《說文》以五百四十二字爲部，
何以如此之參差乎？且三篇，冏、只二部，小徐先只後冏，與正文同，毛

〔註242〕見《釋例》卷一頁 15～16。
〔註243〕見《釋例》卷五頁 36。
〔註244〕見《句讀》序頁 3（11）。
〔註245〕見《四書說略》論語 14 頁。
〔註246〕見《釋例》卷十頁 24。
〔註247〕見《釋例》卷三頁 32 云：「不必袒護古人也。」《句讀》卷十頁 19（708）京字下
　　　　云：「前賢偶有不照，不須爲之回護。」卷十五頁 2（1089）仞字下云：「《大戴禮》：
　　　　舒肘知尋。鄭注〈考工記〉：張臂八尺。與許義同；至於鄭注《儀禮》曰：七尺曰
　　　　仞，八尺曰尋，實與《小爾雅》：四尺謂之仞、應劭曰：五尺六寸曰仞同誤，日月
　　　　之食，不勞迴護。」
〔註248〕見《雙聲疊韻說》1 頁。
〔註249〕見《釋例》卷十三頁 29；卷十九頁 26。
〔註250〕見《繫校》序頁 1（2）。又《釋例》卷十三頁 31～32。

氏刑改從之，孫、鮑二本，先後兩目，仍作尙、只也。五篇冐、冨二部，小徐先冨後冐，正文同。八篇丘、从二部，小徐〈部敍篇〉先从後丘，而其正文及目錄，又同大徐。又臥、身、肙、衣、裘、老、毛、毳、尸、尺、尾十一部，〈部敍篇〉以裘、老、毛、毳、尸、尺、尾、臥、身、肙、衣爲次，而其正文及目錄，又同大徐。九篇首、𥄂二部，〈部敍篇〉先𥄂後首，而其正文及目錄，又同大徐，將無張次立校《繫傳》時，以大徐改小徐乎？設本有一、二、三、四之次，則部首何以有增減？次弟何以有顚倒？且此爲大綱，尚有增減顚倒，則各部所收之字，必有增減顚倒，概可知矣！姑發其端，以竢細心人考之，毋視《說文》爲完書也。〔註251〕

以部首顚倒增減，推知《說文》實非「完書」，推究原因，其言曰：

> 今《說文》之詞，足從口，木從中，鳥、鹿足相似從匕，斷鶴續鳧，既悲且苦。苟非後人所竄亂，則許君之志荒矣！夫讀古人之書，不能爲之發明，即勿附附以豐其部。而《說文》屢經竄易，不知原文之存者尚有幾何？大徐校定時，猶有集書正副本、羣臣家藏本，苟能審慎而別白之，或猶存什一於千百也。乃復以私意以爝亂之，不能不謂爲功之首罪之魁矣！〔註252〕

蓋曾幾經後人之竄易爝亂，不復本來面目；益以陋儒之隨意刊落，割裂刪改，所謂「傳寫既久，安得無闕佚，抑或有意刪節矣」〔註253〕。筠於〈挩文〉末云：

> 夫初刪之時，祇期便於讀者，而率意刊落，亦初無一定之規條，雖割裂不通，亦所不顧。然就原本刪之，猶可見其本來也；厥後羣相放效，奉爲聖書，家家迻謄一本，於是原本不可見矣！而《說文》之力，本遜於經，不能使未刪之本，閒存於世，是以二徐所據，不過小異而大同也。〔註254〕

復於〈衍文〉下云：

> 彼刪之者既以《說文》爲兔園冊矣，特慮其徒難於檢校也，即爲籤記以明之，其徒樂其便也，即相率而盡增之，且於竝非一字者亦率然牽合之，此所以連篇累牘也。〔註255〕

蓋凡竄易古書者，其見皆井蛙，其刪出於有意，其增則出於無意，展

〔註251〕見《句讀》卷二十九頁11（2226）「說文解字第一」下。

〔註252〕見《釋例》序卷一頁2。

〔註253〕見《釋例》卷十二頁14〈挩文〉條下。

〔註254〕見《釋例》卷十二頁40。

〔註255〕見《釋例》卷十二頁41～42。

　　　　轉迻寫，隨筆增之，初不加審視，再有細心者出，奉爲典要，不敢復刪，

　　　　此其所以長存也。即如段氏，驢下增之曰驢畜也，兔下增之曰兔獸也，較

　　　　之所增他字，尤爲可笑，設有不幸，諸本盡泯，而獨存段氏注，智者讀之，

　　　　亦謂許君昏耄而已，敢以爲後增而刪之乎？〔註256〕

故《說文》經此刪增竄易，何能視爲「完書」〔註257〕，何能釐清本來眉目？雖後
人巧爲曲護，廣徵博引經籍資料以爲本證旁證，言屬有據，文不空談，但前人引
書不夠準確謹嚴，往往以意增減，與原書或異，故援用傳統之經籍材料難免被主
觀隨意之筆墨所障蔽，有其不完美之極限與缺點〔註258〕，王筠以「鞠躬盡瘁，死
而後已」之深愛，潛研《說文》，卻不墮入盲目崇拜，神話解析之迷霧中，本其理
性主義之重知精神〔註259〕，平允公正，不尊不訾，回到原本該持之立場，以確實
態度，一一釐清個中之懸解，而其注意轉移，旁及實物材料之取資應用，實亦造
因於此歟！

3. 實事求是

　　「實事求是」、「無徵不信」本是清代樸學家治學之共同理念〔註260〕，以實證程
實事，假實事杜空疏，毋馮河，毋畫餅，不求於枉思冥想，絕奇炫於穿鑿。慥慥篤
實〔註261〕，必也本證旁證義類條暢無不貫通而後可。王筠承此理念，更是執持堅毅，
信守不渝，觀其言云：

　　　　疏家例不駁注，即明知它說之是，亦委曲駁之以通本注之說，況自出

　　　　己見以難本師乎？余病其拘也，故凡以實事求之而不合者，輒出己說，留

　　　　質通儒，儻昭所尤，亦待啓發之憤悱焉爾。〔註262〕

則欲突破「疏家例不駁注」之拘縛，而秉「實事求是」之信念，勇於指陳，以爲啓
發憤悱之助。復如：

　　　　不於實事求是，而見異思遷，是自蔽之道也。〔註263〕

　　　　凡讀書，當悉心以求其是，不可見有異文，輒爲改竄。〔註264〕

〔註256〕見《釋例》卷十二頁 52。

〔註257〕黃季剛以「說文本係完書，不可竄亂。」見《文字聲韻訓詁筆記》16 頁。

〔註258〕可參見金錫準《王筠的文字學研究》97～101 頁。

〔註259〕此處意取自金錫準《王筠的文字學研究》22 頁。

〔註260〕詳見梁啓超《清代學術概論》8～10 頁。

〔註261〕王筠《四書說略》中庸 13 頁云：「改而止，治人之法也；慥慥篤實，自治之法也。」

〔註262〕見《釋例》卷十五頁 1〈存疑〉篇下。又關於「疏家例不駁注」，實則非然，如「今
　　　　所見《毛詩》注疏本，正義所疏時與經注文字枘鑿」，詳可參見張寶三《毛詩釋文
　　　　正義比較研究》147～157 頁。

〔註263〕見《釋例》卷十五頁 15。

舉下云：對舉也。段氏申之曰：謂以兩手舉之，故其字從手與左手與右手也。夫以兩與字區別之，則左右手之外別有手，是三手也，豈支提國人乎？且舉字除去 𠬞，賸 𦥑 是何等字乎？吾將分之爲五手，博君子一粲焉。凡舉重物必曲身，身曲則手向下，故以 臼 象之，臂在上指在下也。物既當匀，則手平矣，故以 𠬞 象之，肘在後爪在前也。若欲舉之過頂，則兩手不便，故以一手擎之，是以 𡊁 皆兩手而 屮 祇一手也。除此三字，留 與 字爲聲，不於「實事求是」之方略相比附乎？然以此開小兒心竅則可矣，究是繳繞破碎，許説云從手與聲，乃爲平正通達也。〔註265〕

諸條例，則體察物情，悉心求是，無不追究根由，直窮到底〔註266〕。所謂：

步步是遠，仍步步是邇；步步是高，仍步步是卑，下學上達，峻極於天，總是蹋底實地，不是孫行者筋斗雲也。〔註267〕

此種「蹋底實地」之求是態度，穩當確實，依客觀事理之根據，而作精核審慎，平正通達之判斷，以故比附穿鑿，曲通證明，亦無由以寄其身也。然「實事求是」是原則，是方略，必通過「無徵不信」之細密求證過程落實，心安理得，斯而後可，故證據之提出，「無徵不信」，即「實事求是」一體之兩面也。王筠秉此體認，於其著述中屢致意焉如蟲下云：

丁螳也。段氏增蟁字，而以蟁丁爲螳之一名，是也。惜其無徵不信，則請以《玉篇》證之，其虹下云蟁虹也，蟲下云蟁虹蟲是也。〔註268〕

又「梂」字「一曰鑿首」下云：

鑿首者，鑿之首也，用〈豳風〉韓詩之説，非用其詞。韓詩解〈破斧〉曰：木屬曰錡，謗以木夾持其金而連屬之，則曰錡也，此蓋鋸之類。鑿屬曰錄者，鑿者，釜也，與許君以爲物名者不同，謂金器有鑿，以木入其中而連屬之，則曰錄也，即斧、斨之類。許君所據本，蓋作又缺我梂，故金部不收錄也。嚴氏謂鑿首即是草斗，則是梂一名鑿首矣！無徵不信也。〔註269〕

又「浙」字「江水東至會陰山陰，爲浙江」下云：

會稽郡山陰，二志同。段氏曰：今俗皆謂錢唐江爲浙江，不知錢唐江，

〔註264〕 見《釋例》卷十八頁20。
〔註265〕 見《釋例》卷十九頁22。此條稍存諷謔意味。
〔註266〕 按《四書説略》論語13頁云：「直窮到底，學問纔有歸宿。」
〔註267〕 見《四書説略》中庸14頁。
〔註268〕 見《釋例》卷十二頁40。
〔註269〕 見《句讀》卷十一頁12（760）梂字下。

〈地理志〉、〈水經〉皆謂之漸江，江至會稽錢唐，古曰浙江。《說文》浙、漸二篆，分舉劃然，今則江故道不可考矣！桂氏則謂說解江水之上脫漸字。

案：浙篆在江、沱二篆之下，似段氏說是。然無徵不信，故闕之。〔註270〕並於澕、汃、溧、瀨四字，「一切不信爲許君所收，特無據以刪之耳，不復能爲之塗附也。」〔註271〕是於或補或刪之文字中，絲毫不肯放鬆，纖末必計，所謂「狐裘雖敝，不可補以黃狗之皮，已刪者無從據補，羼入者安能聽其竊據非分也。」〔註272〕則無徵不信，無據闕之之本矜嚴謹慎態度，溢於言表。

王筠既克堅持「實事求是」、「無徵不信」之追究眞理、客觀證據之態度，是求「不可穿鑿」〔註273〕、「所據無欺」〔註274〕，則其論議文字，必也「是曰是，非曰非，其意如此，其言亦如此。」〔註275〕其擇善固執，持議之堅定，《近代名人小傳》中嘗載一事云：

> 筠以貢生官國子監學正，游祁雟藻門，然學非雟藻所及。性迂訥，持議不爲人下。嘗集雟藻齋中，翁心存論轉注例，頗訿許氏，筠起爭，而座客皆附心存。憤甚，不辭去。雟藻自追之，牽其衣，筠絕裾行，雟藻竟仆，時傳以爲笑。然筠敦內行，重然諾，鄉里服其信義。〔註276〕

則狷介過當任情性，時雖傳爲笑啖，唯獨排眾議，辯解堅毅，不苟且合流，不曲從阿附之情態，亦憭兮可辨，所謂「使人委曲通之，殊不近情」，「其意如此，其言亦如此」，洵爲不誣，況其行亦如此乎！

基此觀點，王筠善體物情，求證於耳聞目驗，博觀細審，以意逆志，以窺古人製字之本意，嘗言：「不識物情，不能識字。」〔註277〕「吾年逾五十而老於農，故知物情，以窺古人製字之意，今之學者或不知也。」〔註278〕並以「今人一入書房，便成廢物，四體不勤，五穀不分，便妄揣古人亦然。」〔註279〕故「今人率爾操觚，

〔註270〕見《句讀》卷二十一頁3（1531）浙字下。
〔註271〕見《句讀》卷二十二頁9（1676）瀨字下。
〔註272〕見《釋例》卷十二頁47。
〔註273〕見《句讀》卷八頁15（542）肒字下；又卷八頁41（594）艃字下云：「但無證據，未敢專輒。」意同。
〔註274〕見《句讀》凡例頁3（20）云：「桂氏所引有出《校議》外者，余所輯有出二家外者，蓋二家忽之也。惟嚴氏無欺，故以爲據。」此用其意。
〔註275〕見《句讀》卷十七頁19（1262）詞字下。
〔註276〕見費行簡《近代名人小傳》202～343頁。
〔註277〕見《釋例》卷四頁8。
〔註278〕以見《釋例》卷二頁20。
〔註279〕見《四書說略》論語6頁。

長短任意，不體物情」〔註280〕，致連段氏亦「不達物情，往往致誤」〔註281〕。是王筠體物情、重實證之態度可見一斑〔註282〕。金錫準以「王氏本諸物理，格致其道，用來說解文字，以明其形構」，是其研究說文學上最大之成就〔註283〕推許之。觀王筠著述中，載其耳聞目驗，體察物情者，觸目皆是〔註284〕，不煩殫舉，茲采二則以窺忖涯略云：

> 旦部云：從日見一上，一，地也。積古齋旦字婁見，三作👁，兩作👁，較小篆尤精，此乃會意兼象形字也。吾聞之海人云，日之初出，爲海氣所吞吐，如火如花，承日之下，摩盪既久，日似決然舍去者，乃去海已高。余居土國，日出亦近似所言，但土氣不如水氣之大耳。金刻旦有物承日下，正是氣形，小篆變之，不見體物之精。〔註285〕

> 理藩院所行西藏文移，皆用竹筆書之，其竹以油漬年久者爲佳，削爲三梭，以其尖作字，一削而成者上也，須修改者不中用也，因此知筆字從竹之故。兔毛筆始於蒙恬，蓋前此但用竹也。又因知聿即是筆之故，聿從𦘒，即是手持半竹，與𦘒顛倒者。𦘒重在竹，特以手持之，表其不連本幹，僅存一支也。聿重在手，故曰手之聿巧也。聿加一者，《說文》云一聲。案非也，一與𦒳之一、斷之二、畫之凵，皆同意。筆鋒尖而作字不能肖其形，故以一斷之，以見自此以下是尖鋒也。故金刻從聿之字率作聿，不加一也。〔註286〕

所體物情雖非必然，有其時空之限制，或不免以今律古，委曲疏通之處，然以其重實證，驗諸耳目而後可之觀念，轉而馳騁耳目於彝器金刻，延攬參證，使文字之本末源流，更見清明剔透，則爲可注意之點。所謂「山川所出器銘，皆與之相似，可以助證者也。」「篆文閒依鐘鼎，以《說文》傳寫有訛也。」〔註287〕而於荊棘叢中，自闢一條蹊徑矣！

〔註280〕見《釋例》卷十八頁33。

〔註281〕見《釋例》卷九頁27。

〔註282〕按《句讀》中以「物情」爲評論標準證據所本者頗多，如卷六頁9霉字（379）、卷七頁27羨字下（477）、卷八頁42鬵字下（595）、卷十四頁6宏字下（1012）、卷二十四頁39瓶字下、卷二十五頁17綱字下皆是，例多不枚舉。

〔註283〕見《王筠的文字學研究》139～140頁。

〔註284〕按：此例至多，約二百二十餘條。何紹基嘗評之曰：「好引『吾鄉』何苦？」見〈說文釋例稿本校記〉，載《員幅》一卷一期（1936年）58頁。

〔註285〕見《釋例》卷十七頁19。

〔註286〕見《釋例》卷十五頁36。

〔註287〕見《句讀》2220頁；《文字蒙求》序頁4。

第參章　王筠之金文學研究

第一節　援據金文之來源

一、前　言

　　察王筠於纂《說文釋例》前，嘗作《正字略定本》一卷、《說文韻譜校》五卷、《說文新附考校正》一卷、《說文繫傳校錄》三十卷、及《許學札記》不分卷等五書，書既早出，是所徵引之金文尙杪，可知者，如《正字略》第第下引「漢器銘」〔註1〕、德下引「鐘鼎文」〔註2〕，例凡二；《說文韻譜校》考異庸下引「金刻」、考異森下引「鐘鼎文」、考異鎦下引「積古齋鎦歆銅尺」、考異渻下引「金刻」、惠下引「無專鼎」、考異蕾下引《博古圖》銘文」者〔註3〕，其例凡六；《說文新附考校正》一書無引者；《說文繫傳校錄》中，則走下引「周虢季盤銘」、示部示下引「金刻」《博古圖》齊侯鐘四」「齊侯鑄鐘」、犆下引「鐘鼎」、遶下引「鄭饕遶父鼎銘」「金刻」、習下引「焦山鼎銘」、昨下引「鐘鼎文」、頂下引《博古圖》、厲下引「鍾鼎文」、門下引「鐘鼎文」、懸下引「鐘鼎文」、羕下引「周散氏銅盤銘」、亞部亞下引「鐘鼎文」等〔註4〕，其例凡十二；至於《許學札記》內，則有〈補篆〉

〔註1〕見《正字略》30頁。
〔註2〕見《正字略》52頁。
〔註3〕見《韻校》卷一頁5、卷一頁11、卷二頁10、卷四頁2、卷四頁6、卷四頁8。
〔註4〕見《繫校》附一（5）、卷一頁1（8）、卷三頁1（30）、卷四頁2（43～44）、卷六頁4～3（66～67）、卷十三頁2（159）、卷七頁4～5（238～239）、卷十八頁2（243～244）、卷二十三頁2（309）、卷二十三頁2（310）、卷二十四頁6～7（334～335）、卷二十八頁2（376）。

晶瑙下引「古鼎」、〈非字〉鼎下引「鐘鼎文」、眉下引「鐘鼎文」、丂下引「鐘鼎文」、〈存疑〉鳥下引「鐘鼎文」「《博古圖》」、榦支廿二字下引「鐘鼎文」等，其例凡六。是五書總合，數不過二十六例耳！

考其所據，除總括籠統之「鐘（鍾）鼎文」、「鐘鼎」、「古鼎」、「金刻」、「漢器銘」諸稱外，所據書則《博古圖》、《積古齋》二書耳；所據器則無專鼎、周虢季盤、齊侯鐘、齊侯鎛鐘、鄭饕遼父鼎、焦山鼎、周散氏銅盤、鎦歆銅尺八器耳〔註5〕。齊侯鐘、齊侯鎛鐘已見《博古圖》；而焦山鼎即無專鼎（以出焦山，故稱〔註6〕），周散氏銅盤、及鎦歆銅尺俱爲《積古齋》著錄物〔註7〕；鄭饕遼父鼎乃《平安館》藏物〔註8〕；周虢季盤，疑即「虢季子白盤」，係道光年間徐燮鈞宰郿縣時所獲物〔註9〕。是王氏所據者，有專書著錄者，有私人珍藏者，皆如吉光片羽，零星點佈耳，不成氣候。

然爾後一、二年內所撰之《說文釋例》，則徵引繁富，湧如春泉，對比強烈。其所援據金文者，約一百五十處，形式加密，論述纂詳，推闡發明，掩映成林，方諸前五書二十六例，實不可同日而語，其何以遽爾增益，突兀若斯者？試取其稿本、刊本互校，並參稽張穆「引繩批根，毋少叚借」之要約語，與夫何紹基「其有不同，則姑爲戲謔之詞；若不經意者，而贊歎隨之」〔註10〕點晴處，尋繹推勘，個中癥結，實可立判！今刊本所見援引金文之處，若：

(1)《積古齋》叔臣爵作𝔇，……皆向右。——卷二頁6前版六行
(2) 周虢季子白盤……則足尾皆具。——卷二頁15前版一行注

〔註5〕 按：齊侯鐘、齊侯鎛鐘見《博古圖》，鄭饕遼父鼎又見《句讀》卷十四頁11（1021）宮字下及卷二十二頁4（1665～1666）邕字下，係採自《平安館》，餘無專鼎即焦山鼎，與周散氏銅盤、鎦歆銅尺俱見《積古齋》。周虢季盤則未明所據，唯《三代吉金文存》卷十七頁19～20著錄，據容庚、張維持《殷周青銅器通論》67頁所述，虢季子白盤係於寶雞縣虢川司出土，道光年間，徐燮鈞在郿縣任知縣時所獲。現藏故宮博物院，乃周宣王時器。又見容庚《商周彝器通考》463頁，著錄附圖841。而〈說文釋例稿本校記〉末61頁有「淳父夫子以子伯盤拓本命題」諸語，疑時係祁寯藻藏器。

〔註6〕 詳見《積古齋》卷四頁28～30考釋。又羅士琳有《周無專鼎銘考》，載《文選樓叢書》中，以四分周術及漢三統術以推步其年代，甚奇。

〔註7〕 見《積古齋》卷八頁3～8作散氏盤；卷十頁19九著錄晉銅尺銘作：「周尺漢志鎦歆銅尺後漢建武銅尺晉前尺並同」，即王筠指稱之「鎦歆銅尺」也。

〔註8〕 見葉志詵《平安館藏器目》1頁作鄭遼父鼎。是書凡一六一器，容庚嘗以《攗古錄金文》及平安館拓本互校，頗有異同，見《商周彝器通考》242頁。此器名亦略異。

〔註9〕 見註5。

〔註10〕 按：數語見席啓駒〈說文釋例稿本校記題詞〉，《員幅》一卷一期頁1。

（3）虎字見於金刻者，《積古齋》、吳彝作􏰀……乃變文以見意也。——卷二頁 28～29 後版四行

（4）《積古齋》頌鼎、吳彝……蓋以古文本相似也。——卷三頁 4～5 後版七行

（5）《博古圖》銘言從彝者多有……誤也。——卷三頁 39 後版一行下

（6）人部仁下云……則甚矣其惑矣。——卷三頁 41～44 後版五行下

（7）頁下云……鐘鼎文首作􏰀……音理遠隔。——卷三頁 47 前版三行下

（8）金刻皆如小篆……上體小異。——卷四頁 4 前版九行下注

（9）金刻從邑之字……則邑祇是邑之變文。——卷四頁 26 後版八行下

（10）周虢季子白盤……從犬有威意。——卷五頁 20 前版一行下

（11）《博古圖》周義母匜……故連言之。——卷五頁 27 前版五行下

（12）金刻或作十……或作􏰀皆（非也）。——卷六頁 29 後版九行下

（13）金刻有􏰀、􏰀二體。——卷六頁 31 前版一行下

（14）金刻彝字，朱仲子尊……可解也。——卷六頁 45～46 後版六行下

（15）《積古齋》周王母鬲……器作􏰀。——卷七頁 29 前版六行下

（16）􏰀似希之分別文……亦作􏰀也。——卷八頁 23～24 前版七行下

（17）金刻亦往往有之。——卷八頁 35 前版八行下

（18）近見楚公鐘銘……遂不可解矣。——卷八頁 36 前版七行下

（19）至於係字……鐘鼎文……省聲也。——卷八頁 40 前版三行下

（20）此自……周公望鐘銘……似未確。——卷九頁 17 前版三行下

（21）太祝禽鼎作􏰀……向神之形。——卷十頁 27 後版七行夾注

（22）貞部云……《積古齋》……故但據京房說。——卷十頁 32 前版八行下

（23）奔下云……周子白盤……即自謂之同意邪。——卷十一頁 24 前版四行下

（24）􏰀下云……《積古齋》頌壺、頌敦……列於首耳。——卷十二頁 45 前版六行下

（25）齊侯飤敦作此字。——卷十三頁 8 後版二行注

（26）二二字見虢叔大林鐘。——卷十三頁 24 前版一行注

（27）又案……金刻……即􏰀之橫書者也。——卷十三頁 29 前版二行下

（28）《積古齋》虢叔大林鐘……《筠清館》周專卣作􏰀。——卷十三頁 29 前版五行下

（29）金刻多作􏰀。——卷十三頁 32 後版五行下注

（30）積古齋戎都鼎……與[illegible]形近。——卷十三頁 33 後版一行下

（31）虢季子白盤作[illegible]。——卷十三頁 36 後版二行下

（32）金刻女有[illegible]……與[illegible]近似。——卷十三頁 37 後版七行下

（33）㝃父鼎母作[illegible]……但曳・・於外耳。——卷十三頁 38 前版三行下

（34）楚良臣余義鐘語作[illegible]，是吾省口也。——卷十三頁 39 後版三行下

（35）申下……《積古齋》天錫簋……篆文相似。——卷十三頁 39～40 後版六行下

（36）《六書正譌》……仲㚃父敔……亦未詳所據。——卷十三頁 45 前版六行下

（37）《爾雅》連言……《積古齋》甲午簋……本聲也。——卷十三頁 47～48 後版五行下

（38）《積古齋》作[illegible]者……皆與古文近。——卷十四頁 9 前版一行下注

（39）金刻作[illegible]不作[illegible]。——卷十四頁 20 前版九行下

（40）金刻公有[illegible]、[illegible]、[illegible]三體。——卷十四頁 21 後版二行下注

（41）齊侯鎛鐘拜作[illegible]，《汗簡》似誤。——卷十四頁 21 後版九行下

（42）[illegible]當作[illegible]……而鐘鼎亦多作[illegible]，省其目。——卷十四頁 23 前版四行下

（43）甘部[illegible]……邑卣、趩彝……似阮氏說是。——卷十四頁 35 後版二行下注

（44）金刻有[illegible]及[illegible]。——卷十四頁 26 前版一行下

（45）金刻從日者亦多如此。——卷十四頁 26 前版六行下注

（46）師寰敦器蓋若字皆作[illegible]。——卷十四頁 26 後版五行下注

（47）《積古齋》諸鼎銘寶字多從[illegible]……尤象屋形。——卷十四頁 27 後版八行下

（48）禽彝作[illegible]，太祝禽鼎作[illegible]。——卷十四頁 28 後版四行下

（49）《積古齋》向彝作[illegible]……亦初不一律。——卷十四頁 35 後版六行下

（50）補㪟曆二字說……周高克尊……非也。——卷十四頁 48 前版六行下

（51）知然者……伯碩父鼎銘……省文也。——卷十五頁 9 前版六行下

（52）嚴與㘙巖……《積古齋》叔丁寶林鐘……古文[illegible]。——卷十五頁 21 後版三行下

（53）《積古齋》康鼎作[illegible]……省[illegible]爲[illegible]也。——卷十五頁 33 後版三行下

（54）理藩院……故金刻從聿之字率作[illegible]不加一也。——卷十五頁 36 前版五行下

（55）《積古齋》鬲攸從鼎……釋爲叀。——卷十六頁 11 後版二行下

（56）旦部……《積古齋》旦字婁見……體物之精。——卷十七頁 19 前版
　　　二行下

（57）晶部……金刻亦往往如此……不從日也。——卷十七頁 21～23 後版五
　　　行下

（58）鼎部……《積古齋》叔夜鼎……不必爲之深求。——卷十七頁 27 後版
　　　四行下

（59）有又一字……《積古齋》康鼎……爲手弓也。——卷十七頁 41 後版
　　　一行下

（60）師㽞鼎……𣄰彝……金刻……同義之證矣！——卷十八頁 29 前版三
　　　行下

（61）鐘鼎文亦多從𦥑，則其變久矣！——卷十八頁 29 前版九行下

（62）薦字……《積古齋》嘉禮尊……焉得無之。——卷十八頁 36 前版三行下

（63）《積古齋》宗周鐘銘……皆其證。——卷十九頁 32 前版三行下

（64）戊寅父丁鼎戊作𢧜……則與小篆形近。——卷二十頁 44 後版七行下

（65）寅及古文……《積古齋》寰盤……爲𡚒之譌。——卷二十頁 46 後版四
　　　行下

（66）《積古齋》嘉禮尊作……爲豐也。——卷二十頁 54 後版七行下〔註11〕

（67）邁下云……《積古齋》萬年字婁見……可證。——卷三頁 18～19 後版五
　　　行

以上諸例，均未見於稿本，稿本所存七、八十條，體例內涵，類不出前五書之範疇，是知王筠援據金文以刊正文字，補苴形體，其大量應用，嫻熟精詳，析理如析薪者，當出較晚之蒐集補苴，必使深博無餘義也〔註12〕，是前修未密，後出轉精，殆如斯之謂歟！亦客觀材料之漸出，著錄傳拓之風行，固使其便於采擷，有助於主觀之分析研繹，細思道理也。

　　今試取王筠纂記諸書所援引金文之處，整理歸納，用窺其取徑及輔弼之來源，非

〔註11〕以上所引，殆取《説文釋例》刊本與稿本八冊對校而得，是書稿本，「蓋王氏脱稿後，昇張身齋爲之校閱，何蝯叟從身借觀，復加評點。」見《員幅》一卷一期（1936 年）〈説文釋例稿本校記〉61 頁，壬申三月十三日寶權居士徐楨立記語（原書卷二十頁 57 後版）。

〔註12〕按：王筠於道光十七年始輯《説文釋例》，百日而畢，爾後復經割裂竄易數過，又艸一過，並與瞿云升相質，又以《韻會》核改《釋例》，於道光二十一年昇張穆爲之校閱，今所見本，已不復本來面目矣！其中固多作者「端居殫著述，夕惕總若寅」之精神心力。詳可參見附錄〈清王貫山筠著述生卒年表〉

閉門造車，固肩緘縢，虛爲指畫，漫無根據者，茲由下列數端以見：一曰「總括來源而不確指者」；二曰「確指來源采自某書者」；三曰「確指來源采自某人某器及自藏者」。

二、援據金文之來源

（一）總括來源而不確指者

　　所謂「總括來源而不確指」者，蓋即王筠於援據金文時，不明陳係采自何書、何器、何人，僅以籠統寬泛之通稱以涵蓋包舉之，而非準確分明直指出處者也。

　　今檢覈王筠諸書援據金文中，有稱「鐘鼎」、一稱「鐘鼎文」、稱「鐘鼎款識」、稱「鐘鼎銘詞」、一輛「鐘鼎銘文」、稱「鼎彝銘」、稱「鼎彝器銘」、稱「鼎彝銘文」、稱「古鼎銘」、一稱「周之鼎彝」、稱「金文」、稱「金刻」、稱「銘文」、稱「古銘」、稱「古銘識」、稱「古器」、稱「古器銘」、稱「彝器」、稱「彝器銘」、稱「彝器款識」、稱「器銘」、稱「款識銘詞」者，凡二十二稱，論其來源，則相當複雜，用與年代差近之嚴可均撰《說文校議》一書中之稱引金文率以「鼎彝器銘」一詞涵括之，體例整飭〔註13〕，較少參駁，迥爲不同。

　　諸通稱中，試爲犁析，尋繹肌理，可窺其來源脈絡者，若稱「鐘鼎」者，凡三十八處〔註14〕；稱「鐘鼎文」者九十九處〔註15〕；稱「鼎彝款識」者三處〔註16〕；

〔註13〕　按：嚴可均於嘉慶十一年撮舉《說文翼》十五篇大略成《說文校議》三十篇，稱引金文處如一上 3 頁（5）旁字、一下 2 頁（38）斳字、一下 4 頁（41）蔽字、二上 4 頁（68）禹字、二上 6 頁（72）單字、二下 3 頁（83）屮字、三下 4 頁（122）屢字、三下 5 頁（123）𠬜字、三下 5 頁（124）習字、四上 4 頁（142）者字、六上 2 頁（218）桉字、六上 10 頁（233）桮字、六上 15 頁（244）森字、七上 5 頁（275）汣字、七上 7 頁（280）𡆱字、七上 10 頁（285）鼎字、七上 10 頁（286）稀字、八上 12 頁（345）䜌字、九上 1 頁（363）頁字、九上 1 頁（363）䪴字、十下 2 頁（426）吳字、十二下 2 頁（540）兼字、十三下 4 頁（579）尺字、十四上 2 頁（579）鉉字、十四下 4 頁（627）申字、十四下 6 頁（632）辰字：又附錄《說文問》中十五下 4 頁（653）㮂古文燊、十五下 5（656）戊中宮也象六甲五龍相拘絞也，凡二八例，除習字下引「焦山鼎」、䜌字下引「散氏盤」外，餘均稱「鼎彝器銘」。

〔註14〕　按：見《繫校》卷三頁 1（30）戩字下。《釋例》卷六頁 29 匕部卓下、卷八頁 23～24 𫸩似希下、卷十一頁 6～7 丂下、卷十四頁 23 𨺅當作𨺅下、卷十五頁 8～10 斳下、卷二十頁 55 高高下。《釋例補正》卷四頁 1 鐘鼎中下、卷十三頁 1 小徐仍作下、卷十四頁 1～2 禾部穗下、卷十五頁 1 繹山碑下、卷十五頁 2～3 八部余下、卷十五頁 3 鐘鼎反字下、卷十七頁 1 鐘鼎無下、卷十八頁 1 許君既列下、卷十八頁 3 𠈃鐘鼎如此下、卷十八頁 3 然鐘鼎下、卷十八頁 4 鐘鼎作下、卷二十頁 1 𣥠𣥠下。《句讀》卷四頁 12（260）德字下、卷八頁 3（517）惠字下、卷十頁 16（701）躯字下、卷十五頁 16（1118）倂字下、卷十五頁 33（1150）衰字下、卷十六頁 27（1277）鬼字下、卷十九頁 1（1354）馬字下、卷二十七頁 27（2112）車字下、卷二十八頁 16（2168）辛字下、卷二十八頁 26（2187）酉字下。《部校》卷三十頁 2（2252）鐘鼎無龠字。

稱「鐘鼎銘詞」者一處〔註17〕；稱「鐘鼎銘文」者二處〔註18〕；稱「鼎彝銘」者二處〔註19〕；稱「鼎彝器銘」者三處〔註20〕；稱「鼎彝銘文」者一處〔註21〕；稱

《句讀補正》卷五頁3（2387）皋從由下。《文字蒙求》頁4自序、卷一頁7象形下、卷三頁97戌字下、卷四頁187受字下。《肊說》54頁顧氏本篆文下。《蛾術編》卷下頁6～7《説文》舍下。

〔註15〕例見《繫校》卷十三頁2（159）昨字下、卷十八頁2（244）屬字下、卷二十三頁2（309）門字下、卷二十三頁2（310）愍字下、卷二十八頁2（376）亞字下。《韻校》卷一頁11攷異蘇下。《正字路》52頁德字下。《許學札記》非字鼎下、眉下、丂下、存疑烏下、榦支廿二字丁字下。《釋例》卷二頁10～11屰下、卷二頁37衣字下、卷三頁19迣下、卷三頁44以雙聲字下、卷三頁47頁下、卷四頁19～21几下、卷五頁30字下、卷六頁25旅之古文下、卷八頁39～40互從下、卷九頁18～19囊部下、卷九頁32司從反右下、卷十頁12揆葵也下、卷十一頁4囊下、卷十一頁4～5朙部昍下、卷十一頁5眉下、卷十一頁38罷讀若許下、卷十三頁16～17磬下、卷十三頁33从下、卷十三頁38民下、卷十三頁46～47譌下、卷十四頁34～35倅下、卷十四頁35向下、卷十六頁1～2目下、卷十六頁20～22段氏增下、卷十六頁38躬字下、卷十七頁9才字下、卷十七頁13毛下、卷十七頁19～20从之古文下、卷十七頁23～24有字下、卷十八頁11芳下、卷十八頁15兄下、卷十八頁15～16禿下、卷十八頁28～29广下、卷二十頁43～44榦支下。《釋例補正》卷二頁3鐘鼎文女字下、卷三頁6人部仁下、卷十四頁1鐘鼎文其字下、卷十四頁1～2禾部穗下、卷十四頁2鐘鼎文作下、卷十五頁3鐘鼎文霸勒下、卷十六頁3～4鐘鼎文曰下、卷十七頁2下、卷十八頁1～3許君既列下。《句讀》卷一頁6（52）祖字下、卷一頁26（92）中字下、卷四頁4（243）迣字下、卷六頁12（385）右字下、卷七頁11（446）昍字下、卷八頁5（522）爰字下、卷八頁5（522）矞字下、卷八頁6（523）受字下、卷八頁30（571）副字下、卷八頁38～39（588～589）衡字下、卷十三頁15（939）月字下、卷十三頁22（954）束字下、卷十五頁1（1087～1088）保字下、卷十五頁1（1088）仁字下、卷十五頁3～4（1092～1093）伯字下、卷十五頁13（1112）作字下、卷十五頁32（1149）衣字下、卷十八頁22（1327）碏字下、卷二十頁12（1469～1470）介字下、卷二十一頁44（1613）湄字下、卷二十三頁7（1726）門字下、卷二十四頁28（1857～1858）戈字下、卷二十四頁46（1893）孫字下、卷二十六頁10（2002）亘字下、卷二十七頁1（2059～2060）金字下、卷二十八頁16（2167）庚字下、卷二十八頁16（2168）辭字下、卷二十八頁19（2173）孟字下。《句讀補正》卷十頁1（2408）舍不能省下、卷二十一頁1（2465）本部凡古文下、卷二十六頁3（2508）田統大勢下。《文字蒙求》卷一頁15隹字下、卷一頁21叐字下、卷一頁29～30昍字下、卷一頁36衣字下、卷三頁77對字下、卷三頁84躬字下、卷三頁92頁字下、卷三頁157朕字下。《肊說》26頁鐘鼎文多有葳曆字下、54～55頁再稟者下、頁（30）經典皆作昭穆下。《禹貢正字》11頁均于江海下。《夏小正》44頁傳曰鳴蛾蛾也者下。

〔註16〕見《釋例補正》卷二頁2《説文》又曰背私爲公下。《句讀》卷十九頁16（1383～1384）麋字下、卷二十七頁13（2084）鐘字下。

〔註17〕見《蛾術編》卷上頁40「禺字見鐘鼎銘詞」下。

〔註18〕見《重言》36頁僮革有鶬下；《蛾術編》卷下頁10絲之作絲也下。

〔註19〕見《句讀》卷六頁5（372）勒字下、卷二十四頁32（1866）義字羴下。

「古鼎銘」者一處〔註22〕；稱「周之鼎彝」者一處〔註23〕；稱「金文」者十六處〔註24〕；稱「金刻」者六十九處〔註25〕；稱「銘文」者一處〔註26〕；稱「古銘」者二處〔註27〕；稱「古銘識」者一處〔註28〕；稱「古器」者一處〔註29〕；稱「古

〔註20〕見《句讀》卷七頁13（449）者字下、卷十三頁15〜16（940〜941）霸字下、卷十三頁23〜24（956〜958）鼎字下。

〔註21〕見《釋例》卷九頁20〜21 夂下云。

〔註22〕見《句讀》卷十三頁23〜24（956〜958）鼎字下。

〔註23〕見《禹貢正字》26〜27頁堯典師錫帝曰下。

〔註24〕見《釋例補正》卷三頁7收字下、卷五頁1金文有合下、卷十一頁1或以 ♦ 下、卷十四頁1然金文下、卷十八頁4夾注鐘鼎作下。《句讀》卷九頁23（641〜642）亏字下、卷二十頁12（1469〜1470）介字下。卷二十四頁2（1806）妘字下、卷二十四頁34（1869〜1870）罍字下、卷二十四頁36（1874）匜字下、卷二十八頁17（2170）壬字下。《句讀補正》卷二十五頁 2〜4（2496〜2500）宗廟之器下、卷二十五頁 5（2501〜2502）差字亦從羕下。《蛾術編》卷下頁 6〜7《說文》合下。《肥説》（34〜35）頁簋簠二字下。

〔註25〕見《韻校》卷一頁5 夂異庸下、卷四頁2 夂異共下。《繫校》卷一頁1（8）示部示下、卷四頁2（43〜44）逢字下。《釋例》卷二頁28〜29有由象形字省之、卷三頁4〜5受部敘下、卷三頁39《博古圖》銘下、卷四頁3〜4許君敘下注、卷四頁26〜27 舛下云、卷六頁29 匕部卓下、卷六頁31舟部般下、卷六頁45〜46彝之古文下、卷八頁35〜36部中字下、卷十三頁28〜29 更之古文下、卷十三頁32 日下、卷十三頁37〜38女下、卷十四頁20米下、卷十四頁21注訟之古文下、卷十四頁25甘部磨下、卷十四頁25〜26豆之古文下、卷十四頁26皀下、卷十五頁36理藩院下、卷十七頁18〜19日部曈下、卷十七頁21〜23晶部曡下。《釋例補正》卷二頁1此以《説文》駁之耳下、卷二頁1金刻中文之簡者、卷三頁7收居竦切下、卷六頁1錸橋謂屵下、卷八頁4 亊從干上、卷十三頁1金刻皿下、卷十四頁2舟字下、卷十六頁1金刻作下、卷十六頁3❀之説下、卷十八頁3金刻賜下、卷二十頁12徐本兩體。《文字蒙求》卷三頁86無字下、卷三頁92頁字下、補闕192頁希字下。《句讀》凡例二（17）篆文法當一例下、卷一頁3（46）示字下、卷三頁12（198）命字下、卷四頁29（293）冊字下、卷三頁32（337）訟字下、卷五頁33（360）爨字下、卷六頁6〜7（374〜375）高字下、卷六頁16（393〜394）肅字下、卷六頁18（397）臣字下、卷六頁29〜30（420〜421）卜字下、卷七頁12（447）眉字下、卷七頁13（449〜450）百字下、卷八頁4（519〜520）玄字下、卷十二頁10（851）國字下、卷十三頁7〜8（924〜925）晶字下、卷十三頁13（935）旅字下、卷十三頁18（946）夜字下、卷十三頁23〜24（956〜958）鼎字下、卷十三頁26（961〜962）禾字下、卷十三頁33（975）穤字下、卷十四頁11（1021）宮字下、卷十七頁14（1252）髮字下、卷十七頁19（1260〜1262）后字下、卷二十二頁6（1669〜1670）辰字下、卷二十三頁18（1747）臣字下、卷二十五頁27（1947）彝字下。《句讀補正》卷十五頁1（2431）金刻作 卜下、卷十五頁3（2439〜2440）各本篆作尸、卷二十二頁1（2472）金刻多云下。《蛾術編》上24頁碭之水下。《肥説》50頁父乙鼎記爲蘇廣堂作。

〔註26〕見《句讀》卷二十四頁46（1893）孫字下。

〔註27〕見《蛾術編》卷上40頁「亯字上體亦與古銘亯亯同」。《釋例補正》卷二十頁1《積古齋》下……但古銘卯酉字……假借。

器銘」者六處〔註30〕；稱「彞器」者一處〔註31〕；稱「彞器銘」者二處〔註32〕；稱「彞器款識」者一處〔註33〕；稱「器銘」者一處〔註34〕；稱「款識銘詞」者一處〔註35〕；稱「款識」者一處〔註36〕，凡二百五十四例中，以稱「鐘鼎文」者居多，其體例形式雖龐雜繁變，但總括約整，用以呈現其常態者佔大多數，如：

> 鐘鼎文女字，有◇、◇、◇、◇、◇、◇、◇、◇、◇、◇諸形，《筠清館》商父乙彞作◇。〔註37〕

> 鐘鼎文其字，有◇、◇、◇、◇、◇、◇、◇、◇、◇、◇、其、◇諸體，而作◇者最多，知是正體，其餘蓋皆隨手之變。〔註38〕

是其透過裒集整理，普遍包舉之寬廣內涵，欲究其確切采自何書？襲自何人說法？則疲精勞神，騁思追想，不過郢書燕說，徒捕風影耳，然個中確有可稽尋采自何書何說者，如采自「《博古圖》」而以「鐘鼎文」代之者，其文曰：

> 物類亦多尌起看者，艸、木、竹、虎、鳥之類是也。……有放倒看者，龜與舟、車皆是也。◇字上象艙，下象底，右象容舵之處，不作舵者，舟有無舵者也。◇以方者為輿，橫貫者為軸，植者為輪，自車後觀之，則見兩輪如線直也。不作輈者，黃帝觀轉蓬而造車，《毛詩》以權輿為始，故車字第有輪輿，從其朔也，兼容車之無輈者也，故說解曰輿輪之總名，亦指字形無輈而言。《博古圖》或有輈，然其文作◇，是輪與輿皆平，非物情也。〔註39〕

稿本「《博古圖》」作「鐘鼎文」〔註40〕，由其替代關係中，亦可推知其來源矣！

〔註28〕見《句讀》卷十八頁 8（1299）龐字下。
〔註29〕見《釋例補正》卷十八頁 1～3「許君既列刀部」下。
〔註30〕見《句讀》卷一頁 10（60）社字下、卷十一頁 4（830）才字下、卷二十八頁 26（2187）西字下。《部校》卷三十頁 22（2291）酉字次西下。《釋例補正》卷二十頁 1《積古齋》下。《蛾術編》卷下頁 2 魯微公下。
〔註31〕見《句讀》卷二十四頁 36（1874）匜字下。
〔註32〕見《句讀》卷二十五頁 7（1908）終字下。《釋例補正》卷九頁 1～2 彞器銘百字下。
〔註33〕見《釋例補正》卷十六頁 4 竊疑虍字下。
〔註34〕見《釋例》卷十七頁 41～42〈有又一字補證〉：「器銘之右，與《說文》又字義相當。」
〔註35〕見《蛾術編》卷下頁 15～16 更有奇者下：「況《廣韻》既說以名目，則與款識銘詞，亦無干涉。」
〔註36〕見《釋例補正》卷十六頁 4 竊疑虍字下，乃「彞器款識」之省文也。
〔註37〕見《釋例補正》卷二頁 3。
〔註38〕見《釋例補正》卷十四頁 1。
〔註39〕見《釋例》卷十四頁 32。
〔註40〕見〈說文釋例稿本校記〉46 頁。

如釆自《積古齋》、《平安館》、《筠清館》三家書而稱「彝器款識」、「款識」者，其例曰：

彝器款識虎字作〓、〓、〓、〓、〓、〓、〓者，此小篆〓字、楷書虎字之所由來也。作〓、〓、〓者，此石鼓〓字、楷書〓字之所由來也。然皆牽連書之，未嘗斷爲上下兩體。即繹山碑虢字兩見，所從之〓仍是款識之〓。……且《說文》從虎之字之見款識者，虡作〓，盧作〓及〓，虧作〓，皆〓之小變，惟虞作〓及〓，戲作〓，則直從虎矣。……即如老部中字，率從老省，而壽、考、孝三字見款識者，省者固多，然作〓、〓、〓者，亦時時遇之，固不省也。即既省而仍謂之從老省，則虎省爲虍，亦謂之從虎省可也。

下自注：「所舉款識中字，皆出《積古齋》、《筠清館》兩書。」〔註41〕是亦稱「阮、葉、吳三家款識」〔註42〕也。則「彝器款識」、「款識」諸稱，有自《積古齋》、《平安館》、《筠清館》三家銘文中來也。

復有釆自成說，因襲用語，不加改竄，保留原來面目者，以俟細心體會者之稽尋，如擷自戴震之用語「古銘識」者，《說文》廱下《句讀》引戴東原說曰：

《詩·靈臺》四章：於論鼓鐘，於樂辟廱。……周鼎銘曰：王在辟宮，獻工錫章。《左氏春秋》曰：鄭伯享王于闕西辟。《史記》曰：豐鎬有天子辟池。譙周曰：成王作辟上宮，此單言辟者也。〈周頌〉曰：于彼西廱。傳云：廱，澤也。古銘識有曰：王在廱上宮，此單言廱者也。其曰辟上、廱上則以名池名澤而作宮其上，宮因水爲名也。〔註43〕

文見戴震《毛鄭詩考正》〔註44〕，是徵引原文，而稱「古銘識」者也。

又有取朱文藻、許瀚之說，而稱「鐘鼎」或「鐘鼎文」者，如：

閔之古文作〓，朱文藻曰：〓是鐘鼎文民字。〔註45〕

印林曰：鐘鼎甲原多作十。〔註46〕

箕之古文〓，《五音韻譜》作〓，《玉篇》作具，又一古文〓，《玉篇》作笛，誤也。〓乃〓之小變，連者斷之耳，箕之舌不能不連屬也。變八爲竹，已誤；變囗爲丙，尤誤。丙，舌兒也，將謂箕止一舌邪？其籀文〓，

〔註41〕 見《釋例補正》卷十六頁 4。

〔註42〕 見《釋例補正》卷五頁 1。

〔註43〕 見《句讀》卷十八頁 18（1299）廱字下。

〔註44〕 見〈毛鄭詩考正〉卷三頁 12，載《戴東原先生全集》158 頁。

〔註45〕 見《釋例》卷十三頁 38 民之古文下。

〔註46〕 見《釋例》卷六頁 29 匕部卓之古文下。

則在匸部，又多一古文巽。案此數字之形，甘當最古，上爲舌，下及左右
爲郭，其交又者，以郭含舌，舌乃固也，中象其文。𩰪之上體似有誤，下
從收，兩手籭之也，其從廾，許意謂有架以薦之，然算無取乎架，恐係収
之譌也。印林曰：鐘鼎文固多從廾者，恐非譌。〔註47〕

觀此三例，可知「鐘鼎」、「鐘鼎文」之通稱，部分源自朱、許之說，面目依稀可辨。

　　其餘諸例，殆縱觀諸書，橫覽眾說，胸中含濡，吐諸筆墨，虛設其詞，用以容
藏，乃能包舉，乃能涵遍，並將縱橫所得，匯聚歸納，鎔鑄出個中之大同小異現象，
故以具普遍性、包容性、宏觀性之「通稱」涵蓋整個根據之來源，內中已然凝鍊諸
書、諸說、諸人、諸器於一爐，以故名稱繁雜，不得統一，研析者求其端、訊其末，
當知「衹可校勘，不可逕改」〔註48〕之原意所在，亦宜其來源之各逞姿媚，面目不
同，是「不得改之以泯其跡」之最佳寫照也。

（二）確指來源采自某書者

　　王筠嘗謂：「凡依傍一書而成一書者，其心思必苟，其目光必短，雖幸而傳，亦
必不久。無論他書，即經亦不可依傍也。許君之精神，與倉頡、籀、斯相貫通，故
能作《說文》，所引經典，聊爲印證而已。今人之精神，必出許君之前，乃能與許君
相貫通，而可以讀《說文》，所讀經典，亦聊爲印證而已。」〔註49〕其既標榜「今
人之精神，必出許君之前」，而援據金文，亦是出許君前之一項檠弼工具，故何能舍
諸？筠以一鄂宰小吏〔註50〕，鐘鼎重器，理當收藏不富〔註51〕，而欲窮蒐博討，援
據無礙，必也藉助於銘文之傳拓與箸錄之專書，非眞能一空依傍，筌蹄盡去也，唯
其所重，不在依傍，而在印證，依傍則別無識見，印證則精於抉擇，故其徵引金文
時，確指來源係采自某書者，即作如是觀。

　　綜理王筠諸書援據金文處，知其來源係出何書者，依其年代先後，順次言之如
下：

1. 采自《考古圖》者

　　王筠徵引金文時，其來源有出《考古圖》一書者，綜括引述，如：

〔註47〕見《釋例》卷六頁18。
〔註48〕見《繫校》卷三頁5（38）擬其意。
〔註49〕見《釋例》卷一頁15～16。
〔註50〕詳見《清史列傳》儒林傳下二卷六十九頁46王筠本傳云：「後官山西鄉寧縣知縣，
　　　　鄉寧在萬山中，民樸事簡，訟至立判，暇則把一編不去手。權徐溝，再權曲沃，地
　　　　號繁劇，二縣皆治，然亦未嘗廢學。」
〔註51〕按：王筠自道所藏器唯二：一爲張古娛所贈之「叔液匜」，一爲葉志詵贈之「鄭伯盤」。
　　　　見《釋例》卷五頁27。

《考古圖》亦引《說文》曰：甗，無底甑也，知其誠爲許君語。〔註52〕

甗，《考古圖》作𪔂，則是從鼎獻省聲也，於法亦合。……但許君收之瓦部，則是以瓦作之，而《博古》、《考古》二圖所收，則銅器也。鼎亦銅器，豈銅作者字作獻邪？○《考古圖》引《說文》曰：甗，無底甑也。則不必云一穿矣！〔註53〕

（宣）《考古圖》有𥧄、𡩄二形，皆向左，又省二，其文則謂宣王之廟也。〔註54〕

《考古圖》朕作𦩞。〔註55〕

則引述其說，綜括其形，泛稱而不專指者。

復有詳加指稱係出《考古圖》某器者，如：

《考古圖》王子吳飢鼒𡴋字不從廿。〔註56〕

《考古圖》邾敔𪔂字，釋爲晃齊二字，果如所釋，是即此齍字矣！〔註57〕

（旂）《考古圖》周姜敔二器，一作𣄰，一作𣄰，遲父鐘作𣄰，伯戔頪盤作𣄰，然則此字當是從單從㫃，㫃亦聲，且即旂之古文。〔註58〕

《考古圖》有伯戔饙盉。〔註59〕

《考古圖》鄅子鐘，以用字作𢎘，已止字作𢎘，與段氏說合。〔註60〕

《考古圖》漢器銘作苐，從艸從弟省；惟熏爐銘尚作弟，則漢時尚無第字可知。〔註61〕

則徵引《考古圖》卷一之〈王子吳飢鼒〉、卷三之〈邾敔〉、卷三之〈周姜敔〉二器、卷七之〈遲父鐘〉、卷六之〈伯戔頪盤〉、卷五之〈伯戔饙盉〉、卷七之〈鄅子鐘〉及卷九之〈漢器〉、〈熏爐〉諸器者也。

2. 采自《博古圖》者

王筠嘗蓄有《至大重修博古圖》一書，自云：「甲辰歲（按即道光二十四年，西

〔註52〕見《釋例》卷七頁8〜9。又《句讀》卷六頁7（376）。

〔註53〕見《釋例》卷十頁50。

〔註54〕見《釋例》卷十頁10宣下。

〔註55〕見《釋例》卷十三頁46。

〔註56〕見《釋例》卷十一頁2嗌之古文下。

〔註57〕見《釋例》卷十七頁27。

〔註58〕見《釋例》卷十五頁9旂字下。

〔註59〕見《句讀》卷九頁34（664）盉字下。

〔註60〕見《釋例》卷二十頁49巳下。

〔註61〕見《釋例》卷十六頁23次弟之弟下。

元 1844 年），張石州書來，言蘇賡堂給諫得商父乙鼎，以爲此乃《博古圖》中第一器，筠即致書以賀賡堂，賡堂俾作記，石州又寄其拓本，並鈔《博古圖》跋語以來，筠於是書，未得見宣和原本，蓄有至大重修一本，篆文劣於泊如齋本，而每器之下皆有注，或曰依元樣製，或曰減小樣製，以兩本校之，泊如齋圖無不小者，是以於此區別之詞，一切刪之也。」〔註62〕由此可知王筠所據《博古圖》者，一取元至大重修本，一取明萬曆二十八年吳萬化寶古堂刻本後改名泊如齋本〔註63〕。兩本互校而出者也。

　　至所徵引之方式，亦有綜括合同，直稱《博古圖》者，其例如：

　　　　竊謂萬即古蠆字也，《博古圖》銘文多作蠆形。夫蠆既非如雲雷，取施不窮之義；又非如饕餮，取戒貪之義，蓋即萬字，取子孫永保之義也。古無蠍字，亦無長尾、短尾之別，概名曰萬，借爲千萬，而其音又異，乃加虫作蠆以別之。〔註64〕

　　　　贄字見《博古圖》，《說文》佚之，僅存于此耳。〔註65〕

　　　　《博古圖》邑作圖，似是全體象形字。

　　　　《博古圖》肇有圖、圖二體，其戶皆作戶。

　　　　《博古圖》圖字，林似比之古文林，但多爪耳，然亦少脊，且排比整齊，亦不象形。

　　　　（衣）《博古圖》作命，未有作命者。

　　　　（嗌之籀文圖）……《博古圖》作圖。

　　　　《博古圖》医有圖、圖二體，借大爲夫，猶秦碑借夫爲大也，惟從北難解。

　　　　《博古圖》（嗣）釋爲司字。

　　　　《博古圖》有圖、圖二體，圖與肇近似，又竝從聿不從聿。

　　　　《博古圖》對字，從士不從口，是知漢文帝初非杜撰。

　　　　《博古圖》所收之甗，其下皆連鬲……但許君收之瓦部，則是以瓦作之，而《博古》、《考古》二圖所收，則銅器也，鼎亦銅器，豈銅作者字作獻邪？

〔註62〕見《肊說》49～51頁〈父乙鼎記爲蘇賡堂作〉。
〔註63〕按：《博古圖錄》厥集宋代所出青銅器之大成，《四庫全書總目提要》卷一一五評爲：「考證雖疏而形模未失，音釋雖謬而字畫俱存。」其版本得失，可參閱容庚《宋代吉金書籍述評》，王永誠《先秦彝銘著錄考辨》39～58頁。
〔註64〕見《韻校》卷四頁8奻異蠆字下。
〔註65〕見《繫校》卷七頁5（239）頂字下。

《博古圖》從單之字，其形甚多，小篆整齊之，遂從吅，許君隨文說之耳。

《博古圖》有福、甬字，可據也。又京、亯、高三字，在《說文》無異體，而《博古圖》京作ⵚⵚ，亯作ⵚⵚⵚ，高作ⵚ，亦可緣前三字一例補之。

《說文》韜從首，而《博古圖》作ⵚⵚ等形。

《博古圖》朕有ⵚⵚ二體。

（眲）《博古圖》有ⵚⵚⵚ兩體，並釋爲瞿。

《博古圖》ⵚⵚ，皆釋爲若。

ⵚ字見《博古圖》。

車字第有輪輿，從其朔也……《博古圖》或有輈，然其文作ⵚ，是輪與輿皆平，非物情也。

《博古圖》有單ⵚ兩體。

《博古圖》ⵚ字，其卓所從之匕，亦變而向左。

《博古圖》所收之卣，其銘皆曰尊彝。〔註66〕

（單）大也。從吅，吅亦聲。甲者，車之省。《博古圖》斬字，有從ⵚ單者，是其證。〔註67〕

（ⵚ，古文目。）《玉篇》作ⵚ，與大徐同；小徐作ⵚ，則由《博古圖》之ⵚ變之，蓋皆後人改易，不成爲象形也。

《博古圖》韜字，其旨多作ⵚ，或作ⵚ。

ⵚ者，古文頁也，見《博古圖》。

《博古圖》，盉不梁而把，曰鐎斗。

（許說）錠、鐙二字，則用轉注，以漢制說之者，錠字不見於經也，故《聲類》曰：有足曰錠，無足曰鐙，亦以之爲膏鐙，與許說同。《廣韻》乃曰，豆有足曰錠，無足曰鐙。不思經有鐙字，無錠字。《博古圖》乃有此器，遂膠葛不通矣！

〔註66〕 以上依次見《釋例》卷二頁24米之形下；卷二頁26戶篆下；卷二頁36動物之象形下；卷二頁37衣字下；卷六頁3嗌之籀文下；卷六頁18簠之古文医下；卷六頁53辭之籀文嗣下；卷七頁26戈部肇下；卷九頁18舉部下；卷十頁50甗下；卷十一頁2單下；卷十三頁30亯下；卷十三頁35ⵚ下；卷十三頁46夰下；卷十四頁22眲下；卷十四頁26～27及字下；卷十四頁30ⵚ當作ⵚ；卷十四頁32物類下；卷十五頁32～33革下；卷十六頁17～18衡之古文下；卷一頁27卣下。

〔註67〕 見《文字蒙求》卷三頁129單字下。

《志林》：先代不識犧尊，魏明帝時，魯郡於地中，得齊大夫子尾送
女器，有犧尊，作犧牛形。自爾乃知其形，《博古圖》有犧尊、象尊，皆
全體象形。

《博古圖》曰：盉不梁而把，曰鐎斗。則知盉有梁矣。〔註68〕

諸例或取銘文字形，或采釋文，或引形制諸說，雖不一一詳為稽尋，而總括其來源，
係出《博古圖》一書者也。

至若確指出自《博古圖》某器者，其引「鼎」者：則商立戈鼎〔註69〕、宋夫人
鼎〔註70〕、晉姜鼎、伯碩父鼎、史頵鼎、叔液鼎〔註71〕是也；其引「尊」者：則從
尊〔註72〕、犧尊、象尊〔註73〕、周高克尊〔註74〕是也。其引「彝」者，若繼彝、彔
彝〔註75〕是也。其引「卣」者，則商持干父癸卣〔註76〕、周淮父卣〔註77〕、樂司徒
卣〔註78〕是也。其引「敦」者，則牧敦〔註79〕、郱敦〔註80〕、周敔敦〔註81〕、畢仲
敦〔註82〕是也。其引「簋」者，則寅簋〔註83〕是也。其引「匜」者，則周義母匜、
孟皇父匜〔註84〕是也。其引「鐘」者，則齊侯鐘〔註85〕、齊侯鎛鐘〔註86〕、邢叔鐘

〔註68〕 以上具見《句讀》卷七頁 2（427）目字下；卷九頁 24（643）旨字下；卷十七頁 1
（1226）顏字下；卷二十七頁 6（2069）鐎字下；卷二十七頁 6～7（2070～2071）
鐙下，按《博古圖》於甗下鎪上收錠一耳；卷二十八頁 32～33（2200～2201）尊下；
《句讀補正》卷九頁 1（2404）。

〔註69〕 見《釋例》卷二頁 27 戈下。

〔註70〕 見《釋例》卷六頁 4～5 君之古文下。

〔註71〕 見《釋例》卷十五頁 8～9 蘄下。

〔註72〕 見《釋例》卷三頁 39；《博古圖錄》卷六頁 19。

〔註73〕 見《句讀》卷二十八頁 32～33（2200～2201）算字下。

〔註74〕 見《釋例》卷十四頁 48 補敔曆二字說下。

〔註75〕 見《釋例》卷十四頁 48。

〔註76〕 見《釋例》卷二十頁 31 开下。

〔註77〕 見《釋例》卷十四頁 48。

〔註78〕 見《釋例》卷一頁 27 卤下。

〔註79〕 見《釋例》卷一頁 27 卤下。

〔註80〕 見《句讀》卷十七頁 1（1225～1226）頁下。

〔註81〕 見《句讀》卷二十四頁 31（1863）戠下。

〔註82〕 見《釋例》卷十四頁 48 補敔曆二字說。

〔註83〕 見《句讀》卷二十頁 10～11（1466～1467）靶下。

〔註84〕 見《釋例》卷五頁 26～28 乁部下。

〔註85〕 見《句讀》卷二十頁 20（1486）憖下、卷三頁 1（176）屮下、卷十三頁 11（931）
旗下、卷二十二頁 5（1667）州下。《繫校》卷一頁 2（9）示下。

〔註86〕 見《繫校》卷一頁 2（9）示下；《釋例》卷十三頁 47～48 妥下。《句讀》卷三頁 1
（176）屮下，卷九頁 24（643）旨下，卷十三頁 11（931）旗下，卷二十二頁 5（1667）
州下。《肊説》55 頁齊侯鎛鐘。

〔註87〕、鄭邢叔綏賓鐘〔註88〕是也，具指明來源，鑿有根據，而非輕忽帶過，略而不提之不負責態度也，使研析者可尋隙覆按原文，知其本初假借者也。

3. 采自《金石錄》者

夫趙明誠之《金石錄》，本金石並錄，蓋「取上自三代，下迄五季，鐘、鼎、甗、鬲、盤、匜、尊、敦之款識，豐碑大碣，顯人晦士之事蹟，凡見於金石刻者二千卷，皆是正訛謬，去取襃貶；上足以合聖人之道，下足以訂史氏之失者，皆載之。」〔註89〕非專力於金文也。而王筠援據金文時，亦嘗擷取之，唯知見者僅一條〔註90〕曰：

> 《金石錄》，周以後諸器款識，對字最多，無從口者，疑李斯變古法作小篆，始從口，至文帝復改之耳。

乃純粹徵引，聊為印證耳，蓋《金石錄》一書，石多而金少，凡古器物銘第一至二十六，跋尾三，共四十八器，而僅止於題跋，並無摹本拓片，可供稽考研索，細尋點畫，故王筠取用較少。

4. 采自《歷代鐘鼎彝器款識法帖》者

夫薛尚功善古篆，尤好鐘鼎書，嘗采輯舊錄，附以新出，成《歷代鐘鼎彝器款識法帖》〔註91〕一書，本諸《考古圖》、《博古圖》，而蒐集益廣，所謂「宋箸錄彝器款識之書，以本書所錄為富，而編次條理，亦以本書為優」〔註92〕也。前引諸器，如遲父鐘、齊侯鎛鐘、齊侯鐘、宋君夫人鼎、叔液鼎、王子吳鼎、伯碩父鼎、史頵父鼎、晉姜鼎、師淮父卣、樂司徒卣……亦率聚於此。唯薛氏書本「法帖」性質，輕重有別，以故王筠明為指陳係采自此書者甚微，可知者有：

> 《積古齋》、季娟鼎：⿰彳⿱鼎⿰⿱夆又口。薛尚功《款識》亦有此銘，作錫貝錫馬兩。〔註93〕

> 薛尚功《鐘鼎款識》引石鼓作𢆶，乃誤以石泐處認為一畫。〔註94〕

前例取《積古齋》與薛尚功《款識》互校，別其異同者；而後例則為薛書體例不純，

〔註87〕見《釋例》卷十四頁48補敍厤二字說。

〔註88〕見《釋例》卷十三頁47～48妥下。

〔註89〕見李清照《金石錄》後序。

〔註90〕另一條非關金文，而謂唐李騰《說文字源》書見《崇文總目》及《金石錄》，見《釋例》卷一頁16許君下。引文見《金石錄》卷十一器物銘第七〈大夫始鼎銘〉下。

〔註91〕詳見王永誠《先秦彝銘著錄考辨》69～82頁。

〔註92〕同上註72頁。

〔註93〕見《釋例》卷十七頁27～28鼎部下。

〔註94〕見《釋例》卷二十頁9～10絲部下。

名爲「鐘鼎彝器」，實則兼納玉石〔註95〕，遭人詬譏之處。是知王筠采自薛書者，大抵暗用，而非明白指陳者，然其采自薛書，則無疑議矣。至所取者，疑即嘉慶二年（1797），阮元「據吳門袁氏廷檮影鈔舊本，及元所藏舊鈔宋時石刻本互相校勘，更就文瀾閣寫本補正之」〔註96〕，欲還薛氏舊觀之阮氏刻本也。

5. 采自《金石索》者

夫馮雲鵬、雲鵷兄弟藏有占卣、戈木爵、癸父爵、父庚爵，遣叔鼎、追敦、魯伯俞父簠、魯伯俞父匜、𩱺敦蓋、叔臨父敦諸器〔註97〕，是清有名之藏家，編有《金石索》十二卷，前金後石各六卷〔註98〕。王筠采擷金文印證說法時，亦嘗取資，觀如下數例：

　　　　受部𣪏下云古聲，桂氏曰：古當作占。……《金石索》周追敦𣪏，與

　　小篆近；齊侯鎛鐘𣪏，則與小篆同。〔註99〕

　　　　（霸）又借爲翠，《金石索》楚曾侯鐘背有翠反宮反四字，五音舉其

　　二，蓋此鐘所中之音也。言反者，或如清商、清角之類乎？〔註100〕

殆知王筠嘗取《金石索》卷一中之周追敦、齊侯鎛鐘與楚曾侯鐘三器銘文，用與文字相發明也〔註101〕。

6. 采自《積古齋鐘鼎彝器款識》者

阮元既以封疆大吏，嗜古而力足以副之，扇開研究金文之風氣〔註102〕，所鑑於古物不可久保，聚散容易，而圖書卻足以流傳不絕，乃集友人與之同好者如江德量、朱爲弼、孫星衍、趙秉沖、翁樹培、秦恩復、宋葆醇、錢坫、趙魏、何元錫、江藩、張廷濟之各藏器各搨本與自藏自搨者匯而聚之，成《積古齋鐘鼎彝器款識》十卷〔註103〕。王筠既處其後，得其便利〔註104〕，援引掇取，觸目皆是，

〔註95〕按：薛書中磬鼓十一器是石器，瑞、璽四器是玉器，而非盡屬銅器，見是書卷十七
　　　　―卷十八；所謂「玉石雜糅」，此其謂耶？
〔註96〕見《薛氏鐘鼎款識》嘉慶二年阮元序頁1。
〔註97〕見容庚《商周彝器通考》收藏241頁。
〔註98〕按：商務印書館《金石索》國學基本叢書影遼古齋藏本。
〔註99〕見《釋例》卷三頁4～5受部下。
〔註100〕見《句讀》卷二十二頁15（1688）霸字下。按三器依次載《金石索》卷一頁56～
　　　　59周追敦；卷一頁81～88齊侯鎛鐘；卷一頁106～108楚曾侯鐘二器。
〔註101〕餘有《釋例》卷十四頁29載：「鷹篆誤，《金石索》天乙閣藏石鼓文，薦字作𨿳。」
　　　　爲石刻者。
〔註102〕此取梁啓超《清代學術概論》95頁之意。
〔註103〕見《積古齋鐘鼎彝器款識》嘉慶九年阮元自序頁1。據藝文印書館印行百部叢書集
　　　　成原刻景印本。

而概簡稱《積古齋》，或訛成《集古齋》〔註105〕，觀其總括涵攝，以全稱統之者，其例如：

《積古齋》萬年字妻見，作❋者固多。

《積古齋》鼎作鼎者屢見。

（示）《積古齋》作⧊者，與小篆近，作⧊⧊⧊者，與古文近。

《積古齋》諸鼎銘，寶字多從∩。

《積古齋》旦字妻見，三作❋，兩作❋，較小篆尤精，此乃會意兼象
形字也。〔註106〕

《積古齋》鼎彝銘，云子子孫孫者，云子孫者，皆不可勝紀，云孫子
者，凡三見。〔註107〕

《積古齋》所收簋銘作❋❋❋❋諸體，《筠清館》多同。〔註108〕

《積古齋》、《筠清館》所有款識，彝之屬，其銘往往連言尊。〔註109〕

或攏收全體銘文，或含括整類器銘，以論其字形文例者，而總括其來源係出《積古齋》也。

或其來源采自《積古齋》某器而明確指出者，依次而言，引「商鼎」之目：則冊冊父乙鼎〔註110〕、伯申鼎〔註111〕、戊寅父丁鼎〔註112〕是也。引「商彝」之目：則立戟父戊彝〔註113〕是也。引「商卣」之目：則舉己卣二器〔註114〕是也。引「商觶」之目：則庚觶〔註115〕是也。引「商角」之目：則庚申父丁角〔註116〕是也。

〔註104〕據〈說文釋例稿本校記〉57 頁中補《釋例》卷十八頁 43 後版三行云：「又云，蝘
宴誤矣，持此論者頗多，或古人眞有此傳訣，葉東卿曾言之，阮師亦曾言之。」依
文意，當非何紹基所批，唯王筠未嘗以阮爲師，爲文僅稱「阮氏」（見《釋例》卷
十四頁 25 甘部下），何則出阮門下，或係承上，乃何氏所批語耶？

〔註105〕見《句讀》卷十五頁 24（1133～1134）佋下引：「《集古齋》宗周鐘銘，上言文武，
下言㊣王。」又《肊說》（9）頁引作：「《集古齋》甲午簋」者，皆誤。

〔註106〕以上見《釋例》卷三頁 18 邁下；卷十頁 32 貞部下；卷十四頁 8～9⧊下；卷十四頁
27∩下；卷十七頁 18～19 日部下。

〔註107〕見《重言》43 頁上「子子孫孫」注。

〔註108〕見《肊說》（34）頁《筠清館》下；《釋例補正》卷一頁 3《筠清館》格伯敦下。

〔註109〕見《句讀補正》卷二十五頁 2（2496）宗廟之器下。

〔註110〕見《肊說》父乙鼎記 49 頁下。

〔註111〕見《釋例》卷十三頁 40 申下。

〔註112〕見《釋例》卷二十頁 46 寅下；《釋例補正》卷十三頁一寅部下。

〔註113〕見《釋例》卷二十頁 44。

〔註114〕見《肊說》42 頁。以上屬《積古齋》卷一。

〔註115〕見《句讀補正》卷二十八頁 1（2518）。

〔註116〕見《釋例》卷十三頁 40。以上屬《積古齋》卷二。

引「周鐘」之目：則楚良臣余義鐘〔註117〕（簡作餘義鐘〔註118〕）、叔丁寶林鐘〔註119〕、宗周鐘〔註120〕、虢叔大林鐘〔註121〕（簡作虢叔鐘〔註122〕）、楚公鐘〔註123〕、楚曾侯鐘〔註124〕、周公畢鐘〔註125〕、周公望鐘〔註126〕是也。引「周鼎」之目：則孟姬鼎〔註127〕、乙公鼎〔註128〕、乙公萬壽鼎、（簡作萬壽鼎）〔註129〕、孟申鼎〔註130〕、叔夜鼎〔註131〕、戎都鼎〔註132〕、茲太子鼎〔註133〕、番君鼎（按：王筠引作番君鬲〔註134〕）、叔單鼎〔註135〕、師艅鼎、正考父鼎〔註136〕、南宮方鼎〔註137〕、季娟鼎〔註138〕、史伯碩父鼎〔註139〕、康鼎〔註140〕、無專鼎〔註141〕、鬲攸从鼎〔註142〕、頌鼎〔註143〕、曶鼎〔註144〕是也。引「周尊」之目：則虢叔尊〔註145〕、邑尊〔註146〕、叔尊〔註147〕、東皿尊〔註148〕、諸女尊〔註149〕、嘉禮尊〔註

〔註117〕見《重言》43 頁。
〔註118〕見《釋例補正》卷三頁 2～4 人部下。
〔註119〕見《釋例》卷十五頁 21。
〔註120〕見《釋例》卷十九頁 32。
〔註121〕見《釋例》卷十三頁 29；卷十六頁 11。
〔註122〕見《釋例補正》卷八頁 6。
〔註123〕見《重言》43 頁；《釋例補正》卷三頁 1。
〔註124〕見《釋例補正》卷一頁 2；卷八頁 2。
〔註125〕見《釋例》卷十三頁 40。
〔註126〕見《釋例》卷十三頁 40。
〔註127〕見《釋例補正》卷六頁 1；《句讀》卷二十八頁 19（2173）孟下。
〔註128〕見《肞說》（35）頁《說文》收孫字下。
〔註129〕見《重言》43 頁。
〔註130〕見《釋例補正》卷六頁 1；《句讀》卷二十八頁 19（2173）孟下。
〔註131〕見《釋例》卷十七頁 27；《釋例補正》卷三頁 1。
〔註132〕見《釋例》卷十三頁 33；《釋例補正》卷十一頁 1；卷十九頁 2。
〔註133〕見《釋例》卷十七頁 27；《重言》43 頁。
〔註134〕見《釋例補正》卷六頁 1 鐘鼎文孟字下。
〔註135〕見《釋例》卷十七頁 27。
〔註136〕見《釋例》卷十七頁 27。二器並同見。
〔註137〕見《釋例》卷十九頁 32。
〔註138〕見《釋例》卷十七頁 27。
〔註139〕見《釋例補正》卷八頁 2；《句讀》卷二十六頁 32（2046）量字下。
〔註140〕見《釋例》卷三頁 5；卷十五頁 33；卷十七頁 41。
〔註141〕見《釋例》卷三頁 4；卷十三頁 29；卷十七頁 41；卷一頁 35；卷十三頁 40。
〔註142〕見《釋例》卷十六頁 11。
〔註143〕見《釋例》卷三頁 4；卷十二頁 45；卷十七頁 41。
〔註144〕見《釋例補正》卷四頁 1；卷八頁 2；卷十九頁 2。
〔註145〕見《釋例》卷二頁 28。
〔註146〕見《肞說》26 頁鐘鼎文下。
〔註147〕見《肞說》26 頁。

150〕是也。引「周卣」之目：則邑卣〔註151〕、秘卣〔註152〕是也。引「周壺」之目：
則周壺〔註153〕、頌壺〔註154〕、大壺蓋〔註155〕、周史賓鈃〔註156〕是也。引「周爵」
之目：則叔臣爵〔註157〕是也。引「周彝」之目：則婦舉彝〔註158〕、王伯彝〔註159〕、
帛伯彝〔註160〕、禽彝〔註161〕、吳禾彝〔註162〕、臼彝〔註163〕、向彝〔註164〕、繼彝
〔註165〕、宂彝〔註166〕、吳彝〔註167〕、楷妃彝〔註168〕是也。引「周敦」之目：則
朕敦〔註169〕、舀妊敦〔註170〕、貞敦〔註171〕、司敦〔註172〕、虢薑敦〔註173〕、兮仲
敦〔註174〕、陳侯敦〔註175〕、遣小子敦〔註176〕、豐姞敦、追敦、師遽敦〔註177〕、
郜公敦〔註178〕、卯敦〔註179〕、頌敦、仲殷父敦〔註180〕、師酉敦二器〔註181〕、仲

〔註148〕見《句讀》卷七頁12（448）白字下。
〔註149〕見《釋例》卷十三頁33。
〔註150〕見《釋例》卷十三頁40；卷十八頁36；卷二十頁54。
〔註151〕見《肊說》26頁鐘鼎文下。
〔註152〕見《釋例》卷三頁5；卷十四頁25；《肊說》26頁。
〔註153〕見《釋例》卷三頁18。
〔註154〕見《釋例》卷三頁4；卷十二頁45；卷十五頁33。
〔註155〕見《釋例》卷十四頁27。
〔註156〕見《句讀》卷二十六頁32（2046）量下。
〔註157〕見《釋例》卷二頁6；卷十四頁27。
〔註158〕見《肊說》42頁《博古圖》下。
〔註159〕見《重言》43頁。
〔註160〕見《釋例》卷十四頁27。
〔註161〕見《釋例補正》卷一頁3；《肊說》（34頁）。
〔註162〕見《釋例》卷十四頁27。
〔註163〕見《釋例》卷十四頁27。
〔註164〕見《釋例》卷十四頁27；卷十四頁35；《句讀》卷十四頁5（1009）向下。
〔註165〕見《釋例》卷三頁4；卷二十頁46；《釋例補正》卷十三頁1。
〔註166〕見《釋例補正》卷十七頁1。
〔註167〕見《釋例》卷三頁4；卷二頁28。
〔註168〕見《釋例》卷八頁34；《重言》43頁。
〔註169〕見《肊說》42頁。
〔註170〕見《句讀》卷二十八頁20～21（2176～2177）舂字下。
〔註171〕見《釋例》卷十七頁27。
〔註172〕見《釋例》卷三頁18。
〔註173〕見《釋例》卷二頁28。
〔註174〕見《重言》43頁。
〔註175〕見《釋例》卷二頁6，卷三頁18。《肊說》（35）頁。
〔註176〕見《釋例》卷二頁6。
〔註177〕見《釋例補正》卷三頁1；卷三頁7；卷八頁1。
〔註178〕見《肊說》（35）頁《說文》收孫字下。
〔註179〕見《釋例補正》卷八頁1引作師卯敦

駒父敦二器〔註182〕是也。引「簠」之目：則曾君簠二器〔註183〕、張仲簠〔註184〕、曾伯霥簠〔註185〕是也。引「周簋」之目：則立簋、鬲叔興父簋、單子伯簋、曼龏父簋〔註186〕、魯侯簋〔註187〕、史燕簋〔註188〕、甲午簋〔註189〕、天錫簋〔註190〕、格伯簋是也。引「周盉」之目：則宂盉、冊父考盉〔註191〕是也。引「周鬲」之目：則姬鋌母鬲二器、王母鬲〔註192〕是也。引「周匜」之目：則周王子申盨蓋是也。引「周盤」之目：則伯侯父盤、拍盤〔註193〕、寰盤〔註194〕、周齊侯甗〔註195〕是也。引周距末是也。引「秦器款識」之目：則秦權、秦斤〔註196〕是也。引「漢洗」之目：則大吉羊洗〔註197〕二是也。引「漢鐙」之目：則耿氏鐙是也。並引晉銅尺〔註198〕是也。

唯其未明言者尚夥，以未明言，故不敢必以爲出於此，若董武鐘、立戟父戊彝、師旦鼎、小臣繼彝〔註199〕……等。

〔註180〕　見《釋例》卷三頁 4，卷十二頁 45；《釋例補正》卷三頁 1。

〔註181〕　見《釋例》卷二頁 28；《句讀》卷五頁 30（353）載下。

〔註182〕　見《釋例》卷三頁 18；《肍說》頁（35）。

〔註183〕　見《釋例補正》卷二頁 2；《肍說》（35）頁。

〔註184〕　見《釋例》卷十三頁 40；《釋例補正》卷二頁 2；《句讀》卷五頁 30（353）載字下。

〔註185〕　見《釋例》卷三頁 18，卷十三頁 47；《釋例補正》卷二頁 2。

〔註186〕　以上俱見《肍說》（34～35）頁簋簠二字下。按：《積古齋》卷七頁 12 單子伯簠解說作「右單子伯簠銘十六字」，則簠、簋不分；又下收曼龏父簋於「周簋」器目中，當誤「簋」爲「簠」，釋文作「簋」可知。王筠引作曼龏父簋。然審辨銘文，字當作「𣪘」，其形制由簋變化而來，故有直稱爲簠者，詳參見容庚、張維持《殷周青銅器通論》39 頁。

〔註187〕　見《釋例補正》卷十三頁 1；《句讀》卷十頁 4（678）𡨦字下。

〔註188〕　見《釋例補正》卷二頁 2；《肍說》（34）頁。

〔註189〕　見《釋例》卷三頁 18，卷十三頁 40，卷二十頁 46。

〔註190〕　見《釋例》卷三頁 18，卷十三頁 40，卷十三頁 47。

〔註191〕　見《釋例補正》卷十一頁 1；盉二器見《釋例補正》卷五頁 1。

〔註192〕　見《釋例》卷二頁 6；卷七頁 29。

〔註193〕　見《句讀》卷十三頁 16（942）期下；卷十一頁 30（797）槃下；卷十頁 20（709～710）䀇下。

〔註194〕　見《釋例》卷三頁 18，卷十三頁 40，卷二十頁 46。

〔註195〕　見《釋例補正》卷一頁 1。《夏小正》44 頁。

〔註196〕　見《句讀》卷三頁 29（232）距字下；又二器俱見《釋例補正》卷十八頁 4。

〔註197〕　見《句讀補正》卷一頁 1：「《積古齋》有漢洗二，銘皆曰大吉羊，似羊切。」按：《積古齋》卷九頁 21、23 各一大吉羊洗。

〔註198〕　見《句讀》卷二十三頁 26～27（1764～1765）擇字下引作：「《積古齋》延光四年耿氏鐙有張衷，則後漢已有衷字，故寫經者用之。」以銘作「延光四年二月耿氏作鐙比二工張衷造」，故稱。唯《積古齋》卷九頁 29 僅名爲耿氏鐙耳。晉銅尺見《句讀》卷二十七頁 19～20（2096～2097）鑷字下。

〔註199〕　見《句讀》卷三頁 23（220）走字下；《釋例》卷二十頁 44。《句讀》卷二十八頁

是王筠采自《積古齋》者，類目孔繁，大抵審辨精良，然《積古齋》中頗收偽器，可辨之者，若嘉禮尊、甲午簋、天錫簋、庚觶、宗周鐘、孟姬鼎、乙公鼎、乙公萬壽鼎、叔夜鼎、史伯碩父鼎、諸女尊、婦舉彝、豐姑敦、仲駒父敦敦〔註200〕諸器，而王筠據以爲說，恐說亦不可恃也，此當分別視之者也。

7. 采自《清愛堂家藏鐘鼎彝器款識法帖》者

劉喜海性嗜金石，足跡所至，剔蘇探巖，留心物色〔註201〕，並精於鑑別，嘗於道光十八年（1838），以其先後所得器三十五，詳其度量，記所由得，成《清愛堂家藏鐘鼎彝器款識法帖》一書，書中未有偽作〔註202〕。王筠既與論交問學〔註203〕，得其門徑，能窺其家藏彝器之閫奧，是於諸書中，亦嘗引之，唯知見者，僅一條云：

《清愛堂款識》，兮中鐘喜作𤯔，皆凵爲口字之明證。〔註204〕

是引兮中鐘之喜字以證明文字異體者。餘則未見，是王筠援據金文，亦有采諸《清愛堂款識》者也。

8. 采自《平安館金石文字》者

葉志詵，字東卿，乃軍機大臣葉名琛之父，生平好蓄文字古器，輯有《平安館金石文字》七種〔註205〕，今書不傳〔註206〕，唯《平安館藏器目》傳世耳〔註207〕，凡著錄一百六十一器，容庚嘗以《攈古錄金文》與平安館拓本互校，頗有異同〔註208〕，爲目所未收者二十餘器。筠與葉家素稔，時相過從，嘗言：「葉東卿贈我鄭伯盤，銘有𢧜𠁣字。」〔註209〕是其交誼，非等尋常，得觀其收藏彝器，採汲或便，故於諸書中，亦屢加援引，未肯捐棄矣！

今總歸諸書援引者，取以與《平安館藏器目》互校，目中存者，有鄭遼父鼎（王

33～34（2202～2203）亥下。《句讀》卷二十八頁31（2198）牆下。
〔註200〕詳見王永誠《先秦彝銘著錄考辨》169～172頁。
〔註201〕見《諸城縣續志》卷十二頁12。
〔註202〕詳見容庚《商周彝器通考》274頁；王永誠《先秦彝銘著錄考辨》173～176頁。
〔註203〕按：據《句讀補正》卷九頁1（2403）載：「《筠清館金石錄》有漢泥印范六，前見劉燕庭方伯佩一枚，惜未索觀之。」燕庭，喜海之字也。
〔註204〕見《釋例補正》卷一頁3《筠清館》格伯敦下。
〔註205〕見朱劍心《金石學》37頁，其中石刻六種。
〔註206〕中央研究院傅斯年圖書館藏有《平安館鈎摹古刻》三種，爲道光十六年刊本；《平安館藏碑目》不分卷、《周宣王石鼓文》，爲咸豐二年刊本，附〈周遂鼎圖款識〉及〈高宗重排石鼓文〉。唯不見《平安館金石文字》耳。
〔註207〕據藝文印書館百部叢刊集成本清光緒江標輯刊《靈鶼閣叢書本》影印。
〔註208〕見《商周彝器通考》242頁。
〔註209〕見《釋例》卷五頁26～28乀部下。

筠作鄭饗逢父鼎）〔註210〕、非子孫父丁尊（父丁尊）〔註211〕、吳尊蓋〔註212〕、宂
敧〔註213〕、畢仲孫子敧（畢仲敧）〔註214〕、揚敧（戥敧）〔註215〕、晉姬鬲〔註216〕、
潘妃鬲（番改齋鬲）〔註217〕、相作父辛匜（父辛匜）〔註218〕、夒彝〔註219〕諸器耳；
至若師奎父鼎〔註220〕、毛伯鼎〔註221〕、朱仲子尊〔註222〕、無叀尊〔註223〕、𠈎觶、
𠈎斝〔註224〕、師袁敦〔註225〕、邦于子斯簠、子斯簠、子斯父簠〔註226〕、曾伯霥
簠、䣄子簠〔註227〕、丙申鬲〔註228〕、𠈎匜〔註229〕、婦舉彝、彭女彝〔註230〕、散
盉〔註231〕等，凡十七器未見於《藏器目》者，或《平安館金石文字》所收錄，疑超
佚《平安館藏器目》之範疇頗多，然王筠采及其器銘，或有偽刻如夒彝者，均無礙
其引用也。

9. 采自《筠清館金文》者

夫吳榮光雅好金石文字，歷官陝、閩、浙、黔、楚諸省，所至無不窮羅極搜，

〔註210〕見《句讀》卷十四頁11（1021）宮下作饗逢父鼎；卷二十二頁4（1665～1666）邕字下引作鄭饗逢父鼎。
〔註211〕見《句讀》卷十頁20（709～710）引作子孫父丁尊；又《句讀》卷六頁12（386）引作父丁尊。
〔註212〕見《釋例補正》卷十七頁1平安館下作吳尊。
〔註213〕見《釋例》卷十七頁41。
〔註214〕見《句讀補正》卷八頁2（2401）《平安館》下引作畢仲敧；又《肊說》26頁鐘鼎文下引作〈畢仲敧〉。
〔註215〕見《釋例》卷十七頁41引作戥敧；又《釋例補正》卷十七頁1平安館下。
〔註216〕見《釋例補正》卷二頁1引作「《平安館》晉姬鬲。」
〔註217〕見《句讀》卷二十四頁9（1820）改字下引「《平安館》有番改齋鬲」。又《肊說》47頁引「《平安館金石文字》有鬲文云：王作番改齋鬲。」疑即此器。
〔註218〕見《釋例補正》卷二頁2匚之籀文下引作「父辛匜」。
〔註219〕見《釋例》卷十七頁41；《釋例補正》卷八頁6；《句讀》卷三頁28（230）趖字下；卷二十頁12（1469～1470）𠈎下。按：《平安館藏器目》6頁夒彝下注：「偽刻」。
〔註220〕見《釋例》卷十七頁41「有又一字補證」下。
〔註221〕見《釋例補正》積古齋下；《句讀》卷十頁13（696）內下。
〔註222〕見《句讀》卷十三頁37（984）稑字下引。
〔註223〕見《句讀》卷十四頁8（1016）宜下引。
〔註224〕見《肊說》42頁引作「《平安館》一觶一斝皆作𠈎」。
〔註225〕見《釋例》卷七頁28～29部首曐下引。
〔註226〕按：三器未知是否同器，依次見《肊說》簠簠二字下引；《釋例補正》卷二頁2匚之籀文下引；又卷四頁1《平安館》子斯父簠。
〔註227〕見《句讀》卷五頁30（353）罧字下引。
〔註228〕見《釋例補正》卷十三頁1寅部古文下引。
〔註229〕見《肊說》42頁《博古圖》下引「一匜作𠈎」擬。
〔註230〕見《肊說》42頁《博古圖》下引。
〔註231〕見《句讀》卷九頁34（663）盉下引。

手抄目見，蓄藏浸富，於道光二十二年（1842）纂成《筠清館金文》〔註232〕，凡收二六七器，以書經龔自珍、陳慶鏞諸人先後助編〔註233〕，是行文頗不一致，前後乖違，復以龔氏存心求新立異，而致流於荒誕〔註234〕。楊樹達〈讀筠清館金文〉〔註235〕中，業已指陳錯誤頗多，尚不能盡矣！

　　王筠與陳慶鏞素善〔註236〕，吳氏出為閩藩時，既以《筠清館金文》之編定屬付陳氏，並書存陳處〔註237〕，則筠之索觀親炙，當有其機緣，觀王筠於書中援引金文，時相假藉，今取諸書擘肌分理，試為釐清顯現，以窺來源之一斑。

　　觀其援據金文時，涵全包整，以《筠清館》之稱籠罩之者，其例如：

　　　《積古齋》所收簋銘作▨▨▨▨諸體，《筠清館》多同。

　　　（異）《積古齋》虢叔鐘作▨，《筠清館》作▨。

　　　彝器款識虎字作▨……所舉款識中字，皆出《積古齋》、《筠清館》

　　兩書。〔註238〕

　　　　《積古齋》、《筠清館》所有款識，彝之屬，其銘往往連言尊。〔註239〕

則或總括全書，或總括一器類、或僅為一器之省簡，取以與《積古齋》輔證印成，聊作補充耳。

　　至其確切徵引係出某器銘者，稽索推尋，可得而知者，依《筠清館》列器目次，則卷二之商父乙彝〔註240〕、周齊侯罍〔註241〕、周專卣〔註242〕、周父癸角〔註243〕；

〔註232〕 按：此書原名《筠清館金石文字》或《筠清館金石錄》，以石文未刻，故翻刻本題署作此名也。見容庚《商周彝器通考》274頁。

〔註233〕 見吳榮光道光廿二年（1842）《筠清館金石錄》自序。

〔註234〕 見張維持《殷周青銅器通論》148頁。

〔註235〕 見《積微居小學述林》卷七頁280。

〔註236〕 按：《清史列傳》儒林傳下卷六十九頁46本傳中云：「王筠，字貫山。……遊京師三十年，與漢陽葉志詵，道州何紹基，晉江陳慶鏞、日照許瀚商榷今古。」陳慶鏞跋王筠《正字略》時，亦有：「余友箓友精于六書，上及倉頡史籀骷書遺意」語。（見《正字略》63頁）王之成《說文句讀》，亦得諸陳氏之督迫訂正也（見《句讀》凡例頁7；書首署端卷一頁1（41）下），是二人論交問學，切磋琢磨殆也久矣！

〔註237〕 見吳榮光《筠清館金石錄》自序。

〔註238〕 以上三例，依次為《釋例補正》卷一頁3；卷八頁6；卷十六頁4。第一例又見《肊說》（33）～（34）頁《筠清館》下。

〔註239〕 見《句讀補正》卷二十五頁2～4（2496～2500）宗廟下。

〔註240〕 見《釋例補正》卷二頁3。

〔註241〕 見《釋例補正》卷八頁4，卷十頁1。《句讀》卷十頁16～17（702～703）矣字下。

〔註242〕 見《釋例》卷十三頁29。

〔註243〕 見《句讀》卷二十頁12（1469～1470）介下。

卷三之周郑太宰簠〔註244〕、周大嗣工簠〔註245〕、周許子簠〔註246〕、周叔家父簠〔註247〕、周伯箕父簠〔註248〕、周虢王簠、周伯季簋〔註249〕、周宄敦〔註250〕、周畢中孫子敦（王筠作畢仲敦）〔註251〕、周格伯敦〔註252〕、周史頌敦〔註253〕、周然睽敦〔註254〕、周師寰敦〔註255〕、周望敦〔註256〕、周敦蓋〔註257〕；卷四之周大鼎〔註258〕、周韓侯白晨鼎〔註259〕、周寶父鼎（師寶父鼎）〔註260〕、周仲子化盤〔註261〕、周伯鼻父盃、周茲女盃〔註262〕、周夋季良壺、周卯君婦壺〔註263〕、周齊侯匜、周叔娟匜、周匽公匜〔註264〕；卷五之周乙亥彝、周居後彝〔註265〕、周虢叔鐘（虢叔大林鐘）、周虢叔編鐘〔註266〕、周井人殘鐘〔註267〕、秦量〔註268〕、漢印涅（漢泥印范六）〔註

〔註244〕見《釋例補正》卷一頁 3；《肒說》（34）頁《筠清館》下。
〔註245〕見《釋例補正》卷一頁 3，卷十九頁 2；《肒說》（34）頁《筠清館》下。
〔註246〕見《釋例補正》卷三頁 2，卷十一頁 1；《肒說》（35）頁簠簋二字下。
〔註247〕見《句讀》卷九頁 32（660）盛下。
〔註248〕見《肒說》（35）頁簠簋二字下引。
〔註249〕以上二器俱見《肒說》簠簋二字下引。
〔註250〕見《釋例補正》卷三頁 1；卷十七頁 1。
〔註251〕見《句讀補正》卷八頁 2（2401）平安館下引。
〔註252〕見《釋例補正》卷一頁 3、卷十一頁 1；《肒說》（33）～（34）頁。
〔註253〕見《釋例補正》卷十七頁 1；《句讀》卷十九頁 8（1367～1368）豵下。
〔註254〕見《釋例補正》卷十四頁 3。
〔註255〕見《句讀》卷十頁 22（713～714）牆下；《釋例補正》卷十四頁 1；《重言》43 頁。
〔註256〕見《釋例補正》卷八頁 1；《肒說》（35）頁《說文》收孫字下。
〔註257〕見《釋例補正》卷一頁 2。
〔註258〕見《釋例補正》卷八頁 1。
〔註259〕見《釋例補正》卷一頁 2。
〔註260〕按：《釋例補正》卷十三頁 1 寅部古文下引作師寶父鼎，依《筠清館》卷四頁 10 所著錄銘文作：「𤔲𡦩父」釋文作「師奎父」，即前人作師奎父鼎者。
〔註261〕見《釋例補正》卷四頁 1。
〔註262〕二器見《句讀》卷九頁 34（663）盃下；《釋例補正》卷五頁 1。
〔註263〕二器依次見《釋例補正》卷十九頁 2；卷四頁 1，卷十一頁 1。
〔註264〕以上三器皆見於《釋例補正》卷五頁 1，前二器又見於《句讀》卷二十四頁 36（1874）匜下。
〔註265〕二器依次見《釋例補正》卷三頁 1；卷十五頁 2。
〔註266〕二器依次見《釋例補正》卷一頁 2；卷八頁 2、卷八頁 6 巫之古文下。
〔註267〕見《釋例補正》卷八頁 2。
〔註268〕見《釋例補正》卷十八頁 4；《句讀補正》卷二十四頁 1（2488）《筠清館》下。
〔註269〕按：《句讀補正》卷九頁 1（2403）引：「《筠清館金石錄》有漢泥印范六，前見劉燕庭方伯佩一枚，惜未索觀之。」又《釋例補正》卷十八頁 4 作：「《筠清館》所收漢印范曰：剛羝右㷇，曰雒左㷇印，皆從火，惟變又爲寸，小異。」而《筠清館》器目作漢印涅，卷五頁 59 收「剛羝古㷇」、「雒左㷇印」、「嚴道橘丞」、「嚴道橘園」、「牛韓長印」、「代郡太守章」等印六枚。

269〕等三十八器，末一器本非金物，吳榮光詫其寶在金玉之上，更古今無譚及者，恐其湮滅，姑附於末者〔註270〕，是亦自明乖離體例，唯難割愛任棄耳。是王筠所據，大抵仍其舊，然以周敦之僞〔註271〕、師寶父鼎〔註272〕之誤，王併襲之，不異千慮一失，然個中佳處，如釋「㕣」爲「公」、釋「𩠂」爲朝，釋「𤔲工」爲「司空」〔註273〕，亦能招攬取用，別出心裁者，是王筠援據金文，有采自《筠清館金文》一書者也。

（三）確指來源采自某人某器及自藏者

王筠援據金文時，其來源有一小部分襲用前賢之成說，而明言其人其器者，如前已言之之戴震、朱文藻、許瀚三人〔註274〕，是明言其人者，餘者尚有數人：（1）采自王引之者；（2）采自嚴可均者；（3）采自吳鼎臣者；（4）采自吳式芬者。或則以（5）王筠自藏者互見之云。

1. 采自王引之者

王筠於諸書中引據王引之《經義述聞》中所說者，實多如牛毛〔註275〕，推爲精博〔註276〕。唯其引用其金文說法者，僅見一例，曰：

> 鬵下云，鼎實，惟葦及蒲，陳留謂鍵爲鬵，重文作鬵。案：此說凡兩義，《經義述聞》引昭七年《左傳》，正考父之鼎銘曰：饘於是，鬻於是，以餬余口。又引《博古圖》宋公繲鍊鼎，是鼎實及謂鍵爲鬵之證也。而謂惟葦及蒲，爲惟筍及蒲之異文，引《周官・醢人》，加豆之實，滇蒲筍菹，是豆實非鼎實，以爲許誤，殆非也。謂〈大雅〉借鬵爲薂，蓋是也。惟葦及蒲，蓋經刪削，非許君本文……。〔註277〕

〔註270〕 按：吳榮光嘗記其收藏本末云：「此漢世印埴子也，以泥雜膠爲之，道光二年，蜀人掘山藥，得一窖，凡百餘枚，估人賣至京師，大半壞裂。諸城劉燕庭、仁和龔定盦，各就估人得數枚，山西閣帖軒藏數枚，餘不知落何處，以泥質歷二千年而不壞，艮可寶，詫在金玉之上，未曾有也。此書不收印，以收印別有專門之書也。此六埴，古今無譚及者，恐奇寶就湮，亟著錄之，俾附於款識之末。」

〔註271〕 按：卷三頁 15 所題周敦，乃雜合秦公簋及晉姜鼎等銘文而僞，故字形多訛誤，文亦不成義。見王永誠《先秦彝銘箸錄考辨》197 頁。

〔註272〕 按：卷四頁 10 周寶父鼎，吳氏釋「奎」爲「从大从玉」爲是，繼以爲「當是古文瓊字之省。」，則非。王筠襲其非而不察，是千慮一失也。

〔註273〕 見卷三蘇公敦、中殷父敦、大𤔲工簠下頁 39、44、7 考釋部分。

〔註274〕 參見前（一）「總括來源而不確指者」一段。

〔註275〕 如《釋例》卷二頁 38，卷三頁 12，卷十二頁 24。

〔註276〕 按：〈說文釋例稿本校記〉3 頁中曾言王筠「稿本《經義述聞》提行」，尊奉之情，溢乎形式之外。又推尊引之父念孫，其在《蛾術編》卷下頁 16 有「至博至精之王懷祖先生」語可知。

〔註277〕 見《釋例》卷十二頁 19 鬵下。

則引《經義述聞》第一〈周易上五十四條〉中〈覆公餗〉一條〔註278〕，唯引宋公縊餗鼎之「餗」字，銘作「餗」，宋人釋爲「餗」〔註279〕，清人錢坫之已辨其非〔註280〕，字當是「餴」，其義爲滫飯〔註281〕，銘文習作「餴鼎」、「餴殷」者。王筠引之，僅於其義之分辨，而未及字形之然否也。

2. 采自嚴可均者

王筠嘗謂：「非銕橋啓其端，吾不能發其覆也。」〔註282〕其於金文之援據，亦如斯之謂歟！王筠其於諸書中明陳係采嚴可均之說者，其例如：

　　（者，別事詞也。從白米聲。）嚴氏曰：鼎彝器銘偏旁，有米米米諸形，米即諸體之變，或欲以米當之，審觀未合。〔註283〕

　　（屬古文霸或作此。）云或作者，古文亦作霸也。周智鼎固然。嚴氏曰：此從采聲，采，古曰字，鼎彝器銘作采，即此。〔註284〕

　　銕橋謂屰即旂字，據金刻作屰也。然省屰爲屮，頗不妥。〔註285〕

　　希，从希者十一字，嚴銕橋據金刻，定爲黹之古文。〔註286〕

則取嚴氏諸說，或證成，或借鑑，其辨米、米形近而未合〔註287〕；省屰爲屮，非止字〔註288〕；希爲黹之古文者〔註289〕，皆精塙有見，唯不辨嚴氏說屬從采聲爲非者〔註290〕，則未達乎一間也。然其援據金文，有采自嚴氏成說者，於此亦可略見矣！

〔註278〕見《經義述聞》第一頁 29。
〔註279〕若薛氏《鐘鼎款識》卷九頁 6 宋公樂鼎，釋文即作「餗」解。
〔註280〕見《積古齋》卷四頁 11 叔夜鼎下阮元引。
〔註281〕其辨詳見《金文詁林》卷五頁 630～636（3358～3364）餴字。
〔註282〕見《釋例》卷五頁 38 鎰下。
〔註283〕見《句讀》卷七頁 13（449）者下。
〔註284〕見《句讀》卷十三頁 15～16（940～941）霸下。
〔註285〕見《釋例補正》卷六頁 1。
〔註286〕見《文字蒙求》補闕 192 頁。
〔註287〕按：者爲形聲字，諸家皆同此解，《說文》以爲「旅」聲，唯大小篆「者」字所從，均與「旅」字古文不合，二者實互不相涉。詳見李孝定《甲骨文字集釋》卷七頁 2228；《金文詁林讀後記》127 頁。
〔註288〕按：王筠以屰、屮爲屰，變作屮，參見《釋例》卷十五頁 8～10 斬下。其作屮者，乃旐杆湮沒存屰之形，非訓下基之止也。參見邱德修《說文解字古文釋形考述》683～688 頁。
〔註289〕按：嚴可均以黹、希同體，希即黹之變，見《說文詁林》（六）385 頁；李孝定以「黹象所制圖案花紋，從甫從犮從處，則後起之顏色差別字。」見《金文詁林讀後記》306 頁。
〔註290〕按：邱德修於《說文解字古文釋形考述》690 頁中辨其非，以霸古文從采聲，既無所取義，又於字形無徵，殆由兩字訛變而來。其說較長。

3. 采自吳鼎臣者

王筠嘗從吳鼎臣問故，諸書中亦屢相提及，如說𣴎欠字〔註291〕、說鹿字〔註292〕、說屆屍〔註293〕、說變即變之訛字〔註294〕、說《詩》「無日啻矣」作啻則非韻〔註295〕，皆體察物情，詳究音義者，唯援據其金文說法，可知見亦僅一條，其說云：

> 筠嘗問吳伯和先生，鐘鼎文以𢀭爲錫，何也？先生曰：即易字，象蜥易之形，錫字之省借也。先生名鼎臣，北平進士，官贛州知府，罷職居貧，吾嘗從之問故，今卒矣，孤孫隨其婦翁南下，乃有血疾，追念先生，爲之黯然。〔註296〕

殆釋「易」字本許說，而「省借」之說，更受物議〔註297〕，然王筠援據金文時，問故請益，亦有本自吳鼎臣者，似無疑隙矣。

4. 采自吳式芬者

吳式芬字子苾，係劉喜海之甥，器物家藏殷富，著有《攈古錄》、《攈古錄金文》、《金石彙目分編》諸書〔註298〕，唯王筠徵引及者，亦僅周鼎一器，其說云：

> 吳子苾所得周鼎，文曰：𠦪一𧰨一。當是邑一卣一。〔註299〕

吳氏著錄金文，摹刻精善，素推木刻金文中第一〔註300〕，唯書晚出〔註301〕，王筠當未及見，以故採擷尚少也。

餘如許瀚校《筠清館》格伯敦時，王筠嘗舉《瀛海筆談》、錢氏《款識》、朱彥

〔註291〕見《繫校》卷十六頁5（226）𣴎下云：「北平吳伯和先生，名鼎臣，教筠曰：𣴎即亦孔之僾僾字也。欠者，安居之事，故從𠘧，象人身向前形，气在人上者，欠多仰首也。至於遡風不得息，則必轉身背風以舒其气，故從反人作𠃌，如是則不必仰首而气亦在人上者，亦爲其義難見，故從反欠以著明之。」

〔註292〕見《繫校》卷十九頁2（254）鹿下云：「吳伯和先生曰：鹿性善顧，故畫圖，鹿皆回首，篆文亦然。」

〔註293〕見《釋例》卷十三頁15引：「吳伯和先生曰：屆屍者，如屋瓦之鱗鱗相次比者是也。」

〔註294〕見《釋例》卷十三頁27引：「又聞一友述吳伯和先生語曰，炎部變即變之訛字，當從炎從又、羊聲。」

〔註295〕見《釋例》卷十八頁25引：「啻下云，自急敕也。……乃吳伯和先生曰：作啻則非韻。」

〔註296〕見《釋例》卷十八頁11考下。按：據〈說文釋例稿本校記〉55頁云：「𢀭，稿本作𢀭，張改作𢀭。」張穆所改，覆按《金文編》卷九頁670～673所收諸易字皆未見其形，其金文學之疏亦可推知矣！

〔註297〕詳可參見金錫準《王筠的文字學研究》62～64頁。

〔註298〕見容庚《商周彝器通考》244頁。

〔註299〕見《釋例補正》卷一頁1。

〔註300〕見《殷周青銅器通論》148頁。

〔註301〕按：《攈古錄金文》於光緒二十一年（1895）斯有家刻本。

甫搨本皆有此銘也〔註302〕，疑於諸說，間有採擇，唯不詳述，故亦不深究之，況僅見乎！

5. 王筠自藏者

夫考古必有據，據他人之書，據他人之說，據他人之器外，必有以自據者。王筠藏器，諸說並未提及，唯自其著作中考索尋驥，聊見一端，以窺鴻影耳。茲總歸諸例如下：

張古娛贈我叔液匜，作 卐，皆與也篆相似；葉東卿贈我鄭伯盤，銘有 肷卐，即〈既夕禮〉之盤匜也。匜以注水，盤以受水，故連言之。〔註303〕

周時仍有駕三馬之制，則訓詁家所未言也。《筠清館》史頌敦曰：馬三匹；《積古齋》吳彝亦云，皆言王所賜也。吳彝上文云：鑾鬯一卣、元袞衣、赤舄、金車，則與分陝之周召相似，而馬止於三匹，不似〈文侯之命〉馬四匹者，蓋周初體制固然。吳彝上文又云：王在周成大室，史頌敦亦曰：王在宗周，知是時必在康、穆、昭之朝，否亦西周之世。頌之官曰史，則卑于吳，而亦曰三匹，且二器搨本，我皆有之，三字甚明白也。《毛詩》惟四牡騑騑，是西周詩，四黃駶驪，皆東周詩，似西周賜馬皆止于三匹，東周賜馬始四匹也。然左莊十八年傳曰：虢公晉侯朝王，皆賜馬三匹。〔註304〕

車之籀文 䡰，《積古齋》吳彝作 䡵，證知今本乃傳寫之訛，左兩田，輪也，兩一，軬也，貫乎輪與軬之丨，軸也，中一之連于右者，軔也，右之丨，軓也，軓下似人字者，兩馬也。吾有此器拓本，其軔不斷，《積古齋》斷之，亦誤。〔註305〕

（從異之字）《積古齋》虢叔鐘作 異，《筠清館》作 異，我所得搨本則作 異，一人之器，文句並同，而篆法不同。〔註306〕

嗇之古文 圖，似當作 㐭，師袁敦曰：卹乃稘事。稘字蓋文作 䆜（《筠清館》右下作 回，非也，我有此器搨本），器文作 䆜，故疑下半當作 㐭，上半無可據，故仍之。而嗇部牆之兩籀文，亦當改從 㐭。〔註307〕

則知王筠所藏叔液匜，係張古娛所贈；鄭伯盤，乃葉東卿所贈；餘則史頌敦、吳彝、

〔註302〕見《釋例補正》卷一頁 3《筠清館》下。

〔註303〕見《釋例》卷五頁 27 乁部也下。又《句讀》卷十一頁 30（797）槃下引鄭伯盤。

〔註304〕見《句讀》卷十九頁 8（1367～1368）騁字下，詳見後文〈金文合文連書〉。

〔註305〕見《釋例補正》卷五頁 2。

〔註306〕見《釋例補正》卷八頁 6 巫之古文下。

〔註307〕見《釋例補正》卷十四頁 1。

虢叔鐘、師袁敦諸搨本，篆法與《積古齋》、《筠清館》所著錄者略異，其據以明字形、明字義、明體制，對勘比照，考證精詳，個中得失，於後詳之，而其援據金文，殆有源自己藏者也。

第二節　應用金文之方法

一、前　言

　　清儒治小學，素以虛心嚴飭著稱，本持「但宜推求，勿爲株守」〔註308〕之精神，「尊重事實，尊重證據」，在精密之科學方法輔弼下〔註309〕，取得前所未有之成績，所謂「實足令鄭、朱俛首，自漢、唐以來未有其比」〔註310〕也，洵爲至論。

　　細觀王筠之所以能「啓茇長未傳奧旨」〔註311〕，發前人所未發，傑起於三家之上者〔註312〕，無不推其觀點之正確與方法之謹密〔註313〕，特以其旁取鐘鼎彝器之文字，凌越出傳統典籍材料之束縛，憑恃實物用與典籍相發明，據事以審字，藉物以察字〔註314〕，致窮造字之本原，定文字之義怡，而明其傳訛蕃變之塗轍，是最合理性原則與科學方法者也。

　　惜乎前修時賢在研析評斷王筠之學術成就時，莫不傾其注意於說文學之閎通深肆〔註315〕，鮮少其應用金文之別格上措意，更遑論及方法上之具體指陳，條分縷析，見其蹊徑獨闢，迤邐通幽之步武；有則如唐蘭以王筠常用金文與《說文》作字

〔註308〕　見戴震〈與王內翰鳳喈書〉，書中言「六書廢棄，經學荒謬，二千年以至於今」，故「以謂信古而愚，愈於不知而作，但宜推求，勿爲株守。」載《戴震文集》卷三頁47（又《戴東原先生全集》1028頁）。

〔註309〕　參見胡適〈清代學者的治學方法〉及〈治學的方法與材料〉二文，載《胡適文存》第一集第二卷155～185頁及第三集第二卷143～156頁。

〔註310〕　按：方東樹《漢學商兌》一書嘗對漢學家之缺失與流弊處痛施針砭，言語駿利（可參見胡楚生〈方東樹《漢學商兌》書后〉一文，載《清代學術史研究》249～259頁），唯對其方法之應用，則誠心歎服，厥有斯語。

〔註311〕　見《釋例》潘祖蔭書後頁1。

〔註312〕　見于鬯〈讀王氏說文釋例〉一文，載《國學雜誌》一期（1915）1頁。其謂《說文》自嚴氏《校議》、段氏《注》、桂氏《義證》之後，發明多矣。安邱王氏生三家後，成《說文釋例》、《句讀》兩書，於舊說之是者取之，非者辯之，又多心得，宜其傑出於三家之上，亦未始非得力於三家，卒能自成一家也。說頗平允。

〔註313〕　見任學良《說文解字引論》18頁。

〔註314〕　見《釋例》自序頁2。本作「其字之爲事而作者，即據事以審字，勿由字以生事；其字之爲物而作者，即據物以察字，勿泥字以造物。」

〔註315〕　見梁啓超《中國近三百年學術史》210頁；杜學知《文字學綱目》120～121頁。其詳參見金錫準《王筠的文字學研究》一文。

體上之比較〔註316〕，不過字形上比觀對照之一法耳，其粗疏概括，無乃失諸太簡乎！至若康殷，則取一瑕，掩其瑜璨，譏其解形，如同瞎猜，不過扣盤捫燭而已〔註317〕，其偏欹鄙夷，未免流於主觀。而綜此簡約斷斷之成因，無非從空思冥想，不務深求，偶得一二，執以爲詞中來，亦胎基於論據闕如，減省一道細密歸納，實事求是之工夫耳！

今欲捄偏補略，鑿渾沌爲聰明，用發前人之覆，除透過著述文字中關涉金文實物資料之蒐集整理外，別無曲徑可恃。是由全面資料之汰擇檢索，分析佈署，將個中明白指陳或潛攝斂藏之方法應用，逐一釐清畛域，分別條目，並謹據所得，淪肌浹髓，反覆推求，構其間架，剖其肌理，用以確切具體之提出，避免「無參驗而必，弗能必而據」〔註318〕之愚誣論證，而能切中情實。

唯方法之應用，有其因襲與創通處，並個人之習慣好尚，亦各有不同。細審王筠之著述，論者謂書法詳贍纖仄，惟恐人之不喻，故詞繁而不殺〔註319〕。察其本意，是欲啓讀者用心之端，敷演勾染，頗費枝語，而淵源本末，間留罅隙，以爲研析者尋繹之階〔註320〕。其自陳方法之應用，辨證論斷之憑藉，於著述文字中時有鋒露，雖非專爲金文之援引而設，然個人之慣性好惡，因襲創通，亦有牽貫株連，流漫漬淪之處，欲尋其脈絡，察其會通，當自其明陳方法之應用上著手。爰取其書，執其把柄，約其旨意，以窺其梗概云。

二、王筠治學所持之方法

王筠治學，既能專治一業，尤能博觀約取，廣抉異納，紛錯精絕，各具獨至之本色。而其方法之應用，或剝去膚詞，直指本心；或曲以旁通，釐清發明，皆含藏融鑄，蓄而不言，況非拘墟於一端，權宜變通，不必不固，法隨勢轉，有不可究詰者。故欲窺其方法之全貌，則伊於胡底？爰僅擇其明白自陳者，一一尋繹推求於後，用臠以知鼎味也。

〔註316〕見《古文字學導論》上編 62 頁。
〔註317〕見《古文字學新論》386 頁，康殷攻其瑕者，指王筠釋「㞚（走）應从犬，犬善走也」之水平還太幼稚低下。
〔註318〕本《韓非子》顯學篇。
〔註319〕見于省吾〈讀王氏說文釋例〉3 頁云：「或病其說字，過於纖仄，如羋字下歧，爲象母羊呼小羊搖尾之形之類。然此類雖未必合古人之意，亦發人用心之端，未可厚非。」又席啓駉〈說文釋例稿本校記題詞〉中亦以「其說詳贍而亦頗病蕪累，蓋惟恐人之不喻，故詞繁而不殺。」載《員幅》一卷一期（1936）1 頁。
〔註320〕此襲用王氏語，《句讀》卷十八頁 29（1341）鬹字下云：「《說文》傳久，不能無訛謬，留其闕隙以待善用心者，不可妄作聰明，改使齊同也。」

　　王筠嘗論及「比類觀之」之方法，本用於自創名詞「累增字」〔註321〕之證成上，其言曰：

　　　　（以上累增字）右凡八十三字，其遞增之字則九十二，或別無它義，其為同字何疑。但言從某而失其聲者九字；在本部而從其義者四字；誤言省聲者一字；兼言義聲者八字，其餘七十字，衹云某聲而已，可知有從某者亦後人增也。段氏欲刪秝、派二字，不為無見。然使彙而觀之，知其徒黨眾盛，敢遽興符堅伐晉之師乎？至於傾、頤二字，則又泥人、阜之別。夫人、阜固有別，而頤從頁，頁者人之頭也，與人亦有別乎？吾願學者觀其會通，不可隨文生義，致多窒硋也。許君所目重文中，亦有一字遞加者，今附於後，比類觀之，愈可無疑矣！〔註322〕

又曰：

　　　　囟部𩔱下云，毛𩔱也。象髮在囟上及毛髮𩔱𩔱之形。彡部鬊下云，髮𩔱𩔱也。衹云𩔱聲。（段氏疑𩔱為後增，蓋未嘗以諸累增字比類觀之也。）
　　　〔註323〕

視此二例，知王筠於創通發明，興凡起例之前，已然偵伺密佈，詳細蒐討，歸納分析，統計屬別，不一而足，聚其徒黨，合觀眾盛，區其類別，融會貫通。而所謂「比類觀之」者，除語意界定之比陳類別，觀其會通，以至無窒無硋無疑之境地外，實隱約透顯出其歸納、分析、統計、推繹、比較諸方法在內，含藏陶冶，合於一爐矣！

　　又嘗標舉「對勘自明」之方法，殆用於典籍異文之尋繹上，悉心以求其是之方法也，其言曰：

　　　　彡下云，長髮猋猋。《玉篇》：長髮彡彡也。兩書皆是，不可互改也。許君用猋者，發明假借。猋，犬走皃。猋猋則是重言，不用本意。顧氏用彡者，直解之也。正如《史記》、《漢書》之同文者，此用古字，則彼用今字，對勘之而自明，不煩解說矣！凡讀書，當悉心以求其是，不可見有異

〔註321〕　按：累增字與分別文皆王氏自創語詞。累增字亦即異部重文，以其由一字遞增也。《釋例》卷八頁1云：「字有不須偏旁而義已足者，則其偏旁為後人遞加也。……其加偏旁而義仍不異者，是謂累增字。其種有三：一則古義深曲，加偏旁以表之者也（哥字之類）；一則既加偏旁，即置古文不用者也（今用復而不用复）；一則既加偏旁而世仍不用，所行用者反是古文也（今用因而不用囙）。」則其界說與類別犁然辨皙矣！
〔註322〕　見《釋例》卷八頁17。
〔註323〕　見《釋例》卷八頁16。

文，輒爲改竄。〔註324〕

觀此例可知，所謂「對勘」，即比勘，比較也〔註325〕。取兩書同文者互較，見其異而求其是，明其本意與假借，洞悉古字與今字，是最簡便、最穩當之機械法也〔註326〕。

　　王筠復曾謂：「聖賢書，你怕他不通，然讀者必以本章先後文求其不通，更以他書之相似者參伍以求其不通，到得焕然以解時，觸處皆通矣。」〔註327〕是「參伍以求」者，乃讀誦解析經籍傳注時，求其會通條貫之方法，先以「本章先後文」之本證求其乖舛悖離之處，次以「他書之相似者」爲旁證條件，比物合參，斟其訛謬同異之處，以至於「觸處皆通」、「焕然以解」之境地，亦即段注所云：「凡言參伍者，皆謂錯綜以求之。」〔註328〕茲觀其例於下，《句讀》於「惗，忘也，嚪也」下云：

　　　　段氏曰：嚪者，含深也。含深者，欲之甚也。《淮南・修務訓》，高注云：憛悇，貪欲也。《賈誼新書・匈奴篇》：一國聞之者見之者，垂羨而相告，人悇憛其所自。按：嚪、憛，惗、悇，皆古今字。桂氏曰：嚪當爲憛，寫者以本書闕憛字，改爲嚪。《集韻》：憛，憂意。《類篇》：憛，惶遽也。《楚詞・七諫》：心悇憛而煩冤兮，王注：悇憛，憂愁皃。《賈誼書》：佳態佻志，從容爲說焉，則雖王公大人，孰能無悇憛養心，而顚一視之。馮衍《顯志賦》：終悇憛而洞疑，李賢注引《廣倉》：悇憛，禍福未定也。《梁書・裴子野傳》：性不憛憛，情無汲汲。或省作罩。《廣雅》：覃悇，懷憂也。筠案二說雖異，參伍求之，可以明矣！〔註329〕

是王筠徵引段、桂二氏之說爲客觀呈現，而段、桂二說中並取「諸書之相似者參伍以求其通」，蓋欲之甚者，其「含深」，含深者則「憂愁」而洞疑，故筠以「二說雖

〔註324〕見《釋例》卷十八頁20。
〔註325〕按：宋徐鉉《說文新附》云：「勘，校也。」《玉篇》：「勘，覆定也。」《文選》左太冲〈魏都賦〉李善注引東漢應劭《風俗通義》載劉向《別錄》云：「一人持本，一人讀書，若怨家相對，爲讎。」故對勘實即比勘，亦即比較。詳見胡適〈校勘學方法論〉，載《胡適文存》第四集第一卷 155～170 頁；王師叔岷《斠讎學》1～3頁。
〔註326〕見陳垣《元典章校補釋例》第四十三章談「對校法」之謙語。
〔註327〕見《四書說略》論語4頁。
〔註328〕按：段玉裁《說文解字注》八上人部「伍，相參伍也。」注云：「凡言參伍者，皆謂錯綜以求之。《易・繫辭》曰：參伍以變。荀卿曰：窺敵制勝，欲伍以參。韓非曰：省同異之言，以知朋黨之分；偶參伍之驗，以責陳言之實。又曰：參之以比物，伍之以合參。《史記》曰：必參而伍之。《漢書》曰：參伍其價，以類相準，此皆引申之義也。」（《說文詁林》（七）158頁。）
〔註329〕見《句讀》卷二十頁28（1502）惗字下。

異」，但錯綜比觀，曲直引申淵源流變，自可憭然辨悉，勿假他求。餘如《夏小正正義》中有：

> 傳曰：鳴蜮，蜮也者（傳本作鳴蜮也），或曰：屈造之屬也。《經義述聞》曰：莊氏寶琛曰：倉庚不名長股，或曰二字，亦與蜮也者不相屬，長股也三字，當在蜮也者之下，或曰之上。引之謹案：《周官·蟈氏》，鄭司農云：蟈當為蜮，蜮，蝦蟇也。元謂蟈，今御所食蛙也。（筠案：〈月令〉：孟夏螻蟈鳴。鄭注：螻蟈，蛙也。蛙，《說文》黽，蟁也。蟁今謂之蝦。黿，蝦蟇也，二字皆烏蝸切，故鄭君借蛙為黿。）《名醫別錄》曰：黿，一名長股，是其證。（筠案：《廣雅》：黿，蟈，長股也。是《別錄》所本。）《述聞》又曰：《爾雅》黿鼀詹諸，《玉篇》注作去齮，去齮聲轉為鼓造，《淮南·說林篇》：鼓造辟兵。《文子·上德篇》，鼓造作蟾蜍，是也。再轉為屈造，鄭司農注〈敍官·蟈氏〉曰：蜮，蝦蟇也；屈造，詹諸也，似蝦蟇，故曰蜮也者，屈造之屬也。（筠案此說，則蜮者，今所謂蛙也，可食。屈造者，今所謂蝦蟇也，不可食。）筠案：先鄭曰蟈當為蜮，後鄭以蜮乃短狐駁之，蓋古祇有蜮字，後乃別為兩字，分訓為黿與短狐也。《說文》以或為古域字。而鐘鼎文國字皆作或，惟齊侯甗作![圖]，周距末作![圖]，可知國字後作，或是古國字。故《說文》蜮或作蟈而說以短狐，猶先鄭說蜮以蝦蟇也。當參伍考之，不可拘定一說。〔註330〕

則心中先無成見，不拘一說，參錯比伍，博蒐廣肆，察其本原流脈，知所先後，則字之原始流別，義之引伸分化，可俯首而就。是參伍以求，亦應用方法之一也。

而王筠亦嘗有「分析羅列」方法之提出，見《句讀》凡例中，其說云：

> 諸書所引反切，蓋音隱舊文，它書多言反，《九經字樣》則言翻，選注則反少切多，皆仍其舊，不一律改為反也。李氏先出切而後引《說文》者、及引《說文》之後、又出本文，乃繫以切者，皆區別之詞。其引《說文》義即繼以切者，定是舊音，段氏多漏引，茲備錄之曰：本ㄙㄙ反。繼以《唐韻》曰：孫ㄙㄙ切。二同者省之。其或諸書所引不同者，亦分析羅列，而後以《唐韻》繼之。〔註331〕

蓋本歸納各書體例，見其大同，區其小異，而存留客觀之事實，不一律改，是「分析羅列」之方法，為透過歸納工夫，細密分析，理同存異，一一羅列，以徵事理之當然者，為一種方法之應用也。

〔註330〕見《夏小正正義》44頁。
〔註331〕見《句讀》凡例六頁（25）。

是王筠治學所用之方法，究其內涵關攝，洵非比類、對勘、參伍、分析羅列諸方法所能範圍，其濡染渾融，紛錯複雜，遠在明白指陳之外者，不遑細數，可得者，如歸納、分析、比較、統計、推繢、羅列、綜合諸方法之應用，縝密周全，處理神妙，在其應用金文時，實亦有椠助輔弼之功，因襲創通之力，渲染濡化，斯爲不可避免之現象也。

三、王筠應用金文之方法

自宋人考釋《鐘鼎款識》以來，一千年間，其方法之應用，日臻嫻熟精密，正確科學。學者埋首鑽研，累積經驗，每於心領神會，得失互鑑中，理出一番千錘百鍊之方法論，以爲後學者登堂入室，洞窺邃奧之階，如唐蘭在〈怎樣去辨明古文字的形體〉中，嘗標舉出：「對照法——或比較法」、「推勘法」、「偏旁的分析」、「歷史的考證」諸方法〔註332〕。楊樹達於〈新識字之由來〉一文中，亦歸納出十四條目：一曰據《說文》釋字，二曰據甲文釋字，三曰據甲文定偏旁釋字，四曰據銘文釋字，五曰據形體釋字，六曰據文義釋字，七曰據古禮俗釋字，八曰義近形旁任作，九曰音近聲旁任作，十曰古文形繁，十一曰古文形簡，十二曰古文象形會意字加聲旁，十三曰古文位置與篆書不同，十四曰二字形同混用云〔註333〕。二氏所立條目於數量及名目上雖有參差，唯基本內容則大同小異，況個中亦含藏混雜有漢字發展規律之問題，非純粹方法之研判，如唐氏於「歷史的考證」中，涵括圖形文字之簡化、繁體字之省減，字體增繁及偏旁通轉等；而楊氏之「義近形旁任作」、「音近聲旁任作」、「古文形繁」、「古文形簡」等〔註334〕，則引申太過，轉趨駁雜。高明總括諸說，區分爲：一、因襲比較法，二、辭例推勘法，三、偏旁分析法，四、據禮俗制度釋字等四種方法，並以「各自內容不同，可以互相補充」〔註335〕。所設畛域雖非盡善盡美，但體幹粗疏，天地廣闊，亦足以鳶飛魚躍，放諸四海而皆準。

爰執唐律以讞漢獄，近采高氏之歸納結果，遠祖王氏自明言者，互相參校，別其同異，錯置乎王筠應用金文之方式上，則若合符節。是取其著述中關係金文之材料，爬梳整理，分別門類，以窺其應用金文之方法，僅「比較」一法耶？抑「捫槃扣燭」之流亞耶？茲分：一、歸納法，二、比較法，三、推勘法，四、分析法，五、綜合法諸大耑〔註336〕，用窺其牛毛繭絲，細密已極之工夫，並解構王筠何能「研精

〔註332〕見《古文字學導論》下編162～274頁。
〔註333〕見《積微居金文說》增訂本1～16頁。
〔註334〕參見高明《中國古文字學通論》190頁。
〔註335〕參見《中國古文字學通論》191～195頁。
〔註336〕可參見拙著《商周金文錄遺考釋》25～29頁。

覃思，探賾索隱，醰有餘味，令人解頤首肯者」〔註337〕之因由，故不彈筆墨，條分枚舉，詳述於後云。

（一）歸納法

王筠援據金文以詰難興疑，辨證糾謬，發凡起例時，每輒通過其蒐羅所及之知見金文、或著錄金文諸書、或著錄金文一書、或數種器類銘文中，總括字形，攏收字義，涵蓋其文例及用法，一一歸納，以明其大同，辨其小異，理出其具普遍性、包容性、規律性之概念化架構及條理者，是乃歸納法之具體應用也。

1. 從知見金文中歸納

從知見金文中歸納者，蓋指王筠當時所見所輯所知之可及範疇而言，整理歸納，合同別異，以總括文字形構點畫之全體大端者，其數至夥，不勝枚舉，茲陳數例以抽紛緒耳，其說云：

> 金刻冊字，約有卌、冊、冊、冊、冊、冊諸體，其編皆兩，其札或三或四或五，以見札之多少不等，非止兩札，其長短或齊或不齊，亦似用筆之變，非果有參差也。〔註338〕

> 鐘鼎文其字，有其諸體，而作其者最多，知是正體，其餘皆隨手之變。〔註339〕

> 齊、齋，鐘鼎文齊、齋二字，祇此五形。漢光和斛始有字。〔註340〕

審觀《金文編》中，收錄「冊」字形體繁多，紛雜變錯，除合二冊之繁體臣辰盉作卌、卌〔註341〕外，餘則類不出其範圍；收錄「其」字結體可觀，除樊夫人龍嬴壺之形外〔註342〕，餘亦在王筠歸納涵攝之畛界內；至如「齊」、「齋」二字，以彼時而論，或祇存五形，約整其形，證諸《金文編》所著錄，誠然可信〔註343〕，唯以「漢光和斛始有字」則非，察《金文編》所收諸器，除王筠所舉五形外，齊字形構尚有齊陳曼盙作、陳侯因𦦎錞、者汈鐘、陳侯午錞、鄱羌鐘、齊巫姜簋、及曾侯乙鐘从邑之諸形，皆不作「齋」字用，其「齋」字則有蔡侯盤〔註344〕

〔註337〕見夏清貽〈王菉友鍇傳校錄訂補〉2頁，載《東北叢刊》第六期（1930）1〜44頁。
〔註338〕見《句讀》卷四頁29（293）冊字「象其札一長一短，中有二編之形」下。
〔註339〕見《釋例補正》卷十四頁1。
〔註340〕見《釋例補正》卷十七頁2。
〔註341〕見《金文編》卷二頁126〜127冊字條下。
〔註342〕見《金文編》卷五頁304〜308其字條下。
〔註343〕見《金文編》卷七頁487〜488齊字條下，唯齊𠧩作之形則王筠未及見耳。
〔註344〕見《金文編》卷一頁10齋字條下。

形，是作 [字] 形者非始於漢，先秦之齊器中時作此形矣！夫王筠爲客觀材料所囿限，是不得已也，觀其利用歸納法以約整字形，別其正變，確有卓識！

2. 從諸書金文中歸納

從諸書金文中歸納者，蓋王筠時采諸《金石錄》〔註345〕、《考古圖》、《博古圖》、《歷代鐘鼎彝器款識法帖》、《十六長樂堂古器款識考》、《瀛海筆談》〔註346〕、《積古齋鐘鼎彝器款識》、《平安館金石文字》〔註347〕、《清愛堂家藏鐘鼎彝器款識》〔註348〕、《筠清館金文》及《金石索》等書〔註349〕，歸納諸書各器中銘文，攏收形義用法之規格者，茲舉數例以觀，其說云：

> 阮、葉、吳三家款識，借爲伯仲者，皆作 [字]：其中央字，有 [字]、[字]、[字]、[字] 四形，作 [字] 者偶見，未有 [字]、[字] 之形。〔註350〕

> 積古齋鼎彝銘云「子子孫孫」者，云「子孫」者，皆不可勝紀。云「孫子」者凡三見；云「孫孫子子」者，王伯彝、楠妃彝是也；云「子孫孫」者，萬壽鼎以下凡四見；云「子子孫」者，茲太子鼎以下凡十見；但云「子」者，楚公鐘是也；云「孫孫」者，楚良臣余義鐘是也；乃兮仲敦蓋銘云「孫孫」，器銘又曰「子子孫孫」。《筠清館》師衰敦蓋銘云「孫孫子」，器銘又云「子子孫孫」，是知諸器異文，其義一也。〔註351〕

細徵所論，於歸納諸書銘文中，以阮元之《積古齋》、葉志詵之平安館、吳榮光之《筠清館》三家所著錄者居多。

試觀首例，蓋總括三家款識「中」字應用之現象，別其形義之通則，以金文作「 [字] 」者借爲「伯仲」義，作「 [字] 」四形者本中央義，衡諸銘文，誠然；唯其於廓清判別之際，亦觀察注意及個中含藏之變異──[字]作「 [字] 」者偶見；金文中亦未見如《說文》小篆古文 [字]、[字] 之形者〔註352〕。是其歸納法之應用，頗能得其情實，唯時甲骨文未出，僅以金文之現象憑以爲限斷，未得追根究底，以窺全貌，誠爲客觀材料不足，今人能上溯殷契，見「中」字由旗斾徽幟之引申假借分化流變之

〔註345〕見《釋例》卷一頁16；《句讀》卷五頁28（350）對字下。

〔註346〕按二書俱見《肊說》頁（33～34）

〔註347〕按是書名據《肊說》23頁，今傳《平安館鉤摹古刻》三種，清道光丙申（16）年刊本；又靈鶼閣叢書中收錄《平安館藏器目》一冊，似與王筠所見不同。

〔註348〕見《釋例補正》卷一頁3所引。

〔註349〕見《釋例》卷三頁5，卷十四頁29；《句讀》卷二十二頁15（1688）霸字下引。

〔註350〕見《釋例補正》卷五頁1。

〔註351〕見《毛詩重言》43頁上「子子孫孫」下。

〔註352〕按：王筠時，諸器類未大備，有如斯之見，誠屬不易，今則仲斿父鼎作「 [字] 」，見《金文編》卷一頁30中字下，與《說文》之形相同。

跡者〔註353〕，洵爲資料輔證之方便門也。

至歸納積古齋、筠清館諸器銘文，見「子孫」二字排列組合，重沓繁省顛倒之變化者，如「子子孫孫」、「孫孫子子」、「子子孫」、「子孫孫」、「孫孫子」、「子孫」、「孫子」、「孫孫」、「子」諸銘例，雖文詞交錯，變化紛繁，總而歸之，其義一也，是博觀約取，整理歸納，別其異，會其同，張而枝葉密佈，束而萬脈歸根，方法縝密，涵蓋周全，誠是歸納法之應用也。

3. 從一書金文中歸納

夫從一書金文中歸納者，蓋取前舉諸書中之一書，或《金石錄》、或《考古圖》、或《博古圖》、或《歷代鐘鼎彝器款識法帖》、或《積古齋鐘鼎彝器款識》、或《平安館金石文字》、或《筠清館金文》等，由一書所收錄之眾器類銘文，歸納整理，而得出其規律性者，其例如：

> 《積古齋》楚公鐘夜作▢、叔夜鼎作▢，皆從大。且▢之夕，在左而仰，▢變夕爲月。豐姞敦作▢，從▢省矣，而夕亦在左。師酉敦二器一蓋，凡三夜字，一作▢，二作▢。〔註354〕

> 瞷當作▢▢，依恖字而略變之，蓋目字象形，不必兩也。▢▢則會意，不如是亦足見左右視之意。《博古圖》有▢▢、▢▢兩體，竝釋爲瞿。〔註355〕

> （▢見豕、亥二部，豕之古文，《玉篇》作帀，與《説文》同；亥之古文，《玉篇》作帀，與《説文》異。……）《積古齋》作▢者，與小篆近；作▢、▢、▢者，皆與古文近。〔註356〕

觀此三例，皆歸納字形，別其體位結構，或集一書中數器銘同者以剖察，或由全書銘字中泛覽，而得其大要者。

視其所舉「夜」字形構，今《金文編》中所收二十四字，體位安排與結構所從類不出其右〔註357〕，唯夜君鼎一字作▢耳〔註358〕。所舉「瞷」字，從二目以明左

〔註353〕見唐蘭《殷虛文字記》37～41頁論中字形義之演變。

〔註354〕見《釋例補正》卷三頁1。《句讀》卷十三頁18（946）有：「金刻別有▢、▢、▢、▢四體。」殆據此而來。

〔註355〕見《釋例》卷十四頁22。

〔註356〕見《釋例》卷十四頁8～9。

〔註357〕見《金文編》卷七頁487夜字下。

〔註358〕按：龍師宇純以▢自是夜字，無待於有從亦不省之體然後解爲亦省聲。夜君鼎時代既晚，兩點者，文飾也，與原先示腋之部位者無關。詳見《中國文字學》308頁。而王筠亦以「亦省聲」之省法，「似甚苟且矣」，見《釋例》卷三頁25。李孝定則以「夜爲夕之孳乳轉注字，亦猶永、𠂢，走、趨之比。」見《金文詁林讀後記》270

右視之意，契文作🦅（《珠》565），正象左右視之形。金文省卩作睊，其形構除王筠歸納《博古圖》所得外〔註359〕，尚有🦅（睊爵）〔註360〕形。唯王筠據形以釋義，當是。而所歸納，誠然。至攬括《積古齋》亥字形構，以見一與小篆近，一與古文近，則於形體繁變之中，突圍而出，撮其大要，媒介乎古文小篆，以徵其遞嬗訛變之跡者，亦歸納法之絕妙應用也。

4. 從數種器類銘文中歸納

夫從數種器類銘文中歸納者，乃取數器銘文相同者，或同器類，或不同器類，或同書，或不同書，唯援據器銘，攏收綱紀，別其異同，而得其形義用法之大旨者，爰舉數例如下：

> （孫）周公𡨸鐘、立簋皆作🦅、從糸明白。乙公鼎作🦅，從古文糸亦明白。伯季簋作🦅，則從糸而省。𢼊尊作🦅，陳侯敦作🦅，仲駒父敦🦅，🦅字在小篆爲幺，在鐘鼎文爲玄，幺義尚合，玄義則不合。若謂糸即絲字，孫、絲雙聲，則嫌其迂曲。惟銘文之作🦅、🦅者最多，楒妃彝作🦅，糸皆在臂之下，因得系屬之義而知小篆之從系，非漫改古文也，遂收之系部以表之。〔註361〕

> 頁下云，古文䭫首如此。又云，百者，䭫首字也。似謂䭫首字古作頁、百者。然季娟鼎作🦅🦅，淮父卣蓋作🦅🦅、器作🦅🦅，宰辟父敦作🦅🦅，齊侯鎛鐘作🦅🦅，邿敦作🦅🦅，周敦作🦅🦅，戠敦作🦅🦅，寅簋作🦅🦅，是首字作𦣻者七，作𧼒者二，無一作百者。䭫字從𧼒者六，從頁者三，無一從𦣻者，信乎𧼒、頁即首字。又如顏之古文顙，煩之古文爁，頂之或體傎，所從者乃古頁字，即是古首字。《玉篇》故作顙、爁、傎也。……從知古文䭫首如此，謂頁爲首之古文也，此許君本文也。〔註362〕

> 匹字，習鼎作🦅，吳彝作🦅，史頌敦作🦅，皆不可解，小篆改之，仍不可解，毋怪許說支詘也。〔註363〕

觀所舉例，蓋從數器銘文中歸納，以證知形構之本初繁省，用明其體要，廓清其旁衍，而於所不知，則闕如也。雖以所據資料眞僞雜糅，亦不若今之精確豐富，然以

頁夜字條下。

〔註359〕按：《博古圖》釋作「瞿」，瞿，許訓鷹隼之視，故從隹，當由睊所孳衍，唯釋「睊」爲「瞿」，則可商。詳李孝定《金文詁林讀後記》118頁。
〔註360〕見《金文編》卷四頁 237 睊字條下。
〔註361〕見《句讀》卷二十四頁 46（1893）孫字下。
〔註362〕見《釋例》卷十八頁 18。
〔註363〕見《句讀》卷二十四頁 35～36（1872～1873）匹字下。

其所歸納論略者，衡諸《金文編》所收形體，亦庶幾近之矣！

（二）比較法

夫比較一法，蓋取二者以上之事物，比觀對照，考索推量，用辨其異同，明其本初，而得出流變成因與特點表徵者，是一種直接有效之方法也。〔註 364〕

王筠每於深思閎肆之論辯中，援證金文，其筆勢翻瀾，鞭辟入裡，無不假方法之精密與學養之豐厚使然也。尋其方法所憑，則潛藏幽蓄，用而不言，然微察其所假籍，是於比較一法，誠多所取資，設爲之理端抽緒，裁別潤澤，總其類別，可得數項：1. 據金文與金文作比較，2. 據金文與《說文》作比較，3. 據金文與它類字體作比較，玆分別枚舉，論說於後。

1. 據金文與金文作比較

王筠據金文與金文作比較，乃「近取諸身」，爲本證式之比較，或以其時代接隨，字體通用，而銘詞概同，是確鑿可稽之比較標準。綜其採擇，或取一器器蓋同銘文者作比較，或取一人作器銘詞相同者作比較，或取二器銘文相同者作比較，或取數器銘文相同者作比較，皆細密有度，蛛絲可尋。

（1）取一器器蓋同銘文者作比較，其例如：

> 收，居竦切；尹，余準切，古文作[illegible]。君之古文作[illegible]。金文惟周夜君鼎作[illegible]，猶足見其爲合[illegible]爲[illegible]，其他多作[illegible]。又史頌敦蓋作[illegible]，器作[illegible]，則[illegible]即尹，亦即收也。〔註 365〕
>
> （亯字）金文有[illegible]、[illegible]、[illegible]、[illegible]四形，惟豐兮卩敦蓋作[illegible]，其形大異，以其器作[illegible]而識之。〔註 366〕
>
> 畐之古文[illegible]，似當作[illegible]，師寰敦曰：卹乃穡事。穡字，蓋文作[illegible]（《筠清館》右下作[illegible]，非也，我有此器搨本），器文作[illegible]，故疑下半當作[illegible]，上半無可據，故仍之。而嗇部牆之兩籀文，亦當改從[illegible]。〔註 367〕

例於字形，能合其同而辨其異，於器蓋銘同字異之對比中，徵知文字初非一律，唯其衍化，萬變不離其宗，有其規律性〔註 368〕可循，依此識字，雖不中，亦不遠矣！

〔註 364〕參見《中國古文字學通論》191～192 頁。

〔註 365〕見《釋例補正》卷三頁 7。

〔註 366〕見《釋例補正》卷五頁 1。

〔註 367〕見《釋例補正》卷十四頁 1。餘例如《釋例》卷十四頁 26～27；卷十七頁 40～41；《釋例補正》卷十五頁 1；《句讀》卷三頁 30（234），可互參。

〔註 368〕參見李孝定《漢字史話》54～62 頁；《漢字的起源與演變論叢》中〈中國文字的原始與演變〉一文，170～183 頁。

（2）取一人作數器銘詞相同者作比較，其例如：

㬎下云讀若唫唫，案唫字當衍其一，因下文有兩繭字而誤也。案此字三義，迥不相侔，許君蓋亦疑之，衆微杪與以爲顯字同義，日中視絲，則微杪皆見，是顯明也。頁都顯下云㬎聲，此累增之字也。積古齋頌壺、頌敨皆云不顯魯休，而頌鼎云不魯休，一人之器而字作兩體，明乎其爲一字也。〔註 369〕

段氏曰：經傳顯字，皆當作㬎，既皆作顯，乃謂古文作㬎爲假借矣，故曰古文以爲顯字。頁部顯下曰㬎聲，則㬎讀若顯可知，此義當呼典切。筠案金刻顯字率有頁，惟頌鼎不㬎魯休作㬎，頌壺則作顯，一人所作之器，銘詞全同，則㬎、顯一字甚明。〔註 370〕

（有蓋又之重文也，尚書以有爲又，鐘鼎文以又爲有，明乎其爲一字也。）筠清館所收宂敦曰：井叔有宂。積古齋所收宂彝，則曰：井叔右宂。一人之器，而一作有，一作右，明是一字。且字作，下从，與上文十有二月之不同，是爲確證。〔註 371〕

則由一人所作諸器，銘詞全同，而字作兩體，比觀對照，明是一字之方法。或與銘詞上下文類似易混淆之字進一步比較，以徵其證據確鑿。是洞察文字初形本義，殊異變化之便當方法也。

（3）取二器銘文相同者作比較，其例如：

（友古文㕛下云）《古文四聲韻》引石經作。案此初譌之形，焦山鼎字，此本形也，誠爲二又相交矣。㕛乃二又，何交之云。頃見無名古器二，其一作，斷之也；其一作，反文也。若據字形而以爲從口，必不可通，故知許君說字有周章者，乃流變既久，不見本形者也。〔註 372〕

（「耇，老人面凍梨若垢也，從老省、句聲」下）師奎父鼎：黃耇吉康，師器父鼎：黃句吉康，省作，古厚切。〔註 373〕

（「酉，就也」下）酉乃古酒字也。故〈律歷志〉曰：留孰於酉。〈天文訓〉曰：酉者，飽也。留、飽皆與酉爲疊韻，許君不用，而獨與酒篆下就也同用一義，足見其意矣！殳季良壺云，齊侯甗云，皆旨酒也。

〔註 369〕《釋例》卷十二頁 45。

〔註 370〕見《句讀》卷十三頁 7～8（924～925）：「㬎，衆微杪也。從日中視絲，古文以爲顯字」下。

〔註 371〕見《釋例補正》卷十七頁 1～2。

〔註 372〕見《句讀》卷六頁 15（391）友字下。

〔註 373〕見《句讀》卷十五頁 46（1178）耇字下。

而鐘鼎卯酉字，及尊、鄭所從之酉，有【字】、【字】、【字】、【字】、【字】、【字】、【字】、【字】諸形，惟然虎彝作【字】，與小篆近，莽器亦多作【字】，閒有作【字】者。〔註374〕

則由二器銘字或銘詞相同者比較，證本形、省體、異體、反文，兩相對證，明確清楚，勿庸贅詞矣！

（4）取數器銘文相同者作比較，其例如：

甘部【字】，當據《繫傳》音歷改爲曆。雖金刻蔑曆字，邑卣、趞彝皆作【字】，秘卣作【字】，其甘小變，上半皆是麻非厤，厤非字，且以歷推之，亦可見讀若函似亦非是。阮元以歷字代之，以密勿說之，蓋蔑曆皆假借字，雖非雙聲疊韻，然形容之詞，音必相近，函之於蔑，其音太遠，似阮氏說是。〔註375〕

嚴與嚴、巖之爲一字也，已見〈異部重文篇〉矣，茲又得一證焉。積古齋叔丁寶林鐘銘云：其嚴在上，此威嚴字也，而篆作【字】，則嚴之省文也。虢叔大林鐘：嚴在上，篆固作【字】也。宗周鐘：其嚴在上，字作古文【字】。〔註376〕

吳子苾所得周鼎，文曰【字】一【字】一。當是【字】一卣一。積古齋吳彝文曰【字】【字】一【字】，釋爲【字】一卣，【字】字之形甚似。以積古師酉敦【字】【字】釋爲西門比例之正合，若【字】亦疑是卣字，假借也。

積古齋虢叔大林鐘【字】字，與【字】甚似而釋爲逌。筠清館周韓侯白晨鼎【字】（秬）【字】（鬯）一（一）【字】（卣），筠清館別有一虢叔大林鐘，其【字】作【字】，可證卣、卣二字通借。吳氏釋爲迺，非也。《說文》雖無迺，積古齋宗周鐘【字】從西明白，筠清館又有虢叔編鐘，有【字】字，其詞與大林鐘同。〔註377〕

例中皆取數器銘詞相同或相近者爲之比例合觀，確立字形，發明假借，證知異部重文中，文字據本形省繁累增之現象，皆是比較法之應用也。

綜此四端，知王筠初從金文本身出發，採擇相同，徵其殊異，通過同器、同人、同銘詞之比較，密實穩固，一步步推求考量，而建立字形字義之本宗流變，是一精詳縝細之工夫，而非苟且隨便，漫無準則，郢書燕說之倫也。

2. 據金主與《說文》作比較

前人辨識金文，始基之者，無不根據《說文解字》一書，即顧炎武所謂：「自

〔註374〕見《句讀》卷二十八頁26（1287）酉字下。
〔註375〕見《釋例》卷十四頁25。
〔註376〕見《釋例》卷十五頁21。
〔註377〕見《釋例補正》卷一頁1～2。

隸書以來，其能發明六書之恉，使三代之文，尚存於今日，而得以識古人制作之本者，許叔重《說文》之功爲大。」〔註378〕是書乃：「許慎整理、研究當時許多經學家、文字學者的研究成果而編成的一部總結性著作；它保存了大部分的先秦字體以及漢代和以前的不少文字訓詁，反映了上古漢語詞彙的面貌，比較系統地提出分析文字的理論；是今天研究古文字學與古漢語的必不可少的材料。」〔註379〕《說文》除以小篆爲主體外，尚兼錄部分籀文與古文。故王筠據金文與《說文》作比較時，除與《說文》作全稱之比較外，尚取之與小篆、籀文、古文、或體作比較，茲分述於後。

（1）據金文與《說文》作比較者，其例如：

　　亏，金文皆作于，《說文》從亐之字，惟爰字猶從于。〔註380〕

　　有古器二，其文曰馬丽，與《說文》再也之義合，皆作兩。漢器始有斤兩字，大率作兩。惟蒥川太子鑪作兩，陶陵鼎、外黃鼎皆作兩，其文皆上出。〔註381〕

　　筠清館然睽敦，敢作㒸，反文也，其從甘尤明白。周作書彝㝵㝵，中一字不可識，上下二字，則蔑曆也。曆字從厤從甘皆明白。漢光和斛文云，依黃鍾律圖，圖字口文作曆，底文作曆，與曆從厤而《說文》訛麻正同。乃厤是字而麻則非字，與淮父卣之曆從麻非字同，得此錯誤之旁證，更快也。〔註382〕

是其據金文與《說文》作比較，或取諸字形，或取諸字義，明其本原，證其訛錯，諸法之應用，實濫觴乎此。

（2）據金文與《說文》小篆作比較者，小篆乃《說文》之主體而非全體，視前條之範圍略顯狹窄些，至其例如：

　　（檊，亡也。從亡，㯟聲）金文皆借森字爲之，小篆加亡爲別。武扶切。〔註383〕

　　戊寅父丁鼎戊作戉，字形似斧，蓋古兵有名戊者，立戟父戊彝作戉，則與小篆形近。〔註384〕

〔註378〕見《日知錄》卷二十一頁498〈說文〉條。
〔註379〕見劉葉秋《中國字典史略》23頁。
〔註380〕見《句讀》卷九頁23（641～642）于字下。
〔註381〕見《釋例補正》卷十七頁4。
〔註382〕見《釋例補正》卷十四頁3。
〔註383〕見《句讀》卷二十四頁34（1869）無字下。
〔註384〕見《釋例》卷二十頁44。

茀字，周散氏銅盤銘有之，下半回環曲折，不似弗字，蓋小篆變古文
時，已有意爲之，不盡如古人意者，不能盡據以推知其意也。〔註385〕
是例援據金文，證以小篆，辨析字形，發明字義，確立用法，皆假比較一法也。唯
後一例「茀」字，許君云墨翟書義從弗，而王氏混同合一，視如「小篆」，名義略失
耳！

（3）據金文與《說文》籀文作比較者，許書自敘曰：「及宣王太史籀著《大篆
十五篇》，與古文或異。」〔註386〕籀文之見於《說文》中約二百二十五字〔註387〕，
筠取之以與金文作比較，其例如：

車之籀文轗，《積古齋》吳彝作𨏾，證知今本乃傳寫之訛，左兩田，
輪也。兩一，軬也。貫乎輪與軬之丨，軸也。申一之連于右者，軔也。右
之丨，軛也。軛下似人字者，兩馬也。吾有此器拓本，其軔不斷。《積古
齋》斷之，亦誤。〔註388〕

辭之籀文嗣，《玉篇》在司部，以爲詞之籀文（《博古圖》釋爲司字）。
〔註389〕

𣊡，籀文昏，從二子。一曰，晉即奇字暂。但言從二子，不言日之異於
曰，似挩漏。設⊙爲𠃋之訛，則不應爲奇字暂矣！當闕疑。毛本刋改曰爲日，
則讀從二子一日句絕，非也。《積古齋》晉妊敢作𦈕，口曰同意。〔註390〕

其據金文與《說文》籀文比照，知籀文轗乃傳寫之訛，實則車之籀文，初本全體象
形，指畫詳盡，勾繪無遺。另據金文疑籀文晉爲呂之訛；而辭之籀文嗣，其用法與
金文或異，是皆比較法之應用也。

（4）據金文與《說文》古文作比較者，《說文》所錄古文之淵源，據許君自敘
而論，約有三端：一曰壁中古文，一曰張蒼所獻《春秋左氏傳》——傳世古書，一
曰鼎彝銘文〔註391〕。是古文與金文，有其交集面。唯許君雖言「郡國亦往往於山川
得鼎彝，其銘即前代之古文，皆自相似。」〔註392〕觀其徵引，晦暗不明，僅於古文

〔註385〕見《釋例》卷十九頁 34。

〔註386〕見《說文解字》第十五篇上頁 1（314）敘。

〔註387〕見潘重規於《中國文字學》中論〈中國字體的演變〉一章。

〔註388〕見《釋例補正》卷五頁 2。按：世界書局印行之《釋例》作「車之籀文𨏾」，誤「轗」
作「𨏾」，𨏾係下文軔之籀文，並誤「三十四葉」爲「二十四葉」，今據北平中華書
局出版校正。

〔註389〕見《釋例》卷六頁 53。

〔註390〕見《句讀》卷二十八頁 20～21（2176～2177）昏字下。

〔註391〕見邱德修《說文解字古文釋形考述》19～33 頁。

〔註392〕見《說文解字》第十五篇上頁 3（315）。

字體下注明古文，並未一一言其出處〔註393〕，以故聚訟紛耘，詰難四起〔註394〕。孫次舟謂：「西漢時代所發現之鼎彝，若齊桓公鼎、美陽周鼎（《漢書・郊祀志》），汾陽大鼎（虞荔《鼎錄》），周召公鼎、齊太公鼎（《文選・刻漏銘》注引蔡邕〈銘論〉），仲山甫鼎（《後漢書・竇憲傳》）、楚武王鼎（《史記・楚世家》集解引《皇覽》），上雒寶鼎（《東觀漢紀》）等，其時代不出兩周。……慎自稱《說文》所錄古文，……至於鼎彝一端，可信之程度為巨。然亦不過依據小學家錄自鼎彝之零星古字，展轉傳抄而已。尚非如吳氏大澂，據銅器打本以輯《說文古籀補》者比也。此意若明，則對《說文》所錄古文，字體多訛（當然還有後代傳寫致訛者），而時代頗有隔離，可以得其解矣。」〔註395〕則《說文》古文，以本身字體多訛、後代傳寫流變，及客觀時空之隔離限制，據金文與古文相比較，則不失為正本清源之方法，觀王筠徵引者，其例亦大抵置於《說文》古文下，如：

> （南，艸木至南方有枝任也。從宋、羊聲。㪋，古文南）《汗簡》引作㪋，宗周鐘有㪋、㪋二體，仲偁父鼎作㪋，皆與㪋不同。無專鼎作㪋，散氏盤作㪋，皆與正書同。〔註396〕

> （州，水中可居者曰州。周繞其旁，從重川。……州，古文州如此下）《博古圖》齊侯鎛鐘同此，齊侯鐘作州。〔註397〕

> 寅及古文㪋，皆不可解。《積古齋》寰盤㪋，戊寅父丁鼎㪋，繼彝㪋，皆與篆文相似。甲午簋㪋，與古文相似，仍不可解，疑㪋為㪋之訛。〔註398〕

諸例取其金文與《說文》古文字體相擬，或證其形同如州作州者，更具川流曲折之韻味〔註399〕。或證其形異，以徵《說文》古文㪋實金文㪋之省形〔註400〕。或闕其疑如寅，

〔註393〕見《說文解字古文釋形考述》31頁。
〔註394〕按：王筠《句讀》毌字下云：「《詩》三歲貫女，則貫又借為習貫之字。〈釋詁〉：串、貫、習也。《詩》串夷載路，雖是昆夷之借字，然自有串字可知也。毌者，古文。毌、串皆毌之省文。當許君時，古器未出，故誤以串為俗字而不收。」卷十三頁20（949）。已疑許君未見古器，後持此論者，若吳大澂於《說文古籀補》自敘、王國維於《觀堂集林》卷七〈說文所謂古文說〉6～8頁、蔣善國於《漢字形體學》134頁、唐蘭《古文字學導論》上編8頁，具主許君未采鼎彝銘文。
〔註395〕此見《說文所稱古文釋例》188～189頁。
〔註396〕見《句讀》卷十二頁3～4（838～839）。
〔註397〕見《句讀》卷二十二頁5（1667）。
〔註398〕見《釋例》卷二十頁46。又見《釋例補正》卷十三頁1：文略同。
〔註399〕按：李孝定《甲骨文字集釋》卷十一頁3407云：「契文（州）象水中高土之形。……許書古文變川為八，形體略誤矣。金文作州……形體並同。小篆三り，形已訛矣！」又邱德修《說文解字古文釋形考述》885頁中，以「許書作八者，乃承六國古鉥而來，川之曲斜形一變而成八形，已失川流曲折之韻味。」

以其字形變錯太過，不可究詰〔註401〕，皆於事實有徵，方法適切，是由比較得來者，而王筠應用至爲謹愼，留其虛白者也。

（5）據金文與《說文》或體作比較者。溯文字之初，本具不定型之特質〔註402〕，況時代不同，地域有別，人事演進，轉趨紛繁，文字通行既久，不免傳摹流變，加以所施之物，或甲骨，或鼎彝，或碑碣，或石鼓，或繪帛，或竹木，或鉥印，或封泥，或陶土，或書卷，其材料有異，書寫雕鏤之工具各殊，時取方便，則字體之紛變自難或免，其中或書寫者習性，或不意爛亂，更添文字形體之變數。《說文》兼箸或體〔註403〕，亦客觀形勢之使然，而王筠據之以論「《說文》之有或體也，亦謂一字殊形而已，非分正俗於其閒也。」〔註404〕並以或體中有古文〔註405〕，比諸甲金文，誠非虛妄。至筠據金文與或體作比較者，如《句讀》卷二十六「畺，界也。從畕，三，其界畫也。彊，畺或從土彊聲。」下云：

> 《衆經音義》引《廣雅》：畺埸，界也。今本作疆埸。《積古齋》史賓鉥、史伯碩父鼎皆省疆爲彊。〔註406〕

是據金文與《說文》或體作比較，見其省、繁之不同，唯本末倒置，誤「省疆爲彊」耳，是增繁，非減省也〔註407〕。然其字體之比對，亦有取於茲者。

〔註400〕 按：南係瓦製樂器，本自唐蘭《殷虛文字記》69～70 頁所言，今已成爲共論，而字乃全體象形，許君誤象形爲形聲，金文南與契文同，《說文》古文之𡴍，實自金文而變（見舒連景《說文古文疏證》45 頁），係其省形。

〔註401〕 按：李孝定《金文詁林讀後記》497 頁云：「寅字契文金文異體甚多，然當以象矢形或兩手奉矢形爲主，是知寅之本義當與矢有關。……此字古文異形至多，蓋初誼既失，初形亦湮，作書者遂得任意爲之耳。」《說文》古文作𡩗者，其上體或斷，下體從土，疑皆從金文來（可參見邱德修《說文解字古文釋形考述》1018～1019頁），王筠所舉數器可徵矣！

〔註402〕 見李孝定《漢字史話》54 頁〈早期漢字所具有的不定型特質〉一文。

〔註403〕 其詳參見馬敍倫《說文解字研究法》24～26 頁。

〔註404〕 見《釋例》卷五頁 34～35〈或體〉下。

〔註405〕 見《釋例》卷五頁 35。至於或體、俗體之說，詳見《釋例》及許瀚《攀古小廬雜著》卷五〈與王君篆友論說文或體俗體〉一文頁 8～9。許氏以「或體，篆文之別體也；又有俗體，又或體之別體也。」見卷五〈說文解字答問〉頁 6。二說略有不同。詳可參閱金錫準《王筠的文字學研究》75～80 頁。其言「或體中有古文」者，如疇之或體𤲩，從者有禂、𧟌、𩨏、𦥔、𦤅、𥹷六字，甲骨文即作𤰈；淵之或體淵，其古文作𣹢，近出中山王鼎作𣹢、形體近古；育之或體毓，甲骨文作𣎚，更符本形是也。

〔註406〕 見《句讀》卷二十六頁 32（2046）畺字下。

〔註407〕 見李孝定《金文詁林讀後記》454 頁畺字下云：「古文衍變由象形、會意以主形聲者多矣，不惟形義相衝，其音亦必相同，始能視爲古今字。……訓比田之畕與訓界之畺，實爲一字，比田必有界，畕爲會意，畺爲指事，彊則從弓、畺聲，爲弓有力

是王筠據金文與《說文》作比較，或取小篆，或取籀文，或取古文，兼取或體，皆於著述中考索可得，而其用證字形、發明本義，疑其訛錯，判別用法，亦更確鑿有徵，更端深求，是比較方法之應用也。

3. 據金文與它類字體作比較

察王筠於著作中徵引其他書體者頗多，廣搜博納，玉石雜糅，其採石刻者，若《石鼓文》〔註408〕、秦詛楚文〔註409〕、秦刻石文〔註410〕、之罘東觀刻石〔註411〕；其採石碑者，若繹山碑〔註412〕、會稽碑〔註413〕、督郵斑碑〔註414〕、曹全碑〔註415〕、夏堪碑〔註416〕、淮源廟碑〔註417〕、皇甫碑〔註418〕、嚴訢碑〔註419〕、楊震碑〔註420〕、高彪碑〔註421〕、王政碑〔註422〕、度尚碑〔註423〕、魯峻碑、魏橫海將軍呂君碑〔註424〕、唐碑〔註425〕、李勣碑〔註426〕……不勝枚舉；其採石經者，若石經尚書殘碑〔註427〕、

之本字，引申爲凡彊弱之稱，用爲『萬壽無疆』乃假借，後又增土爲疆，从以土、彊聲。」

〔註408〕其例至多，僅以《釋例》一書中所見，如卷一頁45「坰界之冂篆作冂」下，卷二頁24、26、35，卷三頁6、16、32，卷六頁4，卷九頁33、34，卷十一頁24、27、33，卷十三頁19、31，卷十四頁25、26、28、29、30、44，卷十五頁11，卷十六頁1、18、24、25、38，卷十七頁19、34，卷十八頁33，卷二十頁9。

〔註409〕其例見《釋例》卷三頁5引《金石索》秦詛楚文叙字，又卷八頁20，卷十一頁28，卷十五頁19，卷十六頁1。

〔註410〕見《文字蒙求》卷三頁79攸字下。《句讀》卷八頁7（526）夊字下。《繫校》卷二十四頁5（332）。

〔註411〕見《釋例補正》卷八頁4引秦始皇本紀語。

〔註412〕按：其例繁多，僅舉《釋例》所見者，卷一頁35，卷二頁5、11、28、35，卷四頁8，卷五頁36，卷八頁5，卷十一頁2、16、25，卷十三頁30、33，卷十四頁24、29，卷十六頁1、32，卷十七頁10、24，卷十八頁29、33，卷二十頁45。

〔註413〕見《句讀》卷五頁6（305）引元申屠駰家藏秦會稽碑。

〔註414〕見《釋例》卷六頁34。

〔註415〕見《釋例》卷十四頁27，《釋例補正》卷九頁2。

〔註416〕見《釋例》卷三頁27；《句讀》卷二十七頁22（2101）尻字下。

〔註417〕見《釋例》卷三頁40。

〔註418〕見《釋例》卷三頁48。

〔註419〕見《釋例》卷四頁4，《釋例補正》卷十七頁3。

〔註420〕見《句讀》卷二十九頁7（2217）。

〔註421〕見《句讀》卷三十頁39（2326）。

〔註422〕見《釋例》卷十六頁20。

〔註423〕見《釋例》卷十四頁21，《文字蒙求》卷三頁119。

〔註424〕見《句讀》卷五頁21薔字下，卷八頁28（567）利字下；卷三頁3（179）番字下。

〔註425〕見《繫校》卷五頁5（60）嚞字下。

〔註426〕見《釋例》卷四頁13。

〔註427〕見《句讀》卷七頁43（510）烏字下。

石經魯詩殘碑〔註428〕、石經論語殘碑〔註429〕、魏三體石經〔註430〕；其採刀布文者，若太公刀文〔註431〕、刀布文〔註432〕；其採鉥印者，如徐亮印、漢官印〔註433〕、漢印〔註434〕；其採瓦當文者，如漢未央宮瓦當文〔註435〕、千秋萬歲瓦〔註436〕、漢瓦當文〔註437〕；其採璽文者，如永初官璽〔註438〕是也；其採錢文者，如漢錢〔註439〕是也；又採八分書帖者，如八分書〔註440〕、晉帖〔註441〕、王右軍帖〔註442〕是也，取其有裨文字，發悟啓憒，是正字義者，皆采而不棄，故筠嘗自謂：「夫讀書援引至於傳奇，定爲朋輩所笑；然彼之時代在前，所見自勝於今日，雖在芻蕘，亦所當詢矣！」〔註443〕是其取重在前者之態度，銖錙必採，並用與金文相比較者，則爲據金文與《石鼓文》作比較，據金文與石碑作比較，據金文與他書字體作比較。今分述如下。

（1）據金文與《石鼓文》作比較，其例如：

（逡）石鼓作㣫，從辵從攴從田以會意，豙則聲也。又鄭饗逡父鼎銘作㣫，省辵爲彳，省豩爲朿，自是豙字，非豕字也。金刻祿多省作豙，有㾕、㹸、㹦、㹟諸體，與豙本不相似。〔註444〕

奔下云與走同意，俱從夭，此文似後人所加。古文兩字皆從犬。石鼓文奔作㿖，周子白盤走作㿒，本同意也。小篆則趯從犬，奔從夭，不同意矣！蓋走若不從犬，無由走部繼哭部後，大徐所加標目作㿒，不誤，十五篇原

〔註428〕 見《蛾術編》卷上頁9。
〔註429〕 見《句讀補正》卷十頁1（2408）。
〔註430〕 見《句讀》卷三頁40，卷五頁20。
〔註431〕 見《句讀》卷十二頁13（857）貨字下。
〔註432〕 見《繫校》卷三頁1（30）戣字下。
〔註433〕 見《句讀》卷十六頁6（1197），卷二十四頁38（1877）𨳿字下。
〔註434〕 見《釋例》卷十一頁2，卷十三頁31。
〔註435〕 見《句讀》卷十頁18（706）央字下。
〔註436〕 見《肊說》31頁。
〔註437〕 見《句讀》卷二頁25（141）帝字下；卷二十頁23（1492）意字下。
〔註438〕 見《釋例》卷二十頁20；《韻校》卷五頁8璽字下。《句讀》二十六頁17（2015）璽字下。
〔註439〕 見《釋例》卷九頁22。
〔註440〕 見《韻校》卷三頁10簡字下；《蛾術編》卷下頁10。
〔註441〕 見《繫校》卷二十頁3（270）悥字下引「淳化帖晉安帝書，猶用安隱。」即晉帖。又《句讀》卷八頁6（524）舋字下引作「淳化閣晉帖作安隱」。
〔註442〕 見《韻校》卷一頁7琵字下。
〔註443〕 見《蛾術編》卷下頁16。
〔註444〕 見《繫校》卷四頁2（43～44）。

目反誤也。夅若不從天，無由在天部，或斷爛之文，後人據隸書補于天部，即自謂之同意邪？

　　叒字不足象形，石鼓文有▨字，蓋▨本作▨（師寰敦器蓋若字皆作▨），象木叒字形。若字蓋亦作▨，即▨之重文，加口者，如杰字之象根形，是以《說文》之叒木，它書作若木，並非同音假借也。〔註445〕

是據石鼓文與金文相較，證字形之省繁若▨，「彳」乃「辵」字形旁之簡省，古文字體中彼此通用〔註446〕，而省▨為▨作象字非彔字，自較段注「從辵、從略省、從彔」〔註447〕精確有徵。唯據金文與石鼓說走從犬不從夭〔註448〕，則膠柱鼓瑟，拘泥太過，以甲、金文甚或小篆論之，其形構具象人疾趨兩手飛揚之形，與犬字尾巴上翹之特徵〔註449〕截然不同，是王筠不免遭「扣盤捫燭」之譏也〔註450〕。至若叒字，取石鼓與金文相擬，證知▨本作▨，確為卓識，唯謂叒、若一字，則未達一閒，其說當非〔註451〕。是王筠據金文與石鼓文比較之方法中，有其宜當之處，亦有迂執之處也。

（2）據金文與石碑作比較，其例如：

　　絲之作緣也，今人皆知為訛字矣。近思之亦似有理，汲古刻十三經，兩體錯出，淵源出於宋版也。孔宙碑紹綏緝三字，尹宙碑續繼二字，譙敏碑綜約二字，皆從系，猶日別字皆作佣於八分也。乃若繹山碑▨字，與鐘

〔註445〕以上二例見《釋例》卷十一頁24；卷十四頁26。
〔註446〕見高明〈古體漢字義近形旁通用例〉，載《中國語文研究》第四期30～31頁。
〔註447〕見段玉裁《說文解字注》二篇下頁13（76）邆字下：「人所登，从辵、备、彔，闕。」注：「此八字疑有脫誤，當作从辵，从略省，从彔。人所登也，故从辵。」
〔註448〕另據《繫校》附頁1（5）亦主走從犬也。
〔註449〕據高明《中國古文字學通論》192頁中言：「無論任何字，只要不是中途完全更換了字體，雖變化頻繁，但不離其本，無論形體相差多遠，共同的字原基本上是共存的。象犬字甲骨文寫作「▨」（《粹》240），是象形字，其特徵是尾巴上翹，以區別與其字形相近的「▨」（豕、《佚》43）。……秦篆中的犬字形旁一律寫「▨」。形體變化雖然很大，尤其是入戰國以後，已失去象形的意義，但尾巴上翹的特徵並未全失。」另據其〈古文字的形旁及其形體演變〉一文，載《古文字研究》第四輯60、67頁中走字形旁與犬字形旁作比較，二字差別亦大。
〔註450〕見康殷《古文字學新論》386頁。
〔註451〕按：李孝定《金文詁林讀後記》240～241頁嘗評王筠之說云：「其說由▨變▨，字形衍變之故，甚是，▨即契文之▨也；惟謂叒若一字則非……王氏之誤，在以叒為叒木之本字，故附會為說，不知叒木本屬神話，本無其物，何緣象形，王氏未見甲骨文，但本許書為說，其誤固不足異也。」另單周堯〈讀王筠《說文釋例，同部重文篇》札記〉，載《古文字研究》第十七輯382～384頁（13）叒、龜條中亦詳加剖析，可參閱。

鼎銘文同，⿱字交系其首，𤔲敦省作⿰。然⿱亦不與⿱同，將無作絲者，即沿⿱字來，以丿象其交系之筆邪？〔註452〕

　　鐘鼎作德、徳、徳、徳諸體，未有從直者，如以《說文》爲用小篆，則秦碑作德，秦斤作德，秦量二一同斤，一作德，不知許君所本何書？（右所引者，其文義皆與《說文》悳字合，與彳部德字不合，金文亦不見悳字）。

　　鐘鼎文曰字作⿱，繹山碑猶然，是小篆未改古文。蓋⿱乃指事字，非乙聲也。其所以作⿱者，甘字古文有⿱⿱二形，故⿱字以一記於口旁，不正在口上。許君作⿱者，蓋如大徐說⿱字，中一上曲，則字形茂美。漢之作小篆者，偶然曲之以爲姿，許君即據以爲說，非李斯本然。〔註453〕

是其或証字形之異如顯，並及其訛錯之因，觀《金文編》所收形體，或從絲，或從丝，或從絲，上或連或不連，亦有省體如茉伯簋作⿱者〔註454〕，筠之疑其字形者可謂其來有自。而論德字字形文義，體察纖細，符合實情，《說文》悳字從直者，乃據晚周訛體立說，命瓜君壺悳字作⿱，中山王𧤽鼎作⿱〔註455〕，是許書所本〔註456〕。王筠受限於材料，以「不知許君所本何書」存疑，然於德字形義假借之現象，比觀敏銳〔註457〕，得其所宜。至論日字六書形構，較段氏據《孝經音義》爲說，更有見地，李孝定謂：「王氏謂此爲指事字，殊具卓識。口上一短橫畫，益謂詞之自口出也。曲之作⿱，乃書者徒逞姿媚，非篆體本然也」。〔註458〕故筠之精見卓識中，亦有從比較一法來也。

　　（3）據金文與他書字體作比較者，其例如：

　　　　（「男，丈夫也。從田力」下云：）依《玉篇》補。那含切。《九經字樣》：⿰男，上《說文》，下隸變。筠案，今不符者，蓋畼、甥二字，本以並書不便，逐田於力上，校者見其例不一，遂併部首改之。然師寰敦亦作⿰。〔註459〕

〔註452〕見《蛾術編》卷下頁10。

〔註453〕以上二例見《釋例補正》卷十八頁4：卷十六頁3～4。

〔註454〕見《金文編》卷九頁628顯字下。

〔註455〕見周法高《金文詁林補》卷十頁2812（3271）悳字下引。

〔註456〕其說詳見張日昇說，《金文詁林》卷二頁564～570（984～990）。

〔註457〕見《說文解字注》五篇上頁28（204）日字「從口，象口气出也」下注：「各本作從口、乙聲。亦象口气出也，非是。《孝經音義》曰：從乙在口上，乙象氣，人將發語，口上有氣，今據正。」

〔註458〕《甲骨文字集釋》卷五頁1604日字條下。

〔註459〕見《句讀》卷二十六頁33（2048）男字下。

是據與隸書作比較，以徵《九經字樣》隸變說之不符。今觀甲骨文男字作町、町、町、町，〔註460〕金文概作了〔註461〕，小篆作男，知其從田從力不變，唯其結構體位，甲骨文則上下左右四方並有，初無定制，金文則左田右力，少見例外，小篆則上田下力，別無安排，是據金文與之相較，而得其本眞虛妄所由也。

綜此三種比較法，雖未能窺王筠據金文與金文、金文與《說文》、金文與它類字體比較之全貌，唯準此以往，舉一反三，當亦可稽徵而得也。

（三）推勘法

夫推勘法者，乃據已知之事理，以推求未知之結論者。其取徑或直接，或間接；其內容或相同，或相近，皆足以推演證明者。昔高明論利用辭例推勘考釋古文字，其具體內容可分兩面：一是依據文獻中之成語推勘；另一是依據文辭本身之內容推勘〔註462〕，亦即間接、直接之憑藉不同，然皆有其已知之共通點存在。今據以反觀王筠應用金文之方法中，其塗轍可尋，並契若鍼芥者，約可分為三端：1. 據金文銘詞之內容推勘，2. 據典籍詞例推勘，3. 據金文、典籍詞例與形制推勘，三者各有指涉，亦互相關連，可分途而治，亦可並行而不悖，茲分述於下。

1. 據金文銘詞之內容推勘

夫據金文銘詞本身之內容推勘者，或細繹一器，或輻輳他器之銘詞，藉由對勘比較，進一層以推求確立未知之文字文義者，是依詞意推量，觸類條暢，無所窒礙，其文通，其句順，其字形相似，則可立此一說者，其例如：

> 《積古齋》頌鼎、頌壺、頌敦皆曰：王各大室即位，是位字。又曰：頌入門位中廷，是立字。一器而兩義皆見焉，蓋人不行謂之立，因而所立之處亦謂之立，以動字爲靜字也。後乃讀于備切以別其音，遂加人旁以別其形耳。〔註463〕

> 兮部乎，語之餘也，是以乎爲語助也；言部評，召也，兩字較然。然《積古齋》師遽敦王乎，師卯敦乎令卯曰，《筠清館》周望敦，蓋文曰：王乎史年，器則作乎，周大鼎作乎，他器皆同。案皆作評字用，即呼字恐古亦但作乎也，許說似未確。〔註464〕

> 師袁敦銘蓋作牆，器作牆，據字形當是牆字，然其詞曰：卹乃牆事，

〔註460〕見李孝定《甲骨文字集釋》卷十三頁4047。
〔註461〕見《金文詁林》卷十三頁295～296（7541～7542）。
〔註462〕詳見《中國古文字學通論》192～193頁。
〔註463〕見《釋例補正》卷八頁2。
〔註464〕見《釋例補正》卷八頁1。

則是借牆爲穡也。〔註465〕

　　（湨，水也。從水，臣聲。）詳里切。案此切與祀同音，昊彝銘曰：昊其🔤萬年無彊。蓋借湨爲祀也。〔註466〕

　　（戠，闕。）《博古圖》周敔敦，🔤釋爲戠，其文曰：戠首百，執俘白雜孚人三百，下文又曰：敔告禽馘百俘白，承此文也。然則戠首百，謂殺百人也。獲者取左耳，故曰馘。執俘白雜孚人三百，謂俘三百人也，故曰禽。〔註467〕

觀此數例中，首舉立、位字，王筠自道：「許君所目爲重文者，據當時仍合爲一，所不目爲重文者，據當時已分爲二也。古蓋無位字，故用立，及已有位字，即不復用立字，使人覩名知義，不須推求也。」〔註468〕是據金文辭例推勘，見立字本具動靜兩義，後則分形別音作位字，中山譻壺有🔤字，張政烺以爲當是位之異體，並言：「立字出現早，含義多，讀音歧異，不免混淆，故以胃爲聲符加於立字之旁。」〔註469〕趙誠亦謂：「甲骨、金文以立爲位，本銘有立有媦，可見立與位已開始分化，不過還沒有定形於位，則媦當是由立發展成位的中間形態，立有位音，從它的中間形態媦透露了這一消息。」〔註470〕用輔王筠之說，更見其用推勘一法證知文字形義流變及分化孳乳之精見卓識。

　　至論「乎」字，以諸器銘詞文義推勘，用知許說乎爲語之餘，評爲召也字義未確，並推證古但作「乎」，爲本字，「評」屬後起分化孳乳之字，淵源流變，剖析明確，楊樹達嘗以「王筠撰《說文釋例》，頗疑許說之非矣，而不能就字形深究其說，故具言之。」〔註471〕然「乎」字字形諸家皆言象聲上越揚，實爲玄虛之論〔註472〕，亦未若王筠闕而不言，況後出諸論，殆本王說推衍闡明，是其應用推勘一法，固多創獲也。

　　唯王筠據數器銘詞文義推勘，是多創見，然單文孤證，器銘僅一，時或不免，其證據力則稍嫌薄弱，宜置懷疑者，如論牆借爲穡，字形是牆，本牆之籀文，觀其銘詞，用爲穡義，故定爲假借，其例僅擇其一耳，以故歷來爭其形義者多矣，至論

〔註465〕見《釋例補正》卷五頁1。
〔註466〕見《句讀》卷二十一頁28（1582）湨字下。
〔註467〕見《句讀》卷二十四頁31（1863）戠字下。
〔註468〕見《釋例》卷八頁19。
〔註469〕見〈中山王譻壺及鼎銘考釋〉壺銘「述（遂）定君臣之媦（位）」下，載《古文字研究》219頁。
〔註470〕見〈中山壺及中山鼎銘文試釋〉壺銘「述（遂）定君臣之媦（位）」下，載《古文字研究》252頁。
〔註471〕見《積微居小學述林》60頁「釋乎」。
〔註472〕見李孝定《金文詁林讀後記》182頁乎字下。

假借、偶誤者作矣〔註473〕。復論「洍」字，據夐彝銘詞文義推勘，言其借「洍」爲「祀」。其音雖同，唯其銘字於銅器銘文中亦僅一見，況著錄夐彝一器，夐之其人者〔註474〕，止薛尚功《歷代鐘鼎彝器款識法帖》一書耳〔註475〕，餘均未睹，書係摹本，難免失眞，銘作「㳂」，釋作「洍」，然金文臣字（鏡子匜）、夐伯匜作、夐伯盤作〔註476〕，從臣字若朎、若姬，其臣形構異體甚多〔註477〕，而無一作者，金文銘詞中亦乏相同銘詞爲之比勘，是其果爲「洍」字則可疑，況論其假借歟！則釋洍借爲祀，於義雖暢達，於形則未必也。至如據《博古圖》敀敦所釋之「哉」字，依其文義釋「哉首百」爲「殺百人」，其意以「哉」乃「殺義」，爲是。釋作「哉」，則非。「哉」字甲文作、、〔註478〕，金文作、、、諸形〔註479〕，與「」形殊，況「哉」於金文除用爲人名義無可徵外，餘皆「哉衣」連詞，應爲衣色義〔註480〕，是釋「哉」字可疑。郭沫若釋其銘詞作：「（長榜）㦷首百，執噂卅、褏孚（俘）人三百……（武公入右）敀告禽，或（㦷）百噂卅。」並以「㦷當讀爲載，其字從艸、㦷聲，㦷，古哉字。」〔註481〕吳鎭烽則以「（敀）西周孝王時期人，其時南淮夷進犯南洛河兩岸（今陝西丹鳳、商縣一帶），周孝王命敀禦敵於上洛，一直打到伊（今河南省西南部），取得勝利，殺死敵人百人，俘虜四十，奪回被淮夷俘去的周人四百，孝王賞給敀貝五十，土地一百田。」〔註482〕則「」首百乃「殺」百人，其義可從，字爲何字，宜所闕疑。是王筠於「牆」、「洍」、「哉」三字中，推勘詞句文義能得其意蘊，唯於初形本義之確解上，其態度或矜愼不足，取擇未精，絕然斷制，略顯其粗疏，然以推勘法證知詞意，其方法有其獨到處矣！

〔註473〕　按：此字歷來爭論頗多，屈萬里以䵼是稘之本字，師寰殷從肴者乃繁文，見《殷虛文字甲編考釋》210 頁；陳夢家以嗇、牆互通，爲稘之古文，見《卜辭綜述》536～537 頁；李孝定以師寰殷之稘作牆，則疑偶誤，非稘、牆得通假也，見《甲骨文字集釋》卷五頁 1887；戴家祥則以古牆、稘同字，師寰殷「卹厥牆事」，即《書・湯誓》「舍我稘事」，見〈牆盤銘文通釋〉「史（使）牆𤕝（夙）夜不苶（墜）」下，載《師大校刊》1978 年 7～8 頁。

〔註474〕　參見吳鎭烽《金文人名匯編》309 頁作「夐簋」，定夐爲西周中期後段人。

〔註475〕　見是書卷十四頁 2～3 作「夐敦」。

〔註476〕　參見《金文編》卷十二頁 773 臣字下。

〔註477〕　參見《金文編》卷十二頁 774 朎字、787～790 頁姬字，從臣之字多矣，無作形者。

〔註478〕　參見李孝定《甲骨文字集釋》卷十二頁 3785。

〔註479〕　參見《金文編》卷十二頁 828 哉字下。

〔註480〕　詳可參見《金文詁林》卷十二頁 509～524（1837～1841）哉字條諸家之說；並劉文清《系統字義研究》哉字組 101～108 頁。

〔註481〕　見《兩周金文辭大系攷釋》109～110 頁敀殷。

〔註482〕　見《金文人名匯編》218 頁敀字下。

2. 據金文與典籍詞例推勘

《禮記》〈祭統〉中嘗載：「夫鼎有銘，銘者，自名也。自名以稱揚其先祖之美而明著之後世者也。……銘者，論譔其先祖之有德善功烈，勳勞慶賞，聲名列於天下，而酌之祭器，自成其名焉，以祀其先祖者也。」〔註483〕個人稱揚「德善功烈勳勞慶賞」之用語，銅器銘文與典籍詞例容或相同或相近，是據茲以核校推繹，用已知求未知，兩相發明證成者，其例如：

（靯，進也。從夲，從屮。）案：子白盤作嶽，則宷者，嵤之省文也。知者，嵤，疾也，與進義合。《說文》𨖷字，《博古圖》寅簋作𡢖，可知宷為籀文嵤也。又案，子白盤曰：博伐嚴狁，則知《詩・采薇篇》之玁狁，乃俗字也，故《說文》不收。〔註484〕

（序，東西牆也。從广，予聲。）徐呂切。《說文》無榭字，蓋以序攝之，古籍或借謝字。案，《孟子》：序者，射也。《論衡》引《詩》于邑于序，又引作謝，與今本同。是序、謝通用。然周子白盤作㢴，從广，射聲，乃榭之古文也。〔註485〕

榭字古作謝，即序字也。《潛夫論》引《詩》于邑于謝，又引則作于邑于序，且以地有序山證之。虢季子白盤銘曰：宣廝，蓋即春秋之宣榭，而字書則無廝字，其字從射，尤可證序者、射也。《禮記》射之為言者繹也，或曰舍也，繹、舍亦以同聲字為訓，舍從余省聲，古無家麻韻，今之六麻，半從七虞五歌轉入，兼有他部轉入者，考其偏旁可知。〔註486〕

（桓桓）桓，桓桓武王，序云：桓，武志也。〈泮水〉：桓桓于征，傳：桓桓，威武貌〈牧誓〉：尚桓桓，鄭注：威武也。《說文》引作狟，三體石經同。周虢季子盤銘曰：趄趄子白，狟、趄亦皆假借。〔註487〕

據此以觀，其采《詩經》成詞用與銅器銘詞相對勘，以辨文字之正俗，並及其偏旁所從之改訂如嚴狁、玁狁者，所說宷為嵤之省文雖未達一間，實《說文》訛為從夲從屮，字本通體象草根形也〔註488〕。然據以推勘字之本形初構則是。至若進而考經證

〔註483〕 見《禮記注疏》卷四十九〈祭統〉18頁（838）。
〔註484〕 見《句讀》卷二十頁10～11（1466～1467）靯字下。
〔註485〕 見《句讀》卷十八頁10（1303～1304）序字下。
〔註486〕 見《四書說略》孟子11頁。
〔註487〕 見《重言》15頁。
〔註488〕 詳見龍師宇純〈甲骨文金文宷字及其相關問題〉一文，載《中央研究院歷史語言研究所集刊》第三十四本412～432頁。

史，似王國維所推演：「其見於商周間者，曰鬼方，曰混夷，曰獯鬻；其在宗周之季，則曰玁狁；入春秋後則始謂之戎，繼號曰狄；戰國以降，又稱之曰胡，曰匈奴。」〔註489〕則拘於體例，未能發皇深究，然據實物與典籍相觸通，解決文字本身形構之問題，是其本色也。

復據虢季子白盤與《春秋》成詞「宣榭」相推勘，證知庌乃榭之古文，古籍假借書作謝，《說文》以序攝之〔註490〕。是藉由實物與典籍相互引發，見字之本初流變，訛錯假借之跡者。而《毛詩》之「桓桓」，盤銘作「趄趄」，一勘一校，本初假借，推敲可得。

是王筠有據金文與典籍詞例相推勘，溯其淵源，達其流變，知所假借訛錯者，無不從推勘一法中來也。

3. 據金文、典籍詞例與形制推勘

據金文、典籍詞例與形制相推勘者，是交融前二種體例之外，另據其形制觀察推勘，以證知其字義之確當與否。茲舉數例以徵此說：

《博古圖》器之有𢆶字者，概釋爲舉，後人遵之。案：《積古齋》商舉己卣二，一作𢆶，一作𢆶。周婦舉彝作𢆶。朕敦作𢆶。嘉禮尊再作𢆶。平安館一觶一斝皆作𢆶，一匜作𢆶。彭女彝與婦舉彝同。案繹山碑稱字從𢆶，恐𢆶即再之古文。《詩》曰稱彼兕觥是也。故凡器之不甚大者，乃有此字。鐘鼎大器，一切無之。雖〈豳風〉孔疏釋稱以舉。〈檀弓〉有杜舉。則二字義同，竊改釋爲再者，以形推之。〔註491〕

鬳下云，一曰穿也，曰字當是衍文。〈考工記〉：鬳實一觳，厚半寸，脣寸。未言其幾穿，於甑則言七穿矣。鄭司農曰：鬳，無底甑。〈少牢饋食禮〉，鄭注鬳如甑，一孔。一孔即無底也。蓋即本諸許說之一穿，寫《說文》者誤增曰字。鬳，《考古圖》作𪔂，則是從鼎獻省聲也，於法亦合。惟是《博古圖》所收之鬳，其下皆連鬲，則是二器相連爲用，鬳從鬳，殆兼取鬳所從之鬲爲義乎？但許君收之瓦部，則是以瓦作之，而《博古》、《考古》二圖所收，則銅器也。鼎亦銅器，豈銅作者字作𪔂邪？《考古圖》引

〔註489〕見《觀堂集林》卷十三〈鬼方昆夷玁狁考〉1～12 頁（583～606）。潘英《中國上古史新探》141 頁中則以王氏所說混同無別，以偏概全，謂「部分的戎亦被稱爲狄，或部分的狄亦被稱狄，可；謂戎即狄則不可；謂春秋的戎狄即秦漢的胡或匈奴，自更屬以偏概全。」

〔註490〕按：容庚以「庌，《說文》所無，《新附》從木作榭，經典訛作序。」見《金文編》卷九頁 660。

〔註491〕見《肗說》42 頁。

《說文》曰：甗，無底甑也。則不必云一穿矣！〔註492〕

（佋，廟佋穆也。父爲佋，南面；子爲穆，北面也。從人，召聲。）

市招切。《繫傳》曰：說者多言，晉已前言昭，自晉文帝名昭，改爲佋穆。段氏從之。然《玉篇》引之，則五代以前，已有此文。但終是許君誤，字當用卩部邵，昭則同音借用也。《經典釋文‧小宗伯》之昭，宋版作之卲，小史昭穆或作卲，音韶。《集韻‧四宵》，合佋、卲、昭爲一字，然從己非義，此如卷、巽之從卩，曲其足也。《玉篇》邵有市昭切，《廣韻》以下無之，遂迷失此義耳。集古齋宗周鐘銘，上言文武，下言邵王，不知即是南征之昭王否？又曰用邵格不顯祖考，此邵字定當讀昭矣。頌鼎、頌壺、頌敦皆曰：王在周康邵宮，旦，王格大室。則佋以邵爲正，明白可據。寰盤又曰：王在周康穆宮，旦，王格大室。則一王之廟，自有昭穆之宮，與文爲穆武爲昭無涉，故吳彝曰：王在周成大室。智鼎曰：王在周穆王大口，是知廟制亦如明堂，有九室，〈月令〉孔疏非誣，謂之昭宮、穆宮者，宮即廟也，見《詩‧采薇》毛傳。〔註493〕

觀其推勘冉字，以再求冉，首據金文，次則輔以碑銘，並與《詩經》比觀，復由器類體制鑴鏤情況擬測，總歸「以形推之」，循序漸進，層次分明。唯此字舊說紛紜，考釋各異，爲舉、爲鬲、爲冉、爲鬩、爲鼎、爲酒楅正字之同、爲再、爲菁、爲架、爲盧，攀援比附，殊無確證〔註494〕，然無疑爲再之古文者。審其所謂「凡器之不甚大者，乃有此字，鐘鼎大器，一切無之」，乃所據資料不足，蒐羅未遍，有客觀形勢之限制，今知鐘鼎大器中不乏其例，如冉鼎、乙冉鼎、父己鼎、冉鬲父乙鼎、北子冉鼎〔註495〕，是王筠所據體制未盡必然，然其所擬，亦非憑空虛造，搖脣鼓舌，擅生是非者，況執謹持愼，不入《釋例》、《句讀》中，而納進《肍說》之範疇，爰其「大膽假設、小心求證」之精神，可窺一斑！

筠於推勘甗字形義，本無定執，作騎牆之論，一據《考古圖》言從鼎獻省聲，一據《博古圖》疑其從鬳從瓦，並據二書所收俱爲銅器之故而以銅作者字作獻。察鼎、鬲、甗俱屬食器，形制類同，彰顯較著者如饕餮紋鬲，形狀在鼎、鬲之間〔註496〕，而甗、鬲一類，《博古圖錄》中〈甗錠總說〉云：「甗之爲器，上若甑而

〔註492〕見《釋例》卷十頁 50。

〔註493〕見《句讀》卷十五頁 24（1133～1134）。

〔註494〕詳見《金文詁林附錄》711～724（2600～2603）頁。

〔註495〕參見容庚編著，張振林、馬國權摹補《金文編》附錄上 1113～1114 頁。

〔註496〕見容庚、張維持《殷周青銅器通論》31 頁。

足以炊物，下若鬲而足以飪物，蓋兼二器而有之。」〔註497〕乃合甑、鬲構成之炊食器，是從鼎與從鬲同意，字本作鷹或鬳〔註498〕，金文作鷹、或獻、獻，從瓦之甗乃晚起。故方濬益云：「鬳爲古文，獻從犬鬳聲爲籀文形聲字，獻則獻之或體，獻從鬲爲款足之鼎意本同，引伸之則爲進獻等義，乃王菉友大令《說文釋例》說此字，以《考古圖》器銘作獻，謂是從鼎獻省聲，不知獻、獻同字，獻自從鬳，非從獻省聲也。」〔註499〕是筠推勘其字形之異者，所疑爲是，然說解形義，則稍遜一籌，唯審其所疑，不必不固，不下斷制之語，本存保留之意，究其用心，導夫罅隙，本是推勘法之正確態度也。

至論召、邵、昭一字，是也。金文多作㺿，偶作㔙如多友鼎〔註500〕，經典通作昭。唯其推勘邵王即南征之昭王，隨意比附，稍嫌輕忽。下及昭穆宮廟之制，簡單推求，發蒙提引，拘於體例，不遑細求。唯昭穆制度，牽涉周代整個親屬制度，非通觀遍覽，廣涉金文，無以遽下定論，近人如李宗侗〔註501〕、凌純聲〔註502〕、Marcel Gramet〔註503〕均以爲代表婚級，古代文獻中之昭穆制則有三特徵：一、昭穆爲祖廟之分類，二、昭穆之作用在別親屬之序，三、昭穆制以祖孫爲一系而父子不爲一系〔註504〕。筠據金文推勘典籍所載「文穆武昭」之說疑其未必，更推及宮、廟一字，其疑則是，說則尚俟進一步研索。然其據金文銘詞與典籍相求，入室操戈，對所涉及之宮廟昭穆形制不加輕信，是其應用推勘法之一臠中，有得有失，瑕瑜互見，唯規矩則不隳也。

（四）分析法

夫「分析法」者，本指解析一事物或概念之構成因子至不可分析之單位，用見其組織內容之方法也。援引至文字之研究上，則成對一非獨體之「字」，就其結構及組成之各獨體作嚴密精細之解剖，以明個中獨體字之形義；進而透過不可再行分析之獨體，排列組合，除以確知其如何組成，用明合體字之結構外，更能藉以辨識難字、新字；復由相關字組分析解構，比較觀察而追溯文字之流變與偏旁淆亂通作之

〔註497〕見《博古圖錄》卷十八頁25。
〔註498〕詳見商承祚《殷契佚存》42頁上。
〔註499〕詳見《綴遺齋彝器款識考釋》卷九頁29～30。
〔註500〕參見《金文編》卷八頁573召字下。
〔註501〕詳見李宗侗《中國古代社會史》一書。
〔註502〕詳見凌純聲《中國祖廟之起源》，《中央研究院民族學研究所集刊》第七期（1959）。
〔註503〕詳見 Marcel Granet "Cat'egories matrimoniales et relations de proximite'dans la Chine ancienne. "（1939, paris）
〔註504〕以上具見張光直《中國青銅時代》中〈商王廟號新考〉187～189頁。

跡者，此即前人所稱「偏旁分析法」〔註505〕，亦王筠嘗道及之「取賓證主」法也。唯「偏旁」二字，取義較狹，故攏稱之「分析法」也。

觀王筠以分析法爲羽翼，解剖形構，離析點畫，應用金文以證成文字之形義結構時，其分析方法有如下四類：1. 即於此合體字分析個中涵括之所有獨體者；2. 即於此合體字分析個中部分之獨體或偏旁者；3. 即此合體字參稽他字分析共有部分之獨體或偏旁者；4. 匯合相關字組分析共有之偏旁或部分形體者；另有一類則反是而行，殆取金文之獨體以證成合體之部分形構者，茲附論於後。

1. 即於此合體字分析個中涵括之所有獨體

所謂「即於此合體字分析個中涵括之所有獨體」者，蓋刺取金文中一合體字，即此字或此字於諸器中之別構異形作分析，一一指陳個中涵括之所有獨體也，其例如：

（蘄）《博古圖》晉姜鼎作𩆘，伯碩父鼎作𩆘，史頵鼎作𩆘，叔液鼎作𩆘。《考古圖》周姜敢二器，一作𩆘，一作𩆘，遲父鐘作𩆘，伯炙頵盤作𩆘，然則此字當是從單從𣃉，𣃉亦聲，且即𣃉之古文。𣃉建於車，故從單，而諸銘則借聲爲祈字也。知然者，《說文》：祈，求福也。伯碩父鼎銘：用蘄匃百祿眉壽，蘄匃連言，明乎借蘄爲祈也。雖公緘鼎銘：用气眉壽亦可證。而齊侯鎛鐘、齊侯鐘皆云：用𣃉眉壽，𣃉即𣃉也。師器父鼎作𣃉，尤爲明白。帛縊彝作𣃉，則斤用反文也。蘄、𣃉均借爲祈，以其同從斤聲也，即可以徵𣃉爲蘄之省文也。諸銘中從𣃉、𣃉者，即《說文》𣃉字，從𣃉者，即《說文》旅古文𣃉之上半，鐘鼎旅字固作𣃉也，其從𣃉、𣃉者，即訛爲從艸之緣起矣！至所從之單字，有𤰞、𤰞、單、𤰞四體，或從全車，或省上，或省下，或上下俱省，然則《說文》所收單字，第存其省上者耳。單字見於春秋者，姓也；見於詩者，蓋兵車也，當爲本義，惜失傳矣！《穆天子傳》：天子乃周姑繇之水以圜喪車，是曰圜單，圜單字，郭未注。案：圜者，明也，指水而言；單者，車也，指喪車言，猶之璧雝泮宮，其名皆取義於水也。此殆呼車爲單之明證乎！〔註506〕

八部余下云，舍省聲。案：《筠清館》周居後彝𠁥、𠁥兩見，是舍從余聲。鐘鼎余字作𠁥者甚多，是作舍仍從余聲也。舍從口，雖與《說文》

〔註505〕關於「偏旁分析法」，論者有唐蘭〈偏旁的分析〉，見《古文字學導論》下編 22～31 頁（181～199）；高明〈偏旁分析法〉，見《中國古文字學通論》193 頁；龍師宇純《中國文字學》244～275 頁〈論偏旁之分析與利用〉最爲周詳明確，可併參看。
〔註506〕見《釋例》卷十五頁 8～10 蘄字下。餘於《文字蒙求》卷三頁 129 單字下及《釋例補正》卷十五頁 1 中皆於「單」之形義有所補充說明。又《釋例》卷十一頁 2。

> 從口異，然鐘鼎從甘者多作口，則此亦不足爲異。〔註507〕
>
> 鐘鼎文釁字作[glyph]，借釁爲眉，則作[glyph]，其廾即𠬞也，緣是象形，故多少任意，惟百是百字，是自鼻字，未有從酉者，又[glyph]從皿，蓋本從血而刻訛耳。〔註508〕

觀此三例中，分析合體字旟，從㫃、從㫃、從單三獨體形構著手；解析合體字舍，則從余、從口著墨；分解釁字，自上而下，而廾、而百、自，而皿，皆次第井然，剖析周全。

唯方法之應用雖精當縝密，然結果則有得有失。其論「舍」字，能獨排眾議，捨段、桂「從亼屮口，屮象屋也，口象築也」〔註509〕之說，援據金文，分析所從形構，始倡從口、余聲，說實不可易〔註510〕；至論「旟」字形義流變與假借用法，亦通達有見，唯以「單」爲「車」，比附小說傳注，則有未安〔註511〕。而論「釁」字，仍承舊誤，泥於釁字解說，不能別開生面，更端悟解，致失「象兩手持皿沬面之形」〔註512〕頮之本字義，實傳統桎梏之難以脫卸處，亦分析形構之欲超越處也。

2. 即於此合體字分析個中部分之獨體或偏旁

所謂「即於此合體字分析個中部分之獨體或偏旁」者，蓋取金文中之一合體字，即此字作分析，僅證成部分獨體或偏旁之形義者，此類王筠應用極夥，俯拾皆是，如取「祖」以明「示」〔註513〕，取「攴」以明「卜」〔註514〕，取「𩁹」以明「𠨍」〔註515〕，取「趩」以明「異」〔註516〕，取「䭫」以明「旨」〔註517〕，取「父」以明「丨」〔註518〕，取「穡」以明「㐭」〔註519〕，取「鄉」以明「邑」〔註520〕，取

〔註507〕《釋例補正》卷十五頁2～3。

〔註508〕見《釋例》卷十一頁4。

〔註509〕見《說文詁林》（四）144頁舍字下。

〔註510〕詳見李孝定《金文詁林讀後記》207頁舍字條下。

〔註511〕按：單、干、盾爲一字說，詳見楊樹達《積微居小學述林》95～96頁。並李孝定《金文詁林讀後記》5頁祈字下。徐仲舒〈金文嘏辭釋例〉，載《上古史論》86～92頁。唯三字於形、音、義略有差隔，似未能遽定爲一字也。

〔註512〕詳見李孝定〈釋「釁」與「沬」〉一文，載《漢字的起源與演變論叢》附錄267～283頁。

〔註513〕見《繫校》卷一頁1（8）示字下。

〔註514〕《釋例》卷九頁20～21攴字下；《釋例補正》卷十三頁1。

〔註515〕見《釋例》卷十一頁4～5；《句讀》卷七頁11（446）；《文字蒙求》卷一頁29～30𠨍字下。

〔註516〕見《釋例補正》卷八頁6巫字下。

〔註517〕《句讀》卷九頁24（643）旨字下。

〔註518〕見《釋例補正》卷十一頁1。

〔註519〕見《釋例補正》卷十四頁1。

「䪶」以明「首」〔註521〕，取「獄」以明「狀」〔註522〕，取「肇」以明「戶」〔註523〕，取「門」以明「戶」〔註524〕，取「肇」以明「聿」〔註525〕，取「姬」以明「臣」〔註526〕，取「簠」以明「匸」〔註527〕，取「語」以明「五」〔註528〕，取「保」以明「呆」〔註529〕，取「鼇」以明「丞」〔註530〕，取「君」以明「尹」〔註531〕，取「龢」以明「龠」〔註532〕，取「叙」以明「甘」〔註533〕，取「鼏」以明「卓」〔註534〕，取「禮」以明「豆」〔註535〕，取「差」以明「丞」〔註536〕，取「年」以明「禾」〔註537〕，取「穆」以明「嵩」〔註538〕，取「廟」以明「朝」明「卓」〔註539〕，取「義」以明「我」〔註540〕，取「🐾」以明「干」者〔註541〕，以至於受議遭譏之走字、起字、哭字從「犬」不從「犬」之說〔註542〕，無不是分析法之應用也。茲取個中數例以徵之，曰：

> 從異之字，戴之籀文🐾，亦向外，飴之籀文🐾，則向內（春按：殆指屮、州兩手而言）。平安館趩彝，偏旁作🐾，積古齋虢叔鐘作🐾，筠清館作🐾，我所得搨本則作🐾，一人之器，文句並同，而篆法不同。

> 臣當作🐾，左之圓者，頤也。右之突者，煩旁之高起者也。中一筆

〔註520〕見《釋例補正》卷十一頁1。
〔註521〕見《釋例》卷十三頁35～36。
〔註522〕見《釋例》卷十四頁30。
〔註523〕見《釋例》卷二頁25～26。
〔註524〕見《釋例補正》卷二頁2。
〔註525〕見《釋例》卷七頁26～27。
〔註526〕見《釋例》卷二頁6；《釋例補正》卷二頁1。
〔註527〕《釋例補正》卷二頁2。
〔註528〕見《釋例》卷十三頁395下。
〔註529〕見《句讀》卷二十八頁19（2173）孟字古文㝬下。
〔註530〕見《釋例補正》卷八頁2。
〔註531〕見《釋例》卷六頁4～5。
〔註532〕見《句讀》卷三十頁2附《部校》（2252）。
〔註533〕見《釋例》卷三頁4～5；卷十四頁48；《釋例補正》卷十四頁3；《肊說》55頁。
〔註534〕見《釋例》卷十六頁17～18。
〔註535〕見《句讀》卷九頁27（649）豆字下。
〔註536〕見《釋例補正》卷一頁1；《句讀》卷十二頁5（841）㕚字下；卷二十五頁27（1948）絭字下。
〔註537〕見《句讀》卷十三頁26（961～962）禾字下。
〔註538〕見《釋例補正》卷八頁2。
〔註539〕見《釋例補正》卷三頁1。
〔註540〕見《句讀》卷二十四頁32（1862）義字下。
〔註541〕見《釋例》卷二十頁10～11 杆字下。
〔註542〕見《古文字學新論》386頁。

則臣上之紋，狀如新月，俗呼爲酒窩，紋深者大戶也，段氏乃欲橫觀之乎〔註543〕？積古齋叔臣爵作🔯，轉而向左耳，是書所有姬字，遣小子敦作🔯、陳侯敦作🔯，姬鋌母鬲二，一作🔯，一作🔯，🔯、🔯、🔯、🔯，皆臣之異文也。皆向右。

　　平安館晉姬鬲姬作🔯。

　　釐字，積古齋師酉敦一蓋兩器，皆作🔯，史伯碩父鼎作🔯，🔯蓋🔯之變，即《說文》來字，然則🔯亦當是來字，許君以爲從未，或誤。

觀此三例中，由「趧」而分析出偏旁「異」，由數器篆法之不同而互觀其結體之異，進而疑及《說文》訓「異」爲分，「從廾從畀」之說，以「金文異字作🔯者，不知所從何字，作🔯、🔯者，從田明白，又似非從畀也。」〔註544〕唯睹初形，然未明「人首戴物」之本義〔註545〕，雖疑，而未達乎一間也〔註546〕；至論「臣」字，雖能由姬離析出偏旁臣，其初形既明，然本義則未可遽定，王氏株守許說，不能別有發明，是諞諞之言，亦無由以發矣！末論「釐」字，分析上體所從🔯、🔯，與許君「從未」之形乖違，疑《說文》或誤〔註547〕，然以🔯即《說文》來字〔註548〕，則未若釋「麥之象形」——來，於義較切〔註549〕。然審其於合體字中分析部分之獨體或偏旁，步步爲營，絕不輕忽，略舉三例，以窺其一斑，其餘精義尚多，然不遑枚舉矣！

3. 即此合體字參稽他字分析共有部分之獨體或偏旁

　　所謂「即此合體字參稽他字分析共有部分之獨體或偏旁」者，乃取一合體字爲主，復取他字之或一或二或三者爲輔，用以分析其共有部分之獨體或偏旁，而證其形義者，其方法較 2. 類纂詳，證據力更堅實，其可得而知者，若取「霸」、「勒」以

〔註543〕按：段氏以「臣者，古文頤也。」並以「此文當橫視之，橫視之，則口上、口下、口中之形俱見矣！」詳《說文詁林》（九）十二上臣部臣字下 1111 頁。

〔註544〕見《釋例補正》卷十四頁 1。

〔註545〕見李孝定《甲骨文字集釋》卷三頁 803。

〔註546〕關於「異」字之系統字義，可參看劉文清《系統字義研究》151～159 頁〈異字組〉下。

〔註547〕按：觀林義光、郭沫若、高鴻縉諸氏之說亦不出許說範圍，僅于省吾以臣象篚形爲異耳，是臣之初形本義若何，尚不能究詰。諸說詳見《金文詁林》卷十二頁 106（6600～6601）臣字下；《金文詁林讀後記》402 頁。

〔註548〕按：郭沫若於〈釋支干〉一文中釋未，亦以釐字所從爲來，本義爲穗，未與采同，其由文字偏旁之混用訛亂而強爲通合，龍師宇純已詳辨之於《中國文字學》244～246 頁中。郭說見《甲骨文字研究》29（207）頁。其識未若王筠之分🔯、未爲二也。

〔註549〕按：釐字從攴、里聲，犛字左上從來，乃麥之象形，字爲穫麥之象，故引申之義爲福。說見《金文詁林讀後記》452 頁。

證「革」〔註550〕；取「䶄」、「𢶍」、「𩌛」以證「𦧱」〔註551〕；取「向」、「寶」以證「宀」〔註552〕；取「洹」、「宣」以證「亘」〔註553〕；取「饗」、「雝」以證「𦥑」、「𠮛」〔註554〕；取「獻」、「猷」以證「犬」〔註555〕；取「紹」、「𤔲」以證「系」〔註556〕；取「𨟍」、「邛」、「墾」以證「邑」〔註557〕；取「都」、「諸」以證「米」〔註558〕等，茲舉數例以窺其底蘊，其說云：

> 鐘鼎文「霸」、「勒」二字皆從「革」，今檢得頌鼎𦟛，頌壺𦟛，吳彝𦟛，頌敦𦟛、𦟛，師酉敦𦟛，尢簋𦟛，其與小篆異者，姑無論；同者則如大徐，不如小徐，惟足、尾則無不曲者，足似不宜曲，尾之曲也，既死之物，不能條直也。

> 《博古圖》有䩵、䩵兩體，《積古齋》康鼎作䩵，頌壺勒字從革，則知是省𦥑爲凵也。〔註559〕

> 宀當作仈，乃一極兩宇，兩牆之形也。古、籀文之從冂、冂者，乃斷仈爲冂，又連冂爲冂也，直成莫狄切之冂矣！說解云交覆者，對广祇一牆而言，而广亦當作仈。惟宀字是，《玉篇》冢，冩二字無首筆，餘古文皆從宀，知時誤者尚少，當一切改之。積古齋諸鼎銘，寶字多從冂，大壺、叔臣爵、𥸸伯彝、吳禾彝、臣彝，寶字皆從仈，向彝仚字同，尤象屋形。

> 亘下補籀文𡎣〇垣之籀文𡑭，（大徐如此，小徐從亘，汲古依之刊改，非也。）說曰籀文垣從𡎣，不爲𡎣作解者，承垣下云亘聲來也。小篆作亘，省其半耳。許君說亘曰從回，似誤，而校者又加注曰：回，古文回，則尤誤也。回象淵水及雷聲，祇向一面旋轉。亘，求亘也，展轉回環，上下求之，故象其兩面旋轉而作𡎣，指事之法，甚顯明也。魏三體石經遺字，桓之古文作𪠉，右半是㠯，仍是亘字，迻二於中，而㠯之兩向者，變爲㠯之一向耳。《玉篇》宣有古文𡨈，足知當作𡨈，但《說文》無從𡎣之字，故不破例補之，《博古圖》晉姜鼎宣作𡨈。

〔註550〕見《釋例補正》卷十五頁3；又《釋例》卷十五頁32～33革下。

〔註551〕見《釋例》卷十四頁34～35䶄下；《句讀》卷二十頁10～11（1466～1467）𩌛字下。

〔註552〕見《釋例》卷十四頁27宀下。

〔註553〕見《釋例補正》卷十頁1；《釋例》卷十頁10宣下；又卷十三頁38～39亘下。

〔註554〕見《句讀》卷十四頁11（1021）宮字下。

〔註555〕見《釋例》卷二頁14～15犬下；《句讀》卷十九頁19（1390）犬字下。

〔註556〕見《釋例補正》卷五頁2齊侯墾下。

〔註557〕見《釋例補正》卷十一頁1《筠清館》下。

〔註558〕見《釋例》卷十三頁33旅下。

〔註559〕按：其論之詳，則見《釋例》卷十五頁32～33。謂「革」字通體象形也。

　　○《博古圖》晉姜鼎作□，其□向右，魏三體石經□亦然，又迻二于中，《考古圖》有□、□二形，皆向左，又省二，其文則謂宣王之廟也。春秋宣十六年，成周宣榭火，公、穀皆以爲宣王之廟，左氏不說，注：宣榭，講武屋。疏引服虔曰：宣揚威武之處。設依此爲說，亦勝宣室也。〔註560〕

　　○《筠清館》齊侯罍二器，洹字屢見，作□、□二形。

觀此三例中，「革」字取「霸」、「勒」二字所從者以見形體之異，進而推繢字是「通體象形」，唯以牛革說之〔註561〕，似嫌狹隘，不夠恢闊耳〔註562〕。是刺取霸、勒二合體字參稽，分析共有之「革」字形構者也。至論「宀」字形構之流變，回溯其初形，乃援據合體字「寶」、「向」所從，以證宀之象屋形，實確鑿不移。甲骨文宀字皆作□、□二形〔註563〕，《金文編》中無「宀」字，唯收錄家、宅、室、宣、向、宇、豐、奠、康、盦、定、安、宴、親、富、實、寶、宦、宰、守、寵、宥、宜、宵、宿、寢、宄、寡……至宀字凡八十四字中，亦以此二形爲多數，或作□、□〔註564〕、□〔註565〕、□、□〔註566〕，疑與居室建築之差異有關〔註567〕。既採擷合體字「宣」、「洹」二字所從，以證「亘」字金文之形構，殆象展轉回環，上下求之，兩面旋迴形。唯金文作一向，並左右不分。筠時諸器未俱出，取用不廣，兼契文沈埋，尚無以窺，能得此推論，誠屬不易。唯契文亘作□、□、□，金文作□者，乃由□形增繁，取其茂美，非由□省作□也〔註568〕，況金文中亦有不增繁者若趞佂鼎之趞作□、父丁鼎作□、瘐鐘作□，禹鼎作□，牆盤作□，史趞簋作□〔註569〕，所從亘字與契文同。曾侯乙鐘、亘鐘作□〔註570〕，已經繁變，其繁者皆向右，□則大抵向左或向下〔註571〕，與王筠所見略異耳〔註572〕。然王氏能取數字

〔註560〕按：《釋例》卷十頁10以「宣下云，天子宣室也。說殊偏枯。」王筠則以左氏注疏之說似勝許說也。

〔註561〕說見《釋例》卷十五頁32革下。

〔註562〕詳見邱德修《說文解字古文釋形考述》315～321頁。

〔註563〕參見《甲骨文字集釋》卷七頁2427～2458所收之宀、家、宅、室、宣、向、寧、定、安、寶、宦、宰諸字宀形可知。

〔註564〕按：不毀簋二「宅」字作□，見《金文編》卷七頁532。

〔註565〕按：邾公釛鐘「宄」字作□，見《金文編》卷七頁529。

〔註566〕按：見守觚、冊守父乙觚「守」字，見《金文編》卷七頁526。

〔註567〕按：見陳夢家《卜辭綜述》479～480頁。關於古人居處之所與文字之關係，可參見許進雄《中國古代社會》第十一章居住237～272頁。

〔註568〕詳見李孝定《甲骨文字集釋》卷十三頁3973亘字下。

〔註569〕參見《金文編》卷二頁82～83趞字下。

〔註570〕見《金文編》卷一三頁881亘字下。

〔註571〕見《金文編》卷二頁82～83趞字下；卷七頁513宣字下；卷一三頁881亘字下；

金文之合體字以分析共有部分之獨體或偏旁者，於此可知矣！

4. 匯合相關字組分析共有之偏旁或部分形體

所謂「匯合相關字組分析共有之偏旁或部分形體」者，乃采相關涉之數字，其字非必合體字，非必偏旁所從相同，唯其字形或字義有所交集關係可資株連，是取以成一相關字組，用以分析其共有之偏旁或部分之形體，而此「部分形體」非必成文，非必單體，或僅是構成單體之一小部分而已。其例如：

　　高下補古文高〇據築之古文重，又從夏、禹者，亦作夏、禹。《博古圖》有福、禹字，可據也。又京、高、高三字，在《說文》無異體，而《博古圖》京作余、余，高作倉、倉、倉，高作高，亦可緣前三字一例補之。〔註573〕

　　《說文》含、高、高三字上半同，禹字上半則異，從畐之夏尚同，從夏之復、腹則異，猶可曰傳寫之訛。從畐之福，上半同高，鐘鼎文福作福、福，高作禹、禹者，上畫正平與畐同。且下體從羊，與小篆象形者不同。其作禹、禹者，羊、羊蓋皆羊之省，非音餘之羊也。《五經文字》禹部曰：《說文》作禹，經典相承隸省作禹。似未知其本出金文也。《九經字樣》、《孟子音義》亦作禹。又出彌字而說之曰：非從弓。甚精確，蓋因單某謂粥為雙弓米而作此言。從亯之章，篆文作章，金文反作章，豈本是秦器，著錄家誤以爲周邪？智鼎有得、復二字，皆釋爲復。案：下字蓋有剝蝕，似當作復。憶某書以倉爲高字，又以爲城郭之郭，則是章部說所謂或但從口也。然此作高，上半與畐同，又未可定以爲章字。繹山碑高字，猶與鐘鼎近。復字所從之禹，介乎篆、古之間，得字之禹，上半與鐘鼎同。上畫之平，又與《說文》復、腹同，即與《說文》畐字不同。又下半作爭，是碑復字從爭，無上直筆，疑是攴字。乃是碑數字，從攵明白。夫李斯小篆之祖，而所書多同鐘鼎，不同《說文》，即曰六朝時尚以書扁爲賤役，李斯爲丞相，未必手自揮毫，而程邈亦助之作小篆，則當時本非一家，傳四百年而至許君，亦不必盡無改易。然其異文，不容泯沒，今以高、禹、畐爲正，即是宗《說文》；而以高、禹、畐爲俗，則殊不然也。〔註574〕

卷一三頁 884 垣字下。

〔註572〕按：許進雄以考古人類學之角度印證文字，認爲「甲骨文的宣字作屋子裡有回旋紋圖案的裝飾狀。其圖案想是雕在木柱或繪畫於壁上。有這種裝飾的房子不是大眾所能享受的，只有宗廟或高級貴族才可能有。」是宣字「象屋子有回旋圖案雕刻或壁畫的裝飾，用以顯示華麗之意。」見《中國古代社會》249、260 頁。

〔註573〕見《釋例》卷十三頁 30。

〔註574〕見《蛾術編》卷下頁 6～7。

广下云，因广爲屋。段氏改广爲厂，是也。余初治《說文》時，固見及此，广、广、厂三部之相連，即以此也。然許君誤矣，广當與宀相次耳，厂爲崖巖，山厓之下陜直而上橫出者是也。广當依古文◨字作𠆢，乃堂皇之形，一面有牆；宀當作𠆢，則兩面有牆，實則广以一牆見其三面，宀以兩牆見其四面，而中高者爲棟極，左右殺者爲兩宇，則广、宀同也，故宀部古文有從𠆢者，寫者斷之也。有從𠆢者，寫者卑棟，遂同宀也。段氏一切改之（惟冡、㞕、忍未改），豈闕疑之道乎？師奎鼎𡧖、𡩜，鼏彝𡩻，師寰敦𡩍，又金刻寶字從𠆢者，不可枚舉，朱仲子尊寶字從𠆢，尤象屋形，于斯父簠但從𠆢，則有棟宇而無牆，又舿字，頌鼎作𩚐，從宀也，頌壺作𩚐，從广之反文也。是尤宀、广同義之證矣！〔註575〕

（凵下云，張口也，象形。夫張口乃事也，祇有下脣者，人之張口，下脣獨奢也。口字象形，凵則省口以指事。）《筠清館》格伯敦有𠔁字，釋作谷。印林校語曰：口，諸本皆作凵（謂《積古齋》、《瀛海筆談》、錢氏《款識》、朱彥甫搨本，皆有此銘也）。《說文》泉出通川爲谷，從水半見出于口。據此銘，口當作凵、凵、張口也。檢九千字，形聲均無從凵者，惟谷從之而又變作口，幾不知此凵字究何用矣！筠案：齒字下，但云象口齒之形，然當是從凵，〰則象齒形，一則上下齒中閒之虛縫，不能上齒在上脣上也。況古文𦥑從凵明白，不能以許君未言，遂謂無從凵之字也。然吾意凵祇是凵字變體，許君誤分爲二，而羣書承之。積古齋所收簠銘作𠥓、𠥓、𠥓（蓋即《說文》医字）、𥬔諸體，筠清館多同，惟郘大宰簠作𠥓，大嗣工嗣簠作𠥓，𠃖、𠃝皆古字（吳氏因其從古而釋之爲瑚，非）。積古齋禽彝𠤱，釋爲周，《清愛堂款識》兮中鐘喜作𠚤，皆凵爲口之明證，且筠清館格伯敦，格伯字，蓋器凡八見，器之第四格字作𥝌，以本器證本器，則𥝌之∨是口字；𠔁之∨亦定是口字矣！若謂器有剝蝕，則𠃝、𠚤二字，甚分明也，惟是𠃝、𠚤、𠔁、𠚤，共口上有所承，乃作此形，若口字在上體者，則祇有凵、○二形矣，是知凵字不能獨立成字，《玉篇》、《分毫字樣》有台台（注云：下羊支切，我也。案：經仍作台）。否㐬（似當作否，原注云：下符鄙切，屯㐬，案：《易・否卦》從口），言言（注云：上去偃反，下語偃反，並脣破兒），三耦殆亦凵字之比（《廣韻》七之不收台，五旨不收㐬，廿阮收言、言，云，言言，脣急兒，則是連語，《玉篇》言部說同《廣韻》（蓋《分毫字樣》破

字訛也))。《廣韻》（收）凵字於五十五范，云張口皃，邱犯切。五十一忝又收屳字，云張口，明忝切，又凶犯切，凶蓋邱之訛，是凵尚有重文屳也（師酉敦濾字之去作合，亦可爲旁證）。〔註576〕

觀所舉三例中，首例論「福、鬲、復」諸合體字於金文中體之上半作冃，與「京、言、高、臺」諸字上半作合有別，並據之以補《說文》古文，且以「高、鬲、畐」諸字非俗乃古也，審諸字於金文之形構〔註577〕，則知王氏於取捨之間，頗有分寸，知所別擇，至所分析，亦確鑿有信，唯以鐘鼎鬲字下體從羊，與小篆象形者不同，則非也。次論「广」、「宀」形旁同義通用，以一人作器，舘或從宀，或從广爲證，並與「室、官、宗、袁、寶」諸字偏旁所從參核分析，以見其偏旁之應用寬泛無別，洵能得其情實〔註578〕。後論「凵」字祇是「口」字之變體，離析「匝」字之「古」、「格」字之「各」，並與「周」、「喜」、「谷」參證，從同別異，詳加辨析，觀甲骨文中，各字作各，或作各（《乙》‧四七八）〔註579〕，金文中吉字作吉，或作吉（者旨啟盤）〔註580〕，商字作商，或作商（取虘匜）〔註581〕，與王氏所稽析者正合〔註582〕，並無獨立成字者，是王氏所論，衡諸金文，誠通達精確矣！

餘存一類，純取金文之獨體或不成文之形構，用證合體之部分字形者，雖非分析法之應用，其意殆即先就此合體字分析之，故亟欲尋求證據，以資證成發明，就王筠援據金文之部分觀之，若取「聿」以證「肅」〔註583〕，取「卩」以證「肅」〔註584〕，取「乂」以證「皀」〔註585〕，取「᪊」以證「禼」〔註586〕，取「日」以證

〔註576〕 按：文見《釋例補正》卷一頁 3；又《肊說》（33～34）頁。文大同，唯（ ）處乃《肊說》所無者。

〔註577〕 見《金文編》卷一頁 8～9 福字；卷三頁 170～173 鬲字；卷二頁 111「復」字；卷五頁 376～377 京字；卷五頁 377～379 言字；卷五頁 374 高字；卷五頁 380 臺字；及卷五頁 375 臺字（臺），諸字或形構繁變，大抵作「冃」、「合」之上體則雷同。

〔註578〕 按：此例鉅多，不復觀縷，高明〈古體漢字義近形旁通用例〉43～44 頁，載《中國語文研究》第四期，嘗論及之，並舉古代文獻中宅庇、寓廔、宇序以證，可參看。

〔註579〕 見《甲骨文字集釋》卷二頁 399 各字下。

〔註580〕 見《金文編》卷二頁 70 吉字下。

〔註581〕 見《金文編》卷三頁 131 商字下。

〔註582〕 按：匝字率皆從古，從圭者除王筠所舉者外，又見召弔山父匝（《金文編》卷一二頁 846 匝字下）：谷字（啟卣、啟尊）皆作谷（《金文編》卷一一頁 749 谷字下），唯格伯簋作公：格字作格、格、格皆有，格伯簋八字中，五字作格，三字作格（《金文編》卷六頁 395 格字下），唯周字、喜字則未見作ˇ者。

〔註583〕 見《釋例》卷八頁 23～24。

〔註584〕 見《句讀》卷六頁 16（393～394）肅字下。

〔註585〕 見《釋例》卷十三頁 28～29 巿字下。

〔註586〕 見《句讀》卷八頁 5～6（522～523）禼字下。

「皀」〔註587〕，取「日」以證「曇」〔註588〕，取「⊗」以證「叕」〔註589〕，取「戶」以證「門」〔註590〕，取「民」以證「闅」〔註591〕，取「女」以證「妘」〔註592〕，取「公」以證「訟」〔註593〕，取「氺」以證「者」〔註594〕，取「于」以證「爰」〔註595〕，取「卪」以證「笏」〔註596〕，取「畐」以證「副」〔註597〕，取「甲（十）」以證「卓」〔註598〕，取「示」以證「禩」〔註599〕，大抵是純粹徵引，較少分肌擘理，闡揚發明處，故不具論云！

以上所述，乃王筠援據金文以證成文字形義用法時，擷取分析法而用之，約撮其清晰可及之大耑者，洵體類分明，得其條理精髓，而能究文字形義用法之底蘊者也。

（五）綜合法

夫綜合法，本是將紛雜繁沓之事物要素或概念內容，結合整理之，使成為單一純粹之總體者。其移諸文字之考訂上，乃藉由文字之縱線演化，掌握各時代書體之因襲訛變關係，並結合諸文例、諸構形同意類字、諸種輔證素材，合參併觀，綜合研究，而得其淵源表徵，枝脈流動之方法也。觀王筠應用金文以考訂文字本源流變時，亦往往援藉取徵，茲舉數例以證，如：

> 許君既列人部，而又別出儿部，且的指之曰古文奇字人；既列大部，而又別出介部，且的指之曰籀文大改古文，則實有是字，非出於杜撰也明矣！然人字，鐘鼎偏旁率作ㄟ，此蓋側身之象，上有首，下有足，肱則為身所掩映，故不別作也。儿則判然為兩，無此人形矣。大蓋正立之象，有首有肱有胸有腹有股，介則以股繼肱之下，亦無此人形。且繹山碑六字，不作介，而作亣，所從之八，尚同《說文》。鐘鼎文則作介，與籀文大無別矣！竊疑儿、介二字，許君蓋采自古器偏旁，本非獨立成字也。即以《說文》徵之，

〔註587〕見《釋例》卷十四頁26皀字下。

〔註588〕見《釋例》卷十七頁21～23晶部曇下。

〔註589〕見《釋例》卷十一頁9～10叕下。

〔註590〕見《句讀》卷二十三頁7（1726）門字下。《繫校》卷二十三頁2（309）門下。

〔註591〕見《繫校》卷二十三頁2（310）闅字下。

〔註592〕見《句讀》卷二十四頁2（1806）妘字下。

〔註593〕見《釋例》卷十四頁21；《句讀》卷三頁22（337）訟字下。

〔註594〕見《句讀》卷七頁13（449）者字下。

〔註595〕見《句讀》卷八頁5（522）爰字下。

〔註596〕見《句讀》卷八頁26（564）笏字下。

〔註597〕見《句讀》卷八頁30（571）副字下。

〔註598〕見《釋例》卷六頁29。

〔註599〕見《句讀》卷十七頁26（1276）禩字下。

人部中字，偏旁在左者多，在上在右者少，在下者敚、僰兩字而已；儿部中字，無不在下也，其後從儿之十二部，無不在下也，況、兄、兒皆人之名，上體皆別作頭形，而以儿爲之足也。大部字十七，惟契字大在下，餘皆在上，從大之赤、壺、夲、奢、本、亣六部，亦在上；亣部七字皆在下，從亣之夫亦在下，惟立在上，而鐘鼎作立，仍從大也。宗周鐘𦉢字所從之二人，左合而右分，惟此足爲《説文》證。是鐘光字亦從儿；楚良臣余義鐘兄作兄，兒字兩見，一作兒，一作兒；鐘鼎𩕄首字，所從之𩑋即頁也。從儿者六器，亣部之奚，商庚爵作奚，㬎則㬎彝作㬎，均不從亣也。且豈惟鐘鼎足據哉，即《説文》亦初不一律也。儿部收兀、兒、允、兑、充五字，其後繼之以兄、兂、皃、𠑹、先、禿、見、覞、欠、㱃、次、頁十二部，皆從儿者也。他部從兀之字五，從儿者三，其展轉從元從完之字凡二十三，無不從儿也。從兒之字十七，其從儿者十一；從允之字十三，從儿者九，從充之字一，從兄之字二，皆從儿。兂部，各本皆從儿，相其筆勢，亦必不可從儿，展轉從兓、從朁之字凡十三，並同。從皃者，𠑹部之兜也，固從儿矣。從兜之字一，即從儿。先部從儿，兟即從儿，其從先之字九，並從儿。見部部首即從儿，部內同。覞部及部內亦同。他部從見者十一字，從儿者二。欠部六十五字，從儿者三，他部從欠者二。則從儿，㱃、次二部皆從欠者也，其文凡七，而從儿者六。頁部字皆從儿，從顛者同，從頁及展轉從𢘅、從憂之字凡九，皆變爲頁，猶之允及從允之字六，其五從儿，其夋及展轉從夋及俊、陵、酸之字凡十，九皆以部位配合，涉筆之變，不足異也。《説文》從大之字，及展轉從奎、達之字二十五。從亣者惟夫、立、竝三部，他部無一從之者。從夫之字九，及展轉從規、扶、輦之字六，而從夫者八，夢英亦作夫。從立之字十二，從竝之字一，從立者三耳。繹山碑及夢英皆作立，且繹山大夫作夫二，是夫亦可讀爲大。又是碑之夭變而作夭，此從大之字改爲從亣也，而《説文》中只有改亣爲大者，初無改大爲亣者，猶之祇有改儿爲人者，初無改人爲儿者也。雖許君創始，分人儿大亣爲四部，而各部之後，皆有以類相從之部，當必分別劃然，斷無儿部之後，忽而從人、亣部之後，忽而從大，且同此一字，展轉相從，亦必不當歧出，皆寫者之過，然何厚於人大，何薄於儿亣哉，設以儿示人曰，人固有此中分爲兩之形也，愚人亦必譁然不信也，即此足知其厚薄之故矣！〔註600〕

〔註600〕《釋例補正》卷十八頁1～3。

（□，籀文大，改古文。亦象人形。凡大之屬皆從大。）案：六字，鐘鼎文皆作□，秦器猶然，新莽權乃有□字，蓋漢人改之以與□字相避也。《筠清館》周父癸角，□即癸字，平安館□彝作□，又金文立、位二字皆作□，均從□而不從□，惟從□之□，繹山碑同，又是小篆而非籀文也。〔註601〕

　　竊疑庀字，不但非古籀文所無，即李斯初定之小篆，亦未必有也。許君《說文》成于漢和帝十二年，距秦始皇元年，凡三百一十七年矣。流傳既久，安能無所增加。庀字不見經典，漢賦亦無用者，蓋本無此字。案：彝器款識虎字作□、□、□、□、□、□、□者，此小篆□字、楷書虎字之所由來也。作□、□、□者，此石鼓□字、楷書席字之所由來也。然皆牽連書之，未嘗斷爲上下兩體。即繹山碑號字兩見，所從之□仍是款識之□。獻字所從之□，雖異於號字所從，仍是□之小變，初非庀也。且《說文》從庀之字之見款識者，虒作□，盧作□及□，甗作□，皆□之小變，惟虔作□及□，戲作□，則直從庀矣，要是偶然省之耳。即庀自爲字之後，其音爲荒烏切，與虎呼古切雙聲而兼疊韻，亦可證其非兩字。即如老部中字，率從老省，而壽、考、孝三字見款識者，省者固多，然作□、□、□者，亦時時遇之，固不省也。即既省而仍謂之從老省，則虎省爲庀，亦謂之從虎省可也（所舉款識中字皆出《積古齋》、《筠清館》兩書）。〔註602〕

　　有由象形字省之，仍是象形者，虎本全體象形，庀字省之，仍象虎文，蓋虎皮固無損也，儿在內，庀在外，去其在內者，猶去骨肉而存皮也。許君謂虎從庀，說頗倒置。○案：虎字見於金刻者，積古齋吳彝作□，師西敦作□，皆純形也。其與小篆近者，虢叔尊作□，虢姜敦作□，是也，然不斷爲兩體。繹山碑號字所從之□亦然。范氏天乙閣所藏石鼓文，其字作□，此籀文也，俗書席字之鼻祖也。諸體惟□可斷，而又不從人，蓋小篆整齊之，始似人字，許君分上半爲庀，乃分下半爲人，蓋誤。竊謂盧、虒等字，祇是從虎省。虔下云：虎足反爪人也，疑是□字之□向左，□之□向右，故云反爪，乃變文以見意也。〔註603〕

　　申下補古文□。○申之古文作□，大徐本四篇玄之古文亦然，誤也。

〔註601〕見《句讀》卷二十頁12（1469～1470）□字下。

〔註602〕見《釋例補正》卷十六頁4。

〔註603〕見《釋例》卷二頁28～29。

五音韻譜本、朱竹君、顧千里兩小徐本，玄之古文作🔲，《玉篇》🔲作串，🔲作🔲，亦可證。案🔲下當再補古文🔲，陳虹之古文所從者是也。段氏以《說文》無從🔲者，遂改為🔲，體既小誤，🔲又不可刪也，知者，積古齋天錫簠🔲從🔲，又伯申鼎作🔲，庚申父丁角作🔲，與石鼓文合，皆當是別體。喜禮尊🔲，釋為神保是享，從🔲矣。甲午簠🔲，釋為吉蠲明神、神鑒是德，蓋一句中重文，則作二於側，此則兩句也，故變其體，而🔲、🔲之為兩體明矣。至於玄之古文🔲，周公鄂鐘玄鏐，頌鼎玄衣，張仲簠其玄其黃，字並作🔲，惟與糸之古文🔲相似，周公望鐘玄鏐、吳彝玄袞，無專鼎、頌壺、頌敦、寰盤四器之玄衣，字並作🔲，則🔲之省也。又與幺之篆文相似。〔註604〕

禾部穅，大徐篆作🔲，說曰從禾從米庚聲（孫、鮑二本作庚聲），篆是而說解非；小徐篆作🔲，說曰從禾庚聲，篆非而說解是。或體則二徐皆訛作🔲，說曰穅或省作，又與小徐正篆合而大徐則不合。鐘鼎文皆作🔲，繹山碑整齊之而作🔲，漢隸及正書皆作康，是知🔲即米形。《越絕書》曰：厥名有米，覆之以庚，是也。設正從米字，則當入之米部，穅又加禾，義反迂遠，以為或體可也（然本部以秝領朮，米部以氣領餴，他部亦兩例岐出，本不一律）。此用為平康、康樂既久，借義奪正義，乃加禾以別之，惟《爾雅·釋器》：康謂之蠱，正義僅此一見也。且鐘鼎米字，初不作米，史燕簠🔲字，從米從皿賚聲，此簠之古文也。石鼓文糜字亦從🔲，小篆彝字從米，而鐘鼎彝字最多，其作🔲者，上象鳥形，下從収，以三點象米，或作🔲，則以兩點象米，蓋米形只可以點象之，而積點不可以成文，此其所以作🔲，小篆變而連之耳。彝字有所附麗，不患人不知其為米，故以點象之；康字亦有所附麗，而三點兩點不能成文，故作四點，使之左右匹配，猶之🔲字，外象臼形、中象米形，其🔲正與康字同也。且鐘鼎他字，亦有類此者，格伯敦谷字作🔲，以🔲為口，邾太宰簠古字作🔲，禽彝周字作🔲，皆以🔲為口，乃由有所附麗，偶然變形，竝非🔲是古米字，🔲、🔲是古口字也。特《說文》此例甚少，後人眛焉，遂改為🔲，小徐又改正文，此重紕貤謬也。今當改復之曰🔲，穀之皮也，從禾，從古文康，🔲，古文穅，下象米形，庚聲。〔註605〕

〔註604〕見《釋例》卷十三頁40；又參見《句讀》卷二十八頁24～25（2184～2185）中字下。

〔註605〕見《釋例補正》卷十四頁1～2。

觀此數例，解形訓義，展轉旁通，稽徵書體，上溯鐘鼎古籀，秦碑石鼓，下及篆隸莽權，楷正俗書，而文字之本初分化，省訛流變之跡，藉由他類構形同意或偏旁所從大同之類字分析參證，區其類別，並綜括整合，彰顯通則，是乃綜合法之應用也。

　　唯其方法之應用則是，所得結果則未必皆宜。若疑ᕕ、ᕍ二字，援據之金文爲是，而謂「許君蓋采自古器偏旁，本非獨立成字」，推論其采自偏旁，本非獨立成字，則確乎爲一創見〔註606〕。至論虎爲象形及其形構之繁省流變爲是，虍爲虎省，亦信而有徵，唯拘執許說，強爲比附，謂「虍字省之，仍象虎文，蓋虎皮固無損也，儿在內，虍在外，去其在內者，猶去骨肉而存皮也。」知者以凡禽獸之字，但依其花紋構形者，別無他見，虍訓虎文而云象形，亦有違於造字之通例，況審諸字形，固全然不似虎文之象〔註607〕耶？是王筠不加辨解，反爲曲通，實智者千慮之失歟！而其一創通，一因襲，所用之方法當是，唯挾流沙與俱下，所得結論，尚待汰擇去取也。

　　次更端論之，所補「申」之古文「ᘓ」爲是，唯以「ᗷ固是古文」，則非。觀金文中申之形構大抵作ᘓ、ᘔ二形〔註608〕，段氏所改古文「ᘓ」〔註609〕體是小誤。而神字所從申作ᘓ、ᘔ形〔註610〕，知筠所補古文爲是。然據嘉禮尊、甲午簋二器銘詞所釋，證知古文ᗷ、ᘔ二體並存者，考二器他書未見著錄，唯阮元《積古齋鐘鼎彝器款識》收錄耳〔註611〕，並爲趙宋政和禮器，阮氏誤爲戰國時秦所作之器〔註612〕，以故吳大澂《說文古籀補》、丁福保《說文古籀補補》、強運開《說文古籀三補》、容庚《金文編》諸書均未收神字，筠據以證ᗷ者，實爲訛字〔註613〕。是二器既爲宋物，以故如《汗簡》〔註614〕、《古文四聲韻》〔註615〕引《說文》所作之形並同，唯由虹、陳二字之古文例之，可知許君時猶不訛，其訛當在東漢後、北宋前也。至論與玄、

〔註606〕詳見龍師宇純《中國文字學》259 頁云：「王筠曾疑《說文》ᕕ、ᕍ二字『許君蓋採自古器偏旁』。儘管《說文》明言二字前者奇字人，後文籀文大，一爲壁中書，一出《史籀篇》，與古器並無關係；但王氏疑其許君采自文字偏旁，仍可謂能見人之不能見。」

〔註607〕詳見邱德修《說文解字古文釋形考述》567～576 頁。

〔註608〕參見《金文編》卷一四頁 999～1000 頁申字條。

〔註609〕見《說文解字注》十四篇下頁 32（753）申字下。

〔註610〕見《金文編》卷一頁 10 神字條。

〔註611〕見是書卷五頁 4 嘉禮尊，卷九頁 14 甲午簋。

〔註612〕見王永誠《先秦彝銘箸錄考辨》159 頁。

〔註613〕參見邱德修《說文解字古文釋形考述》1026 頁，其說云：「申字象閃電激燿屈柔形，而ᘔ如再趨圓即易訛成ᗷ形，於其中加點，整齊之即可作ᗷ，猶正篆作申形之理；又再受古文玄之雷同，即可作ᗷ矣。」

〔註614〕見《汗簡》下之二頁 81。

〔註615〕見《古文四聲韻》卷一頁 31。

糸之古文，幺之篆文相似，蓋據訛字爲說，亦不過形近雷同而已〔註616〕，於金文則未見相似，是其比類合觀，綜括流變，亦有不盡周全之處！

準此以往，王筠之論「康」、「穅」二字，所用方法雖詳細周備，株連附麗亦穩實完密，鐘鼎秦碑、漢隸正書，靡不勘源溯流，取類比觀，同理以證，次序分明井然，唯泥守穀皮之義，附麗米形，多所引發，唯甲骨文、金文中有康無穅〔註617〕，字非從米，當以樂器取義〔註618〕，至若穀皮之訓，康蟲正義，當以穅爲本字〔註619〕。

是王筠應用金文時，頗能綜合流變，觸類旁通，唯精粹駁雜互見。而其利用綜合法者，由上可窺一斑矣！

第三節　應用金文之目的及其得失

一、前　言

爰自宋人著錄青銅器，使傳摹其文，圖其象，刻諸木石，氊墨傳佈者，究其用心，非徒爲賞鑑撫玩而設，而有意於稽古以爲典要，明其禮制，正其文字，次其世諡，「觀其器，誦其言，形容髣髴，以追三代之遺風，如見其人矣！以意逆志，或探其制作之原，以補經傳之闕亡，正諸儒之謬誤。」〔註620〕亦如趙明誠〈金石錄序〉所謂：

> 詩書以後，君臣行事之跡，悉載於史，雖是非褒貶，出於秉筆者私意，或失其實；然至于善惡大節，有不可誣，而又傳諸既久，理當依據。若夫歲月、地理、官爵、世次，以金石刻考之，其牴牾十常三四。蓋史牒出于後人之手，不能無失；而刻詞當時所立，可信不疑。〔註621〕

則宋人已知據金文以證經訂史，補佚考字〔註622〕，並以其辭乃「當時所立」，可信不疑，是「考古，匪玩物也。」〔註623〕

〔註616〕參見《說文解字古文釋形考述》483～489頁玄字條。
〔註617〕參見《金文編》卷一四頁971康字條。
〔註618〕見郭沫若《甲骨文字研究》〈釋干支〉10頁。
〔註619〕見李孝定《金文詁林讀後記》489頁庚、康二字條下。
〔註620〕見呂大臨《考古圖》記，載《文淵閣四庫全書》八四〇冊（95）頁。
〔註621〕見趙明誠《金石錄》敘，《石刻史料新編》十二頁8799。
〔註622〕如《金石錄》卷十一頁6古器物銘第七〈大夫始鼎銘〉下云：「案云《說文》對字本從口，漢文帝以爲責對而爲言多非誠對，故去其口以從士，今驗茲鼎銘及周以後諸器款識，對字最多，皆無從口者，然則古文、大篆固已不從口矣！又疑李斯變古法作小篆，對字始從口，至文帝後改之耳。然書傳不載，未敢遽以爲然也。」是考其字，信而有徵，復能謹愼毋必者也。
〔註623〕見《考古圖》記古迂陳才子題語頁1（96）。

　　清人賡其餘緒，後出轉精，推闡益廣。既以呂、薛之書，傳寫覆刻，多失本眞〔註624〕，據以爲說，不免穿鑿附會，郢書燕說，使天下學者疑之，故「研精究微，辨及瘢胑」，考審日趨森嚴，論證益加深切，而其應用，亦隨之恢拓寬廣矣！王昶曾曰：

　　　　爲金石之學者，非獨字畫之工，使人臨摹把翫而不厭也。跡其囊括包舉，靡所不備，凡經史小學，暨於山經地志，叢書別集，皆當參稽會萃，覈其異同，而案其詳略，是非輇才末學能與於此。〔註625〕

推其「囊括包舉，靡所不備」，雖嫌疏闊流蕩，漫衍無際，而以「金石」論之，宜其涵蓋囂廣也。其以古文——金文論其用者，如龔自珍曰：

　　　　凡古文，可以補今許愼書之闕；其韻，可以補雅頌之隟；其事，可以補春秋之隟；其禮，可以補逸禮；其官位氏族，可以補七十子大義之隟。〔註626〕

則謂古文可以補文字聲韻之隙，史事禮制之失，至其具體敷陳，舉證歷歷者，如梁啓超曰：

　　　　金文證史之功，過於石刻；蓋以年代愈遠，史料愈湮，片鱗殘甲，固不可寶也。例如周宣王伐玁狁之役，實我民族上古時代對外一大事，其跡僅見《詩經》，而簡略不可理；及小盂鼎、虢季子白盤、不娶敦、梁伯戈諸器出世，經學者悉心考釋，然後茲役之年月，戰線，戰略，兵數，皆歷歷可推。又如西周時民間債權交易準則之狀況，及民事案件之裁判，古書中一無可考；自曶鼎出，推釋之即略見其概。餘如克鼎，大盂鼎，毛公鼎等，字數抵一篇《尚書》，典章制度之藉以傳者蓋多矣。又如秦詛楚文，於當時宗教信仰情況，兩國交惡始末，皆有關係；雖原器已佚，而摹本猶爲瓌寶也。……吾曾將金文中之古國名，試一蒐集，竟得九十餘國，其國在春秋時已亡者，蓋什而八九矣。若將此法應用於各方面，其所得必當不乏也。至如文字變遷之跡，賴此大明，而眾所共知，無勞喋述矣！〔註627〕

則謂金文可資證史之闕略，傳典章制度之遺，而發明文字變遷之跡，是可寶可據之材料也。故應用金文之目的，大抵在經史制度，文字聲韻之補亡正誤上也。

　　時至今日，其應用滋繁，巧妙所施，各有不同，或據以考古代社會，或參稽以明

〔註624〕見吳大澂《說文古籀補》自敘，載《說文詁林》（一）415頁。
〔註625〕見《金石萃編》自序。
〔註626〕見〈商周彝器文錄敘〉，267頁。
〔註627〕見《中國歷史研究法》第四章說史料89頁。

古代經濟，或地理，或天文，或世系，或哲學，或文學，或工藝，或美術……〔註628〕，五花八門，不一而足，所謂「銘心絕品，人間至寶」也，以追商周遺風，勾勒彷彿，振葉尋根，得其本眞者，洵金文之應用也無窮矣〔註629〕！而前人之披斬荊蕀，開此活計，亦功不可沒，觀今追昔，索其遞嬗演變之進程，必也執一以析，研繹考察，芥子須彌，用推其餘。是持王筠援用金文之處，擘其肌理，清其眉目，以窺其應用金文之目的，而知蠶叢鳥道，蔚矞成國之軌跡云。

二、應用金文之目的及其得失

王筠既以《說文》名家，援據金文，大抵以文字爲著眼點，用以探究文字形音義之遞演變遷，本始流脈，兼以審訂許君撰《說文》精當悖謬之處，設其疑難，旁采證據，解其窒礙，發皇疏瀹而後可。茲歸結數例，標舉條目，以窺其應用金文之目的及其得失：一曰「證明文字形音義者」，二曰「證補《說文解字》者」，三曰「證明假借通用者」，四曰「闡明金文之義例及特質」，五曰「其他」，茲分述之如後。

（一）證明文字形音義者

王筠援據金文時，其意有欲證明文字形音義者，如：

（1）祝字

> 《說文》：「祝，祭主贊詞者。從示從人口。一曰從兌省。《易》曰：兌爲口爲巫。」（一下示部）

> 《釋例》：「太祝禽鼎作禔，乃人跪而向神之形。」（卷十頁 25）

按：王氏之說，實爲後起諸家詳析密剖之張本，王恆餘以王筠「明知大祝禽鼎作禔，乃人跪向神之形，仍忽而不論，是囿于舊說之深而不知自反」者〔註630〕，疑非平情之論。以段之株守，桂之強通，王之發蒙啓瞶，畫龍點睛，數語雖脫略，誠

〔註628〕 見朱劍心《金石學》4～12頁〈金石學之價值〉章。又參見高明《中國古文字學通論》1～3頁序言。

〔註629〕 按：今日之古文字學，與古代史、經濟史、地理史、哲學史、法律史、文學史、音樂史、美術史、語言學、古文獻、考古學等，皆有密切之關連，詳見《中國古文字學通論》1頁；若張光直參稽會萃上列諸種學科，論《中國青銅器時代》之城市、王制、經濟、貿易、飲食、神話、美術，以及青銅器之裝飾紋樣；李學勤假之而成《東周與秦代文明》，所謂：「考古學，以及與之密切相關的古文字學，是廣義的歷史科學的一部分，其目的在於重建已被湮沒遺忘的古代歷史，探索歷史發展的規律。」頁1序言；許進雄《中國古代社會》序論頁2亦云：「從甲骨文、金文等早期的文字，也可以幫助我們了解古代中國的社會。……在追溯一個字的演變過程時，有時也可以看出一些重要社會制度或工藝演進的跡象。」皆是也。

〔註630〕 見〈說祝〉，載《史語所集刊》第三十二本 99～106 頁。

不可多得也〔註631〕，豈「囿於舊說而不知自反」者耶？

（2）折字

《說文》：「斯，斷也。從斤斷艸，譚長說。䒑，籀文折從艸在仌中，仌寒故折，𣂰，篆文折從手。」（一下艸部）

《句讀》：「周虢季盤、師寰敦皆有斯首字。……齊侯罍有此字，然亦作䒑，段氏徑改從仌，非。《文子》：冬仌可折。……斯、䒑皆從艸，而折從手斤，便離其宗，且與兵從𦥑斤相似，亦覺蒙混。蓋寫斯字者誤連之，因訛爲手。」（卷二頁24（161））

按：段氏徑改籀文䒑作䒑，王氏說其非，誠然。唯拘泥許說，以斯爲從斤斷艸，則非。字從斤，𣂰象木折斷之形，爲求與「析」判別，或變作𣂰，或於屮木之間加「二」示折斷之意而作斯，變而爲齊侯壺之斯〔註632〕。王氏能徵金文字形，然於初形本義，則無說明耳。

（3）盥字

《說文》：「盥，澡手也。從臼水臨皿上也。《春秋傳》曰：奉匜沃盥。」（五上皿部）

《釋例補正》：「盥下云，從臼水臨皿，此順遞爲意而兼指事者也。然《筠清館》周仲子化盤曰：自作盥盤，其篆作𥁖，乃爲完備。上半臼水之臼，乃沃盥之人之兩手也，此奉匜之狀。古匜字作𣲗，乃不從匜而從水者，其事主乎水也。中央之𦥑即𦥑字，乃澡手之人之兩手也。下有皿以承其水，其事乃備。小篆省下兩手，許君始以臼爲澡手者之手矣！」（卷四頁1）

按：甲骨文《前》、六、四二、一𥁖字，卜辭殘泐，其義不詳，釋家或以爲盥字〔註633〕；《金文編》所收盥字，與小篆無殊〔註634〕，未收《筠清館》卷四頁18之周仲子化盤銘，作𥁖疑係增繁，小篆非省也，蓋臼水皿，於意已足矣！

（4）宮字

《說文》：「宮，室也。從宀，躳省聲。」（七下宀部）

《句讀》：「金刻宮字皆作宮，疑是從𦜌省聲。平安館夔逢父鼎夔作夔，積古齋宗周鐘雝作雝，則知𦜌可省作呂，亦可變川爲水而作𦜌也。」（卷十

〔註631〕詳見《金文詁林》卷一頁104～109，《金文詁林補》65～70頁，其訓「祝」爲「象人跪於示前張口禱告之形。」本諸王筠之說。

〔註632〕詳見龍師宇純《中國文字學》249頁。

〔註633〕詳李孝定《甲骨文字集釋》卷五頁1719盥下。

〔註634〕見《金文編》卷五頁345盥下。

四頁 11（1021））

按：王氏以金文宮皆作🔲，是也〔註635〕，非如許君言「從宀，躬省聲」，以甲文宮但作🔲、🔲，後始增宀作宮，王氏疑從「呂」省聲，雖善，猶未達乎一間，雝從宮聲，非呂可省作🔲也〔註636〕。

（5）叔字

《說文》：「叔，進取也。從受，古聲。🔲，籀文叔。🔲，古文叔。」（四下受部）

《釋例》：「受部叔下云古聲，桂氏曰：古當作占。筠案：積古齋頌鼎、吳彝皆作🔲，無專鼎作🔲，繼彝作🔲，頌壺作🔲，頌敦作🔲，皆與《說文》古文🔲相似，疑🔲本作🔲，後人改之也。其🔲蓋即是占。又《金石索》周追敦🔲，與小篆近。齊侯鎛鐘🔲，則與小篆同。秦詛楚文🔲字三見，則從甘，因知籀文🔲，從甘字倒文，與丹之小篆🔲古文🔲，倒正同字也。要而論之，甘、叔平上同音，占、叔疊韻，古、叔雙聲，諸文岐出，總有依據，不必定作占。」（卷三頁4～5）「卷三形聲篇中，謂叔字可從古聲、占聲，今知非也，無論篆法何似，皆是甘聲。吾前據齊侯鎛鐘作🔲，以為古聲，然是鐘䛖字作🔲，旨從甘，必不可從古。又曶鼎亦作🔲，則知䛖所從之🔲與🔲，及曆所從之🔲，同一甘之變文也。……周高克尊敢作🔲，邢叔鐘作🔲，繼彝䛖作🔲，虢彝作🔲，皆是甘省為口也。」（卷十四頁48）

《釋例補正》：「筠清館然睽敦敢作🔲，反文也。其從甘尤明白。」（卷十四頁3）。

《肊說》：「齊侯鎛鐘🔲（敢）🔲（䛖）○（此字必不可從古）二字之古，皆以🔲為甘，與🔲同，彼直此橫。……叔非從古聲。」（55頁）

按：王氏前說，以古作甘、作占總有依據，略游其詞；後則研繹思定，以叔非從古聲，皆是甘聲，或省甘為口。驗諸《金文編》所收字，一從甘明白，一從口明白，而三年癲壺敢字二見，一作🔲，一作🔲〔註637〕可證，是王氏後說較長。

數例胥能分析點畫，羅列證據，證明文字之初形本義，音之流亞，或有未達處，然憤悱啓發，昭示後學，有如是者矣！

〔註635〕見《金文編》卷七頁539宮下。
〔註636〕見李孝定《甲骨文字集釋》卷七頁2495。
〔註637〕見《金文編》卷四頁277敢下。

（二）證補《說文解字》者

　　《說文》既非完書，而「屢經竄易，不知原文之存者尚有幾希」？傳寫既久，安得無闕佚？是王筠擷取金文，有爲證明個中之訛舛抵牾，有爲補充個中之闕佚流失，有用證其精確不移，深潛不吐之幽蘊者，茲以「證明《說文》小篆者」、「證補《說文》籀文者」、「證補《說文》古文者」、「證明《說文》或體者」數端，叩啓門徑，爰窺其應用金文以證明《說文》之堂廡閫奧，及其仆躓得失也。

1. 證明《說文》小篆者

甲、證《說文》小篆者

（1）反字

　　　　《說文》：「反，覆也。從又厂反形。反，古文。」（三下又部）

　　　　《釋例補正》：「鐘鼎反字同小篆，從又明白。」（卷十五頁3）

　　按：王筠於《釋例》及《句讀》中皆以反爲阪之古文，通體象形，又非從手之形，乃石形。後修正其說，以金文從又明白，觀《金文編》所收反字，皆從厂從又明白〔註638〕。至其確解，尚付闕如〔註639〕。王氏取其可證者說之耳。

（2）曰字

　　　　《說文》：「曰，詞也。從口，乙聲。亦象口气出也。」（五上曰部）

　　　　《釋例補正》：「鐘鼎文曰字作曰。繹山碑猶然。是小篆未改古文。蓋曰乃指事字，非乙聲也。其所以作曰者，甘字古文有口、凵二形，故曰字以一記於口旁，不正在口上，許君作曰者，蓋如大徐說吾字，中一上曲，則字形茂美。漢之作小篆者，偶然曲之以爲姿，許君即據以爲說，非李斯本然。」（卷十六頁3～4）

　　按：甲文中曰字，的然不從乙聲。故王筠之說，誠較段氏騎牆之見可信。李孝定以王氏說曰字爲指事字，殊具卓識，口上一短橫畫，蓋謂詞之自口出也〔註640〕，曲之作乀，乃書者徒逞姿媚，非篆體本然也。

（3）衣字

　　　　《說文》：「衣，依也。上曰衣，下曰裳，象覆二人之形。」（八上衣部）

　　　　《釋例》：「衣字以意爲形，亦變例也。上半有領有褒，下半不似衿裾，故許君曰象覆二人之形。人象覆也，非入字也；𠆢象二人，非从字也。

〔註638〕見《金文編》卷三頁190反下。

〔註639〕楊樹達以反、扳一字，謂人以手攀厓也。見《積微居小學述林》67頁釋反。

〔註640〕見《甲骨文字集釋》卷五頁1604曰下。

一衣衹覆一人，似覆二人，故曰象也。段氏改篆爲命，直從二人，非也（部
中古文從二人者凡四，乃段氏所據，然覺其義難通，故不從。《博古圖》
作仒，未有作命者。旅之古文㞢，不可據以爲仒從二人之證，鐘鼎文作㫚，
知㞢乃寫訛，當作𦥑。）」（卷二頁 37）

《文字蒙求》：「衣仒，上似人字，下似兩人字，鐘鼎文皆然。《說文》
所收古文從命者，直從兩人字，蓋傳寫之訛。」（卷一頁 36）

《句讀》：「（衣）鐘鼎文皆作仒，與小篆同。」（卷十五頁 32（1149））

按：衣象領、襟、袖之形，王筠之說雖未達一閒，其視段氏逕改作命者，尚謙
矣！

（4）武字

《說文》：「𢧜，楚莊王曰：夫武定功戢兵，故止戈爲武。」（十二下
戈部）

《釋例》：「六書例解曰：或謂武字從亡聲，非從止。此執隸形之變。……
金刻皆如小篆，惟釁彝作𢧜，上體小異。」（卷四頁 3～4）

按：武字象人持戈而行赳赳武也〔註 641〕，許訓非本義。金文皆從戈從止，無從
亡聲者。王說字形不誤。

乙、證《說文》小篆字形異訛者

（1）曾字

《說文》：「曾，詞之舒也。從八從曰，囧聲。」（二上八部）

《釋例補正》：「曾字，余義鐘作𣦵，曾侯鐘作曾，不知所從何字。」（卷
三頁 2）

按：王筠所據《積古齋》卷三頁 3 楚良臣余義鐘：「曾孫」曾作𣦵，殆摹寫不精
所致，《金文編》所收「曾」字，中皆作田，無作曰者〔註 642〕，與小篆形殊，然其
本義未明〔註 643〕，是付闕如。

（2）龠字

《說文》：「龠，樂之竹管。三孔，以和眾聲也。從品侖，侖、理也。」
（二下龠部）

《部校》：「鐘鼎無龠字，而龢字有𪎶、𪙡、𪎧、𪙪、𪙤、𪙦六體，

〔註 641〕 見《金文詁林讀後記》425 頁。
〔註 642〕 見《金文編》卷二頁 47～48 曾下。
〔註 643〕 按：朱芳圃謂曾爲甑之初文，見《殷周文字釋叢》102～103 頁，則未敢遽定，尚
俟考之。

末二體直是龠之省矣，皆從吅，無從品者。然龠固三孔，蓋小篆核實而增之。」（卷三十頁 2（2252））

按：龠象口（倒口）吹㗊器形，二孔三孔，隨意爲之，非必拘泥定執爲二爲三也〔註 644〕。王氏之說略誤。

（3）鬲字

《說文》：「鬲，鼎屬，實五觳。斗二升曰觳。象腹交文，三足。」（三下鬲部）

《句讀》：「此器上半是器，上闊而下狹，下半是足，足出於器，亦上大而下小。……字之上象脣，銘往往在脣，故金刻有鬲、鬲、鬲諸體，皆外象其形，内象其文，下象其足。小篆斷爲三截，不甚象也。」（卷六頁 6～7（374～375））「鬲，金刻作鬲。」（凡例二（17））

《蛾術編》：「鬲作鬲、鬲者，上畫正平，與畐同，且下體從羊，與小篆象形者不同。其作鬲、鬲者，羊羊蓋皆羊之省，非音飪之羊也。《五經文字》鬲部曰：《說文》作鬲，經典相承隸省作鬲。似未知其本出金文也。」（卷下頁 6～7）「鬲字見鐘鼎銘詞，今但用小篆鬲。」（卷上頁 4。）

《肊說》：「鬲同鐘鼎文。」（54 頁）

按：鬲字乃純象形，象脣、頸、器、足。王筠能辨金文、小篆上體之別，以正字之流變，而謂下體從羊，實荒誕不經。

（4）臣字

《說文》：「臣，牽也。事君也。象屈服之形。」（三下臣部）

《句讀》：「金刻作臣，是人跪拜之形，小篆不象。」（卷六頁 18（397））

按：觀《金文編》所收臣字，除作臣形外，尚有作臣形，與人跪拜之形亦不類，殆象豎目之形也〔註 645〕，以示屈服之意。王以跪拜之形說之，未得情實也。

（5）隹字

《說文》：「隹，鳥之短尾總名也。象形。」（四上隹部）

《釋例》：「隹鳥全體象形。許君說隹曰短尾，說鳥曰長尾，皆於字形得之。……隹左下之出者，聊以象足形，鐘鼎文或有別作足者矣。」（卷二頁 10～11）「隹當作隹，今本以其目連書直下，非也。而鐘鼎亦多作隹，省其目。」（卷十四頁 23）

《文字蒙求》：「（隹）短尾禽之總名，與鳥字同法，但尾短耳。左方

〔註 644〕見《金文詁林讀後記》48 頁龢下。

〔註 645〕見郭沫若《甲骨文字研究》65～68〈釋臣宰〉。

下出之筆，聊以象足，鐘鼎文作🦶，則別作足。」（卷一頁 15）

按：王筠分析點畫入微，《金文編》收隹字特多，率皆省目〔註646〕，王說是也，而以隹、鳥全體象形，更具卓識。

（6）𪗾字

《説文》：「𪗾，黑黍也。一稃二米以釀也。從鬯、矩聲。」（五下鬯部）

《句讀》：「吳彝🔹🔹𪗾，𪗾從🔹，省文也。夫是夫非矢，蓋聲也。然以規字例之，亦可會意，《積古齋》魯侯簠鬯作🔹。」（卷十頁 4（678））

按：矩，全形作🔹，象人持矩形，非從矢，乃從夫，以形近而訛，王說可從。唯王說以爲夫聲，則不可從矣！

（7）鼎字

《説文》：「鼎，三足兩耳，和五味之寶器也。……象析木以炊也。」（七上鼎部）

《釋例》：「鼎下云，象析木以炊也，謂𣇞也。案鼎字全體象形，目其腹也。𣇞之上出者爲耳，下注者爲足，不當以下半別象一事。豈以如此則四足，與説解三足不符耶？然方鼎固四足也。（卷十一頁 14）○《釋例補正》：「金刻有🔹、🔹、🔹、🔹、🔹諸形，故許君曰象析木以炊，小篆變之，取字形茂美，我即據小篆説之，非也。」（卷十一頁 1）○《句讀》：「此篆可謂爲通體象形，目其腹也，𣇞之左右上揚者，耳也，下則足也。許君不然者，金刻有🔹、🔹、🔹、🔹、🔹、🔹、🔹、🔹諸體，多有兩耳而非三足，蓋小篆整齊之而作鼎，故許君本古文而説之。」（卷十三頁 23～24（956～958））

按：鼎爲通體象形，不誤。許君釋𣇞象析木以炊則非。王筠以象形説之爲是，唯謂下體乃耳足，則非。金文中鼎字，上耳下足中腹，殆無疑義。

（8）向字

《説文》：「向，北出牖也。從宀從口。《詩》曰：塞向墐戶。」（七下宀部）

《句讀》：「段氏改篆爲向，改説爲從口，尚小誤，當云象形。蓋口但以象通孔而已，非字也。然《積古齋》向彝作🔹。」（卷十四頁 5（1009））○《釋例》：「向下云，從口，口或口之訛，直是通孔而已，當云象形，小

〔註646〕見《金文編》卷四頁 253～255 頁隹下。

徐通人气之說支。○《積古齋》向彝作❐，以小篆言之，誠從口。」（卷十四頁 35）

按：向字❐象正視之形，口象牖形，王說是也。古文口、❒不分，小篆始嚴加區別，故從❒。

2. 證補《說文》籀文者

甲、證《說文》籀文者

（1）𥠼，籀文秦

《說文》：「𥠼，伯益之後所封國，地宜禾，從禾、舂省。一曰秦，禾名。𥠼，籀文秦從秝。」（七上禾部）

《句讀》：「鄦子簠如此。」（卷十三頁 35（979））○《釋例補正》：「鄦子簠有𥠼字。」（卷五頁 2）

按：今《金文編》所收秦公簋、秦公鎛、䟒羌鐘、秦王鐘、大廈鎬、訇簋、佢勻、畬忎鼎諸器，其形體大抵類此〔註 647〕，皆可證。

（2）𝕎，籀文邕。

《說文》：「𝕎，四方有水自邕城池者，從川從邑。𝕎，籀文邕。」（十一下川部）

《句讀》：「平安館鄭饔逢父鼎饔作𤯍，從此文也。」（卷二十二頁 4（1666））

按：邕字金文多從𠙚，如王氏之說〔註 648〕。邕子𣂕作𓂃〔註 649〕，變爲從巛從邑矣！

（3）三，籀文四。

《說文》：「四，陰數也。象四分之形。𠥤，古文四。三，籀文四。」（十四下四部）

《釋例》：「部中字有疊四成文者，四之籀文三是也。《儀禮》鄭注嘗言之，金刻亦往往有之，吾終疑其不及古文有意義也。」（卷八頁 35）

按：甲金文四皆作三，積畫成四乃其正形，又有作⊞、⊕、⊘、⊗者，乃假借也。王筠所舉金刻爲正形者也〔註 650〕。

（4）𤱿，籀文子。

〔註 647〕見《金文編》卷七頁 506～507 秦下。

〔註 648〕李孝定《金文詁林讀後記》391 頁以「𠙚乃宮之古文，邕從之爲聲。」

〔註 649〕見《金文編》卷十一頁 743 邕下；又卷五頁 358《金文編》饔下。

〔註 650〕見《甲骨文字集釋》卷十四頁 41574 字；《金文編》卷十四頁 945～946 四字下。

《說文》:「**𢀮**，十一月陽气動，萬物滋，人以爲偁，象形。**𢀮**，古文子從巛，象髮也。**𢀮**，籀文子，囟有髮，臂脛在几上也。」（十四下子部）

《句讀》:「召伯虎敦銘作**𢀮**。」（卷二十八頁 18（2171））

按：許書以子**𢀮**爲今古文，然字皆子字，唯取象有異，故異其形耳〔註651〕。許書籀文皆見於甲、金文〔註652〕。

乙、證《說文》籀文部分形體者

（1）**𩔖**，籀文顏。

《說文》:「顏，眉目之閒也。從頁、彥聲。**𩔖**，籀文。」（九上頁部）

《句讀》:「𩑋者，古文頁也，見《博古圖》。《玉篇》作**𩔖**，屬䭫部，非也。」（卷十七頁 1（1226））

按：《金文編》收九年衛鼎顏作**𩔖**、**𩔖**〔註653〕，從百。頁、首、百本同字，說見前，王氏以《玉篇》屬䭫部爲非，則太拘泥。金文未見顏字從𩑋者。

丙、證《說文》籀文訛誤者

（1）**𠁥**，籀文中。

《說文》:「中，內也。從口，｜上下通。**𠁥**，古文中。**𠁥**，籀文中。」（一上｜部）

《句讀》:「吳彝、頌敦作**𠁥**，卯敦作**𠁥**。」（卷一頁 26（92））○《釋例》:「**𠁥**字，鐘鼎文作**𠁥**，其○近是，其∧則亦無取義。」（卷五頁 30）

按：籀文**𠁥**係**𠁥**之訛，∧則其斿，非無取義也。

（2）**𨍿**，籀文車。

《說文》:「車，輿輪之總名，夏后時奚仲所造。象形。**𨍿**，籀文車。」（十四上車部）

《句讀》:「此蓋傳訛，商咎父癸卣作**𨍿**，周吳彝作**𨍿**，皆有輪軵衡及駕馬之形，今斷其軵衡及兩馬而爲奚，非義所安。」（卷二十七頁 27（2111～2112））○《釋例補正》:「車之籀文**𨍿**，積古齋吳彝作**𨍿**，證知今本乃傳寫之訛，左兩田，輪也，兩一，牽也，貫乎輪與牽之｜，軸也，中一之連于右者，軵也，右之｜，軏也，軏下似人字者，兩馬也。吾有此器拓本，其軵不斷，積古齋斷之，亦誤。」（卷五頁 2）

按：王筠據金文以證《說文》籀文傳訛，誠是，王國維以車卣作**𨍿**者，乃古者

〔註651〕詳見《金文詁林讀後記》493～494 頁子下。
〔註652〕見《甲骨文字集釋》卷十四頁 4309 子下；《金文編》卷一四頁 981 子下。
〔註653〕見《金文編》卷九頁 625 顏下。

戈建于車上，故畫車形，乃並畫所建之戈，車之籀文作䡴，即從此字形出〔註654〕，唯單文孤證，誠難敵眾矣！

（3）䡇，籀文輈。

《說文》：「輈，轅也。從車，舟聲。䡇，籀文輈。」（十四上車部）

《釋例》：「輈之籀文䡇。案吳彝又有䡇，即較字，是知䡇亦當作䡴。」

（卷五頁2）

按：輈之籀文，其訛與車同，是可等同知之。

（4）𢆷，籀文萅。

《說文》：「萅，盛皃。從弄從日。讀若薿薿。一曰若存。𢆷，籀文萅從二子。一曰即奇字瞽。」（十四下弄部）

《句讀》：「但言從二子，不言日之異於日，似挩漏。設⊙爲凵之訛，則不應爲奇字瞽矣！當闕疑。毛本刊改日爲日，則讀從二子一日句絕，非也。積古齋萅妊敦作𣂤，口日同意。」（卷二十八頁20～21（2176～2177））

按：萅妊敦云：「虩萅妊乍寶殷。」〔註655〕係用爲人名，乃無從斷其是非矣！然王氏所疑或是。

丁、補《說文》籀文者

（1）寅部古文𡩟上補籀文寅。

《說文》：「寅，髕也。……𡩟，古文寅。」（十四下寅部）

《釋例補正》：「夕部夤之籀文寅，夕既同篆文，知寅即寅矣。改宀爲宀者，筠清館師寰父鼎作寅，積古齋戊寅父丁鼎作寅，繼彝作寅，寰盤作寅，皆上出也。貝部賓，《玉篇》、《廣韻》皆作賓，是其比矣！」（卷十三頁1）

按：金文未見其形構〔註656〕，等同比例，焉能遽補乎！而文字之燴亂訛誤，此亦其因也。

3. 證補《說文》古文者：

甲、證《說文》古文者

（1）⫯，古文示。

《說文》：「示，天垂象，見吉凶，所以示人也。從二，三垂、日月星

〔註654〕見《金文編》卷一四頁931車下引。

〔註655〕見《金文編》卷一四頁989萅下。

〔註656〕見《金文編》卷一四頁991～992寅下。

也。觀乎天文以察時變，示神事也。⺬，古文示。」（一上示部）

《繫校》：「⺬，祁本、竹君本古文⺬。案：金刻多作⺬，惟《博古圖》齊侯鐘四，皇祖字兩見，一作⺬，一作祖，知小徐是。又齊侯鎛鐘，皇祖亦兩見，並作⺬，不可解。」（卷一頁 1（8））○《釋例補正》：「大徐作⺬，非也；小徐作⺬。鐘鼎文祇⺬、⺬二體。」（卷十一頁 1）○《句讀》：「⺬，金刻皆然，故從小徐。」（卷一頁 3（46））

按：王筠據金刻示字及祖字偏旁所從，以定大、小徐及祁本、竹君本示字古文之是非，以小徐作⺬爲是。察《金文編》不收示字，唯收從示之字如祐、福、神、禫、禋、祭、祀、祖、祧、祠、祤、祝、禴、社、禍、祓、祡、禜、祏、禱諸字〔註657〕，所從示皆作⺬、⺬，無作⺬者，筠說誠是。

（2）禔，古文社。

《説文》：「社，地主也。從示土。……禔，古文社。」（一上示部）

《句讀》：「禔，古文社。嚴氏曰：《汗簡》卷下之二引作禔，案上部校語云，古文諸上字皆從一。筠案：各本禔字皆從示。古器銘示字，但有⺬、⺬二體，是大徐誤也。偶存一字，不可改之。」（卷一頁 11（61））

按：王筠據金文示字以定《說文》古文形構者，今中山王嚳鼎社字正作禔〔註658〕，大徐之非可見。唯甲骨文示字形構頗不一律，作⺬、⺬、⺬、⺬、⺬、⺬、⺬皆有〔註659〕，筠不及見。衡諸金文，良是。

（3）⺬，古文中。

《説文》：「中，内也。從口，丨上下通。⺬，古文中。⺬，籀文中。」（一上丨部）

《釋例》：「⺬、⺬猶之上、下也。夫曲丨則無以表其正中，加兩二字，亦無所取，直所謂『羲之俗書，趁姿媚』耳。段氏謂⺬爲敘所云之虫曲中，誤列於此，非也。虫曲中，猶之乙力於土爲地。謂虫字之形，曲中字而爲之，本與中字無涉。⺬字，鐘鼎文作⺬，其○近是，其⺬則亦無取義。」（卷五頁 30）○《釋例補正》：「阮、葉、吳三家款識，借爲伯仲者，皆作中；其中央字，有⺬、⺬、⺬、⺬四形，作中者偶見，未有中、⺬之形。」（卷五頁 1）

按：王筠所論，未免挾沙石而俱下，玉石雜糅。以《說文》古文⺬，曲者趁

〔註657〕見《金文編》卷一頁 8～17 收錄諸字。
〔註658〕見《金文編》卷一頁 16 社下。
〔註659〕見《甲骨文字集釋》卷一頁 37 示下。

姿媚耳，於義無所取，金文未有作ᵈ形者，誠是。論者以ᵈ曾受南方鳥蟲書之影響曲柔而成，乃許氏所本〔註 660〕，段氏之誤可見。唯謂金文未有作ᵈ者，今則見於仲斿父鼎〔註 661〕，以時所未見，乃客觀之限制，非筠之過也。而分別字形、字義，以伯仲作中，中央作ᵈ，亦能契合金文應用之現象，然亦有混用情形〔註 662〕，殆不遑別舉耶？抑未見乎此？其謂籀文ᵈ之ᵈ無取義，則非，字由ᵈ而訛，ᵈ乃旗斿之形，非無取義也。

（4）ᵈ，古文共。

　　《說文》：「ᵈ，同也。從廿廾。ᵈ，古文共。」（三上共部）

　　《韻校》：「（攷異ᵈ，本作ᵈ）共之古文，金刻有作ᵈ者。」（卷四頁

2）○《句讀》：「《周禮》以共爲供，所云共王、共后、共祭祀，皆以下奉上之詞，故ᵈ字手皆向上也。又非一人能了，故四手也。《左傳》以共爲恭，ᵈ字形中，亦具此義。」（卷五頁 31（356））○《釋例》：「古文ᵈ四手上向，則恭以奉上之狀也。」（卷八頁 3）○「ᵈ本會意兼指事字，從兩ᵈ，然必連書之者（孫本作ᵈ，依小篆而斷之，顧千里所改也。理初斥其一知半解，師心自用，信夫！）……ᵈ具四手，是兩人也，兩人之手而相連，是共爲一事之狀也。……舁字亦爲四手，而上兩手倒者，古謂之舁，今謂之抬，凡抬物者，兩人相對，即四手相向以作力也。共但取義於同，不必於手之向背求義也。」（卷十五頁 31）

　　按：王筠純引金文以徵共之古文有斷作ᵈ者。今《金文編》〔註663〕所收共字有作ᵈ、ᵈ、ᵈ、ᵈ、ᵈ諸形，唯未見作ᵈ者，說者以共象兩手奉器之形〔註664〕，ᵈ乃舁字。ᵈ或ᵈ乃由ᵈ、ᵈ訛變而來。魯實先雖以王說優於許氏，以二人以上之同力者爲共，於情理相合〔註665〕。然據訛以說，其亦可乎？

（5）ᵈ，古文豆。

　　《說文》：「豆，古食肉器也。從口，象形。ᵈ，古文豆。」（五上豆部）

　　《釋例》：「豆之古文ᵈ，段氏據小徐本作ᵈ。案：不應上出，當依《玉篇》作ᵈ：○者，豆之腹也；一者，所盛之物也，小篆逡其一於上，如ᵈ

〔註660〕見邱德修《說文解字古文釋形考述》112 頁。
〔註661〕見《金文編》卷一頁 30 中下。
〔註662〕見吳闓生《吉金文錄》卷 4 頁 26。
〔註663〕見《金文編》卷三頁 164～165 共下。
〔註664〕見李孝定《金文詁林讀後記》78 共下。
〔註665〕見〈說文正補〉之一，載《大陸雜誌》第三十七卷十一、十二期合刊頁 8。

之一在皿上也；餘則古文、篆文並同。見異而遷，不加精思，未有不誤者
（豐之古文豐，《玉篇》作豐，亦可證）。○金刻有豆及豆。」（卷十四頁
26）○《句讀》：「豆，竹君本、顧本如此，近是，然不當上出。《玉篇》
作豆，是也。然當作豆，⊖是器中有肉形，小篆逯肉在上耳。H是校形，
一則校上彡飾，有無皆通。下一則鐙形。《祭統》：夫人薦豆執校，執醴授
之執鐙，注：校，中央直者也；鐙，下跗也。大徐作豆，即是豆。《積古
齋》嘉禮尊禮字從之。」（卷九頁 27（649））

按：豆之甲文作豆、豆、豆〔註666〕，金文作豆、豆、豆、豆、豆、豆〔註667〕，
未見作豆、豆者，作豆者，乃由甲金文衍變而來，上半曲圓作⊙，下半凵受同化而
作⊙，六國匋文已有其跡，故舒連景謂「豆是古匋豆之訛」〔註668〕，其後爲求對偁
統一，即成大徐本之豆〔註669〕。金文作豆者，省其蓋也。王筠以腹之一爲器中所盛
之肉形，小篆逯肉在上耳，則非。腹之一與校之一，即其所謂「彡飾」〔註670〕，有
無皆通。器象圓形圈足之進食器，以木、陶製居多，少用青銅〔註671〕，器形正同。
凡古文字中空者，恆填以‧〔註672〕，點者後延申成橫畫，是文字增繁之一現象也。
至所辨段氏之據小徐作豆者，「乃由古匋文楚簡之豆字演變而來，蓋銳⊖之尖而得
者，往往因筆勢殘存所致」〔註673〕，王說爲是。

（6）侯，古文矦。

《說文》：「矦，春饗所射侯也。從人從厂，象張布，矢在其下。天子
射熊、虎、豹，服猛也；諸侯射熊、豕、虎；大夫射麋，麋，惑也。士射
鹿、豕，爲田除害也。……矦，古文矦。」（五下矢部）

《句讀》：「筠清館齊侯罍，矦字屢見。」（卷十頁 17（703））

按：《金文編》卷五所收侯字俱與古文無別，其從厂從矢明白，許君射侯之說，
與古文正合，是王筠舉例證成，別無異說。小篆從人者或以《周禮》、《儀禮》既有
以皮所飾之熊、虎、豹、豕、麋、鹿各類侯，而《儀禮》鄉射禮「張侯下綱，不及

〔註666〕 參見《甲骨文字集釋》卷五頁 1665 豆下。
〔註667〕 見《金文編》卷五頁 330 豆下。
〔註668〕 見《說文古文疏證》37 頁。
〔註669〕 見邱德修《說文解字古文釋形考述》558～567 頁。
〔註670〕 按：邱氏以校中之橫屬文字演變常有之特徵，駁王筠彡飾之說，同上 562 頁。
〔註671〕 見石璋如〈殷代的豆〉，載《歷史語言研究所集刊》三十九本 51～82 頁。
〔註672〕 見唐蘭《古文字學導論》下編 47 頁（232）文字的增繁中整齊第（5）類凡中有空
　　　　 隙的字，常填以‧。又李孝定〈中國文字的原始與演變〉，載《漢字的起源與演變
　　　　 論叢》176～180 頁，對唐氏之說有所修正，可參看。
〔註673〕 見《說文解字古文釋形考述》567 頁。

地武」下，注疏以張侯之法，上廣下狹，象人張足六尺，張臂八尺之形。故疑因此張侯象人而增人形作疾也。

（7）鑒，古文槃。

《說文》：「槃，承槃也。從木，般聲。鑒，古文從金。盤，籀文從皿。」（六上木部）

《句讀》：「（槃，承槃也。）承槃者，舟臺之屬也。《周禮》：彝皆有舟，鄭司農曰：尊下臺，若今時承盤是也。其用有三：《周禮》掌舍之珠槃，此會盟之槃也；《左傳》乃饋盤飧，此飲食之槃也；〈內則〉少則奉槃，此洒濯之槃也。……積古齋伯侯父盤作鑒。」（卷十一頁 30（797））

按：王筠舉金文以證成《說文》之古文，是也〔註674〕。槃字甲骨文作凵，以木者作槃，以皿者作盤，以金者作鑒〔註675〕，皆特製之形聲字，唯皆從攴不從殳耳。

（8）㫃，古文㫃。

《說文》：「㫃，旌旗之游㫃蹇之皃。從中曲而下，垂㫃相出入也。讀若偃。古人名㫃字子游。㫃，古文㫃字象形，及象旌旗之游。」（七上㫃部）

《釋例》：「㫃之古文，汲古初印本作㫃，與小篆無異，刊改作㫃，藤花榭本同，與從中曲而下之說合。然云中曲而下，則當作㫃，其左亦曲者，旃下云，旗曲柄是也。云垂㫃相出入者，以右半之曲而下者似入字也。倝從旦㫃聲，去其旦則作㫃矣！後人加左出之筆爲枝飾，然吾謂此篆當依石鼓文作㫃，說解當云旗杠，㫃之植者爲杠，上之岐出者，爲雕鏤之華飾，棋而右出者，華蓋也。丨部之㫃，說曰旌旗杠皃，竊意此乃游也。若以㫃爲旗而丨爲杠，杠豈系游之下乎？云㫃蹇之皃，是虛字也。以虛字領部中之實字，非法也。且從中即不妥，旗游豈有艸乎？凡云從者，從其義也，不可以字形相似而云從也。吾謂㫃是全體象形字。○周宰辟父敦作㫃，凡從㫃之字，鐘鼎文有㫃㫃二體可用。」（卷十七頁 19）

按：王筠以㫃爲全體象形，誠爲卓見，其見於甲金文者，均作象旂形也。

（9）旅，古文旅。

《說文》：「旅，軍之五百人爲旅，從㫃從从。从，俱也。旅，古旅。古文以爲魯衛之魯。」（七上㫃部）

〔註674〕 按：《積古齋》卷八頁 1 伯侯父盤作鑒，《商周金文錄遺》491 器白辰父盤作鑒，《金文編》卷六頁 398 所錄伯侯父盤則作鑒，所點皆異，抑拓本不同耶？

〔註675〕 見郭沫若《卜辭通纂》29 頁，郭氏以「繁文」說之。

《釋例》：「旅之古文**衣**，《玉篇》在止部，非也。鐘鼎文作**㫃**，**𡴴**即**㐆**之古文，不得以爲止字。古文傳久，失其本形，遂不可解，率類此矣！」（卷六頁 25）○《句讀》：「（**㫃**，古文旅。）案：**𡴴**即**㐆**，見金刻，**乁**即**𠘧**，與**仌**下半同。」（卷十三頁 13（935））

按：王筠據金文以釋《說文》古文形構，甚確。《說文》作**衣**者，殆由甲金文訛變而來〔註676〕

（10）**閬**，古文霸。

《說文》：「霸，從月始生霸然也。承大月二日，承小月三日。從月，**䨣**聲。《周書》曰：哉生霸。**閬**，古文霸。」（七上月部）

《句讀》：「云或作者，古文亦作霸也，周智鼎固然。嚴氏曰：此從**雨**聲，**雨**，古曰字。鼎彝器銘作**𩁹**，即此。」（卷十三頁 16（941））

按：王筠釋「或作」者，乃據金文亦作霸，與小篆無別，覘諸《金文編》所收霸字〔註677〕，固然。唯引嚴氏說而無辯解之辭，其意或以爲然。金文未見作**閬**者，從**雨**部分不可解，嚴說古曰字，曰不得爲霸字聲符，說無可取，疑由訛變而來。

（11）古文以貞爲鼎，籀文以鼎爲貞。

《說文》：「鼎，三足兩耳，和五味之寶器也。……《易》卦巽：木在下者爲鼎，象析木以炊也。（古文以貞爲鼎），籀文以鼎爲貞字。」（七上鼎部）

《釋例》：「鼎部云，古文以貞爲鼎。案：積古齋叔夜鼎**緐鼎**，茲太子鼎廟**𣂁**，叔單鼎**白㞢貞**，師餘鼎**𩰫鼎**，正考父鼎**𣂁鼎**，皆其證。下文云：籀文以鼎爲貞，則無證。大徐刪其有證者，留其無證者，誤也。疑當云，籀文以鼎爲貝，段氏所舉證是也。又《積古齋》季娟鼎**𦎧鼎𧰨囗**，釋爲錫貝馬兩。薛尚功《款識》亦有此銘，作錫貝錫馬兩，本不與上句顛倒其詞，段氏並改上句之貞爲貝，蓋非也。」（卷十七頁 27～28）○《蛾術編》：「古器銘或以貝爲鼎。」（卷下頁 2）

按：王筠所舉數器作從卜從鼎者，乃「貞」之本字，金文假爲「鼎」字，是古文以貞爲鼎之證。至許書謂「籀文以鼎爲貞」，正與契文合。契文貞字作**鼎**，本借用鼎字，後加卜表意，及殷之末期，乃有**貞**字，此假借變形聲之通例，而成鼎之轉注字也，京房解云鼎省聲，殆亦古說之遺，是王說頗有創獲。貝、鼎二字，至篆、隸之際，其形始近，六國文字鼎、貝雖有互訛之例，然不能遂謂鼎、貝有關。鼎之形

〔註676〕見李孝定《甲骨文字集釋》卷七頁 2228 旅下。
〔註677〕見《金文編》卷七頁 477 霸下。

製，亦非仿貝爲之，二者實了不相涉也〔註678〕。是王氏從段氏之說，以鼎爲貝，乃據譌者立說，非其本然。唯不從段氏改上句古文以貝爲鼎者，較段似略勝一籌。然所據「貞敦」之𩰋、𩰲二形，《金文編》不收，字用爲人名而非器名〔註679〕，釋貞可疑耳。

（12）𡩜，古文宜。

　　《說文》：「宜，所安也。從宀之下一之上，多省聲。𡩜，古文宜。𡪄，亦古文宜。」（七下宀部）

　　《句讀》：「《廣韻》作宜，並者，重之也。平安館無虡尊作宜，亦重。」（卷十四頁8（1016））

按：王筠釋宜爲宜之古文不誤，金文俎、宜同形，蓋同形異字也〔註680〕。而謂宜爲重，則非，覘諸甲骨文作宜〔註681〕，周初金文矢簋作宜，天亡簋作宜，秦公簋作宜，秦子戈作宜，盜壺作宜，小篆作宜〔註682〕，漸趨省簡，其跡憭然，王氏據小篆方之，視並者爲重，實其本然也。

（13）𣪊，古文般。

　　《說文》：「般，辟也。象舟之旋，從舟從殳，殳，所以旋也。𣪊，古文般從攴。」（八下舟部）

　　《釋例》：「舟部般之古文𣪊，《玉篇》不收。金刻有𣪊、𣪊二體。」（卷六頁31）

按：王筠總括金文之形不誤，𣪊字與穌甫人盤作𣪊、魯司徒仲齊盤作𣪊、大師子大孟姜匜作𣪊形近，唯殳皆連而不斷。其斷者，若公子土斧壺作𣪊〔註683〕。李孝定言般字契文皆從凡（舟）從攴，與《說文》古文同從攴，從凡（承盤）譌從舟。從舟者，爲盤旋之專字也〔註684〕。

〔註678〕　以上所據，見龍師宇純《中國文字學》320頁，又408云：「（王筠）引金文鼎字，以證『古文以貞爲鼎』剙獲亦復不少。」及李孝定《金文詁林讀後記》278頁鼎下、鼐下。

〔註679〕　見《積古齋》卷六頁3貞敦，銘作：「貞從王伐梁孚，用作饎敦。」

〔註680〕　詳戴靜山〈同形異字〉一文中，以宜、俎同形，宜、俎異語，不得指爲引申，應以同形異字釋之；又龍師宇純〈廣同形異字〉頁4，載《文史哲學報》三六期（抽印本）。

〔註681〕　見《甲骨文字集釋》卷七頁2459宜下。

〔註682〕　見《金文編》卷七頁527～528宜下。按：高明於《中國古文字學通論》191頁中亦嘗論宜字之因襲演變，可參看。

〔註683〕　以上所舉諸器，參看《金文編》卷八頁611～612般下。

〔註684〕　見《金文詁林讀後記》329頁般下。

（14）州，古文州。

《說文》：「州，水中可居曰州，周遶其旁，從重川。……一曰州，疇也。各疇其土而生之。州，古文州。」（十一下川部）

《句讀》：「《博古圖》齊侯鎛鐘同此，齊侯鐘作州。」（卷二十二頁 5（1667））

按：甲骨文、金文之州字皆象水中高土之形，旁象川流，作者，具川流曲折之意象。《說文》古文作州者，乃上承六國古鉥而來〔註685〕，曲折形一變而成八，形體略誤；後八者受同化，又或與少字別嫌，因作州形，疑許書正篆所自昉〔註686〕，其形已訛。王筠言「《博古圖》齊侯鎛鐘同此」者，殆不辨筆勢曲折之用意，致遺毫末，察《博古圖》卷二十二頁 12 周齊侯鎛鐘三銘「咸有九州」，州作州〔註687〕，亦曲折有致，與許書古文略異也。

（15）西，古文西。

《說文》：「西，鳥在巢上，象形。日在西方而鳥棲，故因以爲東西之西。棲，西或從木妻。西，古文西。西，籀文西。」（十二上西部）

《釋例》：「西下云：鳥在巢上，解字義，即解字形也。上象鳥，下象巢：苟以作已字，作囟字，合之不成意，故以象形蔽之，亦如說飛以象形也，鳥栖是事，上下兩體皆非字，則是指事，乃古、籀文卤、卤，上半直不似鳥形，蓋古義失傳者多矣！」（卷一頁 29～30）○《釋例補正》：「《積古齋》師西敦西門作西門，《筠清館》周敦蓋西宮作西宮。案西即古文卤，西即籀文卤也。則《說文》之卤卤，或又經改易邪？抑金文偶省邪？《積古齋》楚曾侯鐘有西字。」（卷一頁 2）

按：王筠囊括金文形構作西、西、西三者是也，其謂古、籀文上半直不似鳥形，亦有見地，唯謂「金文偶省」，疑不論定，亦非，金文本作西或西，於其上又作一斜撇，因作西、西，端正延長即成卤也〔註688〕。

（16）金，古文金。

《說文》：「金，五色金也。黃爲之長，久薶不生衣，百鍊不輕，從革

〔註685〕見《古璽文字徵》卷十一頁 3 州下。

〔註686〕見《說文解字古文釋形考述》884～885 頁州下。

〔註687〕見《重修宣和博古圖》卷二十二頁 12 周齊侯鎛鐘三，載文瀾閣《四庫全書》八四○冊 850 頁。

〔註688〕按：西之本義，釋鳥在巢上，屬獨體象形者居多，詳邱德修《說文解字古文釋形考述》915～922 頁；唐蘭、李孝定則謂西乃函字，即異字所從之函，見《甲骨文字集釋》卷十二頁 3505；《金文詁林讀後記》399 頁西下。

不違，西方之行，生於土。從土，左右注象金在土中形，今聲。金，古文
金。」（十四上金部）

　　《句讀》：「鐘鼎文多同此，亦有作金者，又有金、金、金、金、金諸體。」
（卷二十七頁 1（2060））

按：王筠以金文之金多同《說文》古文是也。其餘諸體，金見許子臣、陳肵簋、
師㝅簋；金見守簋；金見吳方彝；金見彔伯簋；金見兮仲鐘鐘字所從；金與曾仲大父
盨簋作金、仲盤作金相近，皆條理井然，確鑿有據。

乙、證與《說文》古文相似相近者

（1）金，古文爵。

　　《說文》：「爵，禮器也。象爵之形，中有鬯酒，又，持之也，所以飲。
器象爵者，取其鳴節節足足也。金，古文爵，象形。」（五下鬯部）

　　《釋例》：「爵下云，象爵之形，謂𠂤也，非字故不出。爵、雀蓋古
今字，然將徑訓爲小鳥，則從鬯從又，難爲說解；將徑訓爲酒器，則𠂤亦
難爲說解，故許君和合兩說以解之，亦說解中之變例矣！𠂤與鹿字上半
相似，不知何以象雀形？古文金似四雀在木上之形，或傳寫少改易之，
雀好羣集木上也。然古木寒雅，未嘗不羣集也。再欲其象酒器形，則吾
愈眯矣，不可強不知以爲知。○商雷篆爵銘作金，與此相似。」（卷十一
頁 10）

按：甲骨文、金文爵字俱象爵器之形，從又從鬯乃後增意符〔註689〕。王筠於許
君說解，雖蓄其疑，然而「強不知以爲知」，拘泥故習，曲予說解，以故支離破碎，
穿鑿附會，不忍卒睹矣！

（2）金，古文期。

　　《說文》：「期，會也。從月，其聲。金，古文期從日丌。」（七上月
部）

　　《句讀》：「《積古齋》王子中簋蓋銘：眉壽無期，與此文相近。」（卷
十三頁 16（942））

按：金文期字皆從日從其作金，其日或上或下不省，皆無省作金者〔註690〕，而
從月作者時間較晚，僅吳王光鑑一見，作金〔註691〕。古文作金，從日，丌聲，是

〔註689〕詳可參見《甲骨文字集釋》卷五頁 1757 爵下；《金文編》卷五頁 356 爵下收金、金、
　　　　金、金、金、金諸形，演變之過程清晰可見。
〔註690〕詳金先生祥恆《古器物中楚文之研究》59 頁。
〔註691〕見《金文編》卷七頁 478～479 期下。

丌者，其也。期因其字假借而形成之轉注字〔註692〕。王筠援據金文，以徵其字形略近於期字，而非全同也。

（3）示，古文亥。

《說文》：「亐，荄也。十月微陽起，接盛陰。從二，二，古文上字，一人男，一人女也。從乙，象褱子咳咳之形。《春秋傳》曰：亥有二首六身。示，古文亥。亥爲豕，與豕同。」（十四下亥部）

《釋例》：「亥見豕、亥二部，豕之古文，《玉篇》作疛，與《說文》同；亥之古文，《玉篇》作疛，與《說文》異，似當作疛，從夕無義。且大徐作示。說曰與豕同。小徐作幵，說曰與豕同意。尚未知篆文果同與否，未敢議刪也（積古齋作亥者，與小篆近；作幵、豕、亥者，皆與古文近）。」（卷十四頁8～9）○《句讀》：「積古齋師旦鼎幵，釋作亥，與此文相近。」（卷二十八頁34（2203））

按：金文亥字作「幵」者，與契文大抵相同，自餘形變漸繁，晚出者多作亥、作亥，即王筠據《積古齋》金文分與古文近，與小篆近者，《金文編》卷十四所收亥字〔註693〕，字體繁變不一，大抵亦如王筠所分，唯皆難以見其象類矣！

丙、證《說文》古文部分形體者

（1）禑，古文鬼。

《說文》：「鬼，人所歸爲鬼，從人，象鬼頭。鬼陰气賊害，從厶。禑，古文從示。」（九上鬼部）

《句讀》：「示字依朱氏、顧氏本，與鐘鼎同。鬼字依《汗簡》，以著從田之例。」（卷十七頁27（1277））

按：陳肪簋：「鬻盟鬼神」，鬼作禑，從口與絲或作鬻，追或作徣，孚或作令同例〔註694〕，此鬼字與王筠所據相近，疑《說文》古文所自眆者。

（2）愳，古文患。

《說文》：「患，憂也。從心上貫吅，吅亦聲。悶，古文從關省。愳，亦古文患。」（十下心部）

《句讀》：「小徐〈通論篇〉云，古文心白白爲患，白搞人心也。筠案：串乃串字離析而作之，《博古圖》周晉姜鼎串字，釋爲貫，案貫、毌一字，

〔註692〕 見盧貞玲《系統字義研究》其字組121～127頁。

〔註693〕 見《金文編》卷十四頁1015～1017亥下。

〔註694〕 見《金文編》卷九頁653鬼下。唯「盟」字作「鬻」，當據郭沫若釋爲「盦」，即鬯字，詳見《兩周金文辭大系考釋》214頁及江淑惠《齊國彝銘彙考》306頁。

毋及串皆東之省也。」（卷二十頁 38（521））

按：王筠不從小徐，而以古文所從之闕者，本東字離析而作之。郭沫若以東即棗〔註695〕。而毌、貫、串本一字，唯非如王氏之說，毋及串皆東之省，字作東、作棗、作串，皆象以｜（索組）貫物之形，其物非一，可貝可口可☉。而毌者，其原始象形文也〔註696〕。王筠所論，略具見地。

丁、證《說文》古文訛誤者

（1）奧，古文衡。

《說文》：「衡，牛觸，橫大木其角，從角從大，行聲。《詩》曰：設其楅衡。奧，古文衡如此。」（四下角部）

《釋例》：「衡之古文奧，《玉篇》作奧，是也。卤，角之古文也。石鼓作卤。古蓋作卤，向右者變而向左耳。旨之古文旨，從千甘，吾意其從刀，訛而為𠂆，刀刀分左右，以向左之刀變為向右之𠂆，正與角同。因揣鳥之古籀文，上半之卜，亦是鳥形，亦是向右而變為弓之向左，蓋本作，其斷之也，取其易於書寫耳（《博古圖》字，其卓所從之匕，亦變而向左）。」（卷十六頁 17～18）○《釋例補正》：「之說無徵，金刻卤字，已見指事篇」。（卷十六頁3）○《句讀》：「（奧）《玉篇》作奧，則篆當作奧，從卤從大，古文不論反正。衡又加行為聲耳。許君于古文之不可解者，乃云如此，蓋許君所見古文固然。《玉篇》別據鐘鼎文作之。」（卷八頁 39（589））

按：王筠以《玉篇》從角從大作奧者是，卤之上半則向左向右不分，誠為有見。衡字契文未見，金文作衡（毛公厝鼎）、衡（番生簋）〔註697〕，未見如《玉篇》省行作奧者，許君古文作奧者，殆本奧字而訛。而角字金文或作（鄂侯鼎）、（伯角父盉）〔註698〕，上半所作泂左右不分，此乃古文字所具有之不定型特質〔註699〕。

（2）剔，古文則。

《說文》：「剔，等畫物也。從刀從貝。貝，古之物貨也。剔，古文則。剔，亦古文則。剔籀文則從鼎。」（四下刀部）

《句讀補正》：「平安館畢仲敦作剔，然則亦從兩鼎，此剔字或傳寫之

〔註695〕見《兩周金文辭大系考釋》晉姜鼎 230 頁云：「卑闕俑𢎫者，卑即俾，闕俑等均當是南方之國名。中齍及中贏有『南國東行』，此闕即彼棗」，餘無可考。

〔註696〕詳邱德修《說文解字古文釋形考述》865～868 頁患下。

〔註697〕見《金文編》卷四頁 293 衡下。

〔註698〕同上 292 頁角下。

〔註699〕詳見李孝定《漢字史話》56 頁正寫反寫無別。

訛，《筠清館》刻畢仲敦亦誤。」（卷八頁 2（2401））

按：金文則字皆從鼎作〔註700〕，王筠以劓字係傳寫之訛，然金文敗可作𣀦、作𣀦，等同比例，恐亦非訛〔註701〕。《筠清館》卷三頁 23 收周畢中孫子敦則字作𣀦，似稍泐。

（3）𤡎，古文羆。

《說文》：「𤢐，如熊，黃白文，從熊，罷省聲。𤡎，古文從皮。」（十上熊部）

《句讀》：「篆似小誤，齊侯鐘能作𤠮。」（卷十九頁 30（1411））

按：能為古熊字，毛公厝鼎作𤠧，番生簋作𤠧〔註702〕，於獸形最為酷肖〔註703〕。王筠所據形體較晚，僅得其彷彿耳。篆稍傾斜而作，恐非小誤。古文從皮，以聲符相同之故。

（4）𥝢，古文孟。

《說文》：「孟，長也。從子，皿聲。𥝢，古文孟。」（十四下子部）

《句讀》：「人部保之古文𥝢，嚴氏以為校者所加，是也。禾從子會意，八則指事，兩手抱子狀也。《說文》重文，多在兩部，校者增禾於人部，而此部未刪，其字在孟下，即以為古文孟，尚不如增歠于口部而欠部未刪，猶以吟也說之也。又案：鐘鼎文保字，作𥝢、𤔲者固多，然王子吳鼎作𤔲，司寇壺作𤔲，如禾為古文孟，保安得從之？鐘鼎孟字如小篆，惟積古齋孟申鼎作𥫣，似是偶加八以為𠫤飾，與孟姬鼎作𥫣相似，不能謂𡿧亦古文孟也。且單文孤證，不能勝眾。」（卷二十八頁 19（2173））○《釋例補正》：「鐘鼎文孟字，皆同小篆，惟積古齋孟申鼎作𥫣，似可為禾古文孟證；然番君鬲云：𡿧𤔲𥝢用，子孫永用之反文也。是知𡿧又為子孫繁文，孟申鼎所從者此也。孟姬鼎作𥫣亦然，豈可謂𡿧亦孟之古文乎？（卷六頁 1）

────────────

〔註700〕見《金文編》卷四頁 288～289 則下。

〔註701〕按：《金文編》卷三頁 219 敗字收五年師旋簋作𣀦、南疆鉦作𣀦，鄂君啓舟節作𣀦，與則字同例。商承祚曰：「金文則字皆從鼎作劓，秦詛楚文、石碣皆然，後漢安帝延光二年之開母廟石闕亦此作，乃知兩周戰國時代之古文而保存於漢篆中者此其一也。秦始皇統一六國，統一文字，罷其不與秦文合者。但則字見於秦權、量、詔版百分之九十九作劓，其從貝作則者百不及一……至於從貝作者，當為民間簡體，而影響至上層者。」見〈石刻篆文編字說〉劓字（卷四頁 17 頁），載《古文字研究》第五輯 216 頁。李孝定以「鼎所從烹物，物熟則以刀等畫之以分食，故許訓等畫物，其引申誼也。」見《金文詁林讀後記》159 頁，說可參。

〔註702〕見《金文編》卷十頁 688 能下。

〔註703〕見《金文詁林讀後記》365 頁能下。

按：金文孟字皆從子從皿，間有從禾從血者，乃子下皿上作二三小點，古文增繁，往往有之，無義，亦即王筠所謂「嵌飾」，其謂🔣非古文孟，誠是，苗夔以孟或從古文保，脫其皿作禾耳〔註704〕，其於金文無徵。

戊、證《說文》古文部分形體略誤者

（1）🔣，古文惠。

《說文》：「🔣，仁也。從心從叀。🔣，古文惠從卉。」（四下叀部）

《韻校》：「惠之古文，無專鼎專作🔣，知此古文當作🔣。」（卷四頁

6）○《句讀》：「鐘鼎省惠爲叀，則其從叀明矣。……（🔣）當云從蠿，蠿蓋叀之籀文。周無專鼎作🔣，即此字也。」（卷八頁3（517））

按：金文惠字皆從叀從心作🔣（衛盉）、🔣（邾大宰匜）、🔣（齡鎛）〔註705〕，與小篆類，與古文不似者，蓋惠本假叀爲之，其後爲與本義別，故加心旁作惠〔註706〕，是王筠謂字從叀，實具卓識。叀作🔣，金文屢見，以籀文好重，故王氏疑爲叀之籀文。許書古文殆受同化整齊之結果〔註707〕，筠實未達一間，然較桂氏所徵〔註708〕略勝。

（2）🔣，古文仁。

《說文》：「🔣，親也。從人從二。🔣，古文仁從千心。🔣，古文仁或從尸。」（八上人部）

《句讀》：「當云從人心，鐘鼎文秊字，從人者多，從千者少，是其例。」

（卷十五頁1（1088））

按：王筠據秊字所從形同以比例仁字古文當從人非千，證諸甲、金文秊字並從人作🔣，說實較勝。觀中山王嚳鼎：「亡不逹仁」，仁作🔣〔註709〕，與許書「古文仁或從尸」者同，從千殆即從🔣之豎畫變「十」者，所謂「從尸」，亦當是從🔣之變，似以「人心」作者較佳〔註710〕。

（3）🔣，古文髮。

《說文》：「🔣，根也。從彡，犮聲。🔣，髮或從首。🔣，古文。」（九

〔註704〕見《說文繫傳校勘記》，載《說文詁林》（十一）706頁。單周堯〈讀王筠《說文釋例・同部重文篇》札記〉388頁從其說，並以王筠辨🔣非古文孟，甚是。

〔註705〕見《金文編》卷四頁272惠下。

〔註706〕詳邱德修《說文解字古文釋形考述》480～482頁惠下。

〔註707〕見舒連景《說文古文疏證》30頁。

〔註708〕按：桂馥《說文解字義證》亦引「焦山鼎文作🔣」，見《說文詁林》（四）540頁惠下，唯其臚列證據，不下己意，筠或本諸桂氏而青於藍耶？

〔註709〕見《金文編》卷八頁559仁下。

〔註710〕按：李孝定亦以「秊」字之千，古即假「人」爲之，詳《金文詁林讀後記》284頁秊下。

上髟部）

《句讀》：「汲古初印如此，然金刻頁多作𩑋，此亦不合。」（卷十七頁 14（1252））

按：髮字金文有許書之或體髹，召卣二：「黃髮散眉」，髮作𩬋〔註711〕，從首從犬，不從友〔註712〕。唯不見古文之形，從頁與從首同意，王筠所疑，亦有所本者。

（4）𠱹，古文啚。

《說文》：「𠳰，嗇也。從口亩。亩，受也。𠱹，古文啚如此。」（五下亩部）

《釋例補正》：「啚之古文𠱹，似當作𠱹，師寰敦曰：卹乃穡事。穡字，蓋文作𥝩（《筠清館》右下作向，非也，我有此器搨本），器文作𥣫，故疑下半當作亩，上半無可據，故仍之。而嗇部牆之兩籀文，亦當改從亩。」

（卷十四頁 1）

按：王筠據穡字所從而知啚之下半當作亩。啚字甲骨文作𠳰、𠱹〔註713〕，金文作𠱹、𠱹〔註714〕，乃邊鄙義〔註715〕。王筠所改之亩，殆離析甲金文之𠳰、𠱹而成，字形較早；唯虢鎛：「人民都鄙」之鄙作𠱹〔註716〕，知許書古文亦有所本，非可任意改之也〔註717〕。

（5）𡩟，古文寅。

《說文》：「寅，髕也。……𡩟，古文寅。」（十四下寅部）

《釋例》：「寅及古文𡩟，皆不可解。《積古齋》寰盤𡨥，戊寅父丁鼎𡨥，繼彝𡨥，皆與篆文相似。甲午簋𡩟，與古文相似，仍不可解，疑𡩟為𡨥之訛。」（卷二十頁 46）

按：王筠所據甲午簋，係趙宋政和禮器〔註718〕，焉能恃以為說乎？寅於契文、金文之異體甚多〔註719〕，當以象矢形或兩手奉矢形為主〔註720〕，與矢本同源，後

〔註711〕見《金文編》卷九頁 639 髮下。

〔註712〕按：猶釋髮不誤，唯髮從友聲，金文皆從犬作，友字雖亦從犬，二者終有別。詳《金文詁林讀後記》341 頁。

〔註713〕見《甲骨文字集釋》卷五頁 1879 啚下。

〔註714〕見《金文編》卷五頁 382 啚下、383 頁牆下。

〔註715〕詳見羅振玉《增訂殷虛書契考釋》中 7 頁上；又盧貞玲《系統字義研究》鄙字組 47～49 頁。

〔註716〕見《金文編》卷五頁 382、383，鄙者，啚之累增字也。

〔註717〕詳可參見《說文解字古文釋形考述》596～599 頁啚下。

〔註718〕見王永誠《先秦彝銘著錄考辨》159 頁。

〔註719〕見《甲骨文字集釋》卷十四頁 4339 寅下；《金文編》卷十四頁 991～992 頁寅下。

因假借歧分爲二〔註721〕。唯寅、矢初誼既失，初形亦湮，作書者遂得任意爲之，致其異體頗多。王筠雖疑許書古文爲訛，唯所據失眞，今金文中，陳猷釜作𤏳，陳侯因資錞作𤎩，或係許書古文所昉，唯從土或從皿者費解耳〔註722〕。

己、補《說文》古文者：

1. 補《說文》古文之異體

（1）百，古文百。

《說文》：「百，十十也。從一白。……百，古文百從自。」（四上白部）

《句讀》：「即此證白之同自，且證百之從白，非從黑白字之聲，而訛白爲白也。金刻百字不多見，祗百、百、百三體，未見此古文。」（卷七頁13（450））○《釋例補正》：「彝器銘百字，虢季子白盤百，五百二字連書之也。曶鼎作百，宗周鐘曰，百祝𠈃令，釋爲囧神保余，又以明說囧，我亦疑是百字。」（卷九頁1～2）

按：金文以「百」爲基本形式，稍離之而成百〔註723〕，小篆斷之而成百，是非從白作白，亦非從自作，筠釋形構未確。唯所舉釋白字爲是。又中山王𧤛鼎作百者〔註724〕，殆許書古文所本，實非從自。

（2）𢾷，古文揚。

《說文》：「揚，飛舉也。從手易聲。𢾷，古文。」（十二上手部）

《蛾術編》：「《說文》揚有古文𢾷，金刻對揚之揚，有𢾷、𤔎、𤔌諸體，無此形也。」（卷上頁24）

按：王筠時，諸器未大出，蒐集又匪易，所見非廣，而有此識別。金文揚字，「其基本偏旁爲𠬝及易，或又增玉。揚爲揭舉，故從𠬝爲意符，易爲聲符」〔註725〕，王氏能得其大而未睹其餘，今邾公釛鐘作𤔎、此簋作𤔌〔註726〕，亦未見許書古文所本。

〔註720〕 見《金文詁林讀後記》497頁寅下。

〔註721〕 見郭沫若《甲骨文字研究》下冊〈釋干支〉23頁。又于省吾《甲骨文字釋林》卷下452～453頁。

〔註722〕 按：寅字古文，諸家異說頗多，或以從土者，金文寅字既可從皿作，皿亦以土爲之，則字或可以從土作，說皆無徵，未免附會。詳《金文詁林》、《金文詁林補》卷十四1872條寅下。

〔註723〕 見《金文詁林讀後記》128頁百下。

〔註724〕 見《金文編》卷四頁249百字下。

〔註725〕 見《金文詁林讀後記》403頁揚下。

〔註726〕 見《金文編》卷十二頁779～781揚下。

（3）丣，古文酉。

《說文》：「酉，就也。八月黍成，可爲酎酒，象古文酉之形。……丣，古文酉從卯。卯爲春門，萬物已出，酉爲秋門，萬物已入。一，閉門象也。」（十四下酉部）

《句讀》：「酉乃古酒字也。故〈律厤志〉曰：留孰於酉，〈天文訓〉曰：酉者，飽也。留、飽皆與酉爲疊韻，許君不用，而獨與酒篆下就也同用一義，足見其意矣！叉季良壺云酉，齊侯甗云酉，皆旨酒也。而鐘鼎卯酉字，及尊、鄭所從之酉，有酉、酉、酉、酉、酉、酉、酉、酉諸形，惟然虎彝作酉，與小篆近；茶器亦多作酉，閒有作酉者。丣字不見古器銘。……屮即丣字，鐘鼎卯字皆作屮，小篆曲其上以爲姿耳，故說曰象開門之形，不曰從兩戶相背也。」（卷二十八頁 26（2187））○《部校》：「酋字次酉下，愈知酉是古酒字。古器銘丣丣酒漿，字竝作酉，後加水旁，區別爲二。」（卷三十頁 22（2291））○《釋例》：「酉，古酒字，部中字無一非酒事，且其爲字也，外象尊罍，中似水字，與合從水半見、谷從水敗貌同法。蓋既已爲酒，不復可從水，迨與丣合爲一字，反加水作酒以爲別，許君依之，是兩失也。」（卷二十頁 43）○《釋例補正》：「積古齋智鼎‧酉，師遽敦既生霸酉，是用爲卯酉字者；齊侯甗用實酉（旨）酉（酒），《筠清館》叉季良壺用盛旨酉，是用爲酒字者。○惟酉爲古酒字，故酋從之，酋部之尊，古器銘作酉者固多，然正考父鼎、季娟鼎、虎鼎、嘉禮尊、周壺皆作酉，虎尊、虎卣作酉，招舟作酉，諸女尊作酉，仲明父彝作酉，師旦鼎作酉，門狁卣作酉，父舟斝作酉，康鼎作酉，惟酉是酒，故可以尊之盛之也。但古銘卯酉字，無一作丣者，則當以爲假借。」（卷二十頁 1）

按：酉象酒尊之形，上象頸及口緣，下象其腹，腹上點畫，則其紋飾。覘諸金文酉字及所從諸字，皆未見如許書古文者，或本自壁中書耶？王氏之說是。至謂酉字外象尊罍，中似水字，則半是半非。以金文諸字之應用現象推知酉爲古酒字，是也，酉既象器之形，酒器盛酒，一外一內，事類相近，所本同源，唯後酉既假借爲辛酉之酉，爲求分別，故加水爲酒耳。

2. 補《說文》古文者

（1）上之古文二，下之古文二

《說文》：「上，高也。此上，指事也。上，篆文。」「丅，底也。指事。下，篆文丅。」（一上上部）

《釋例》：「段氏改上丅爲二二，而以上丅易上下，亦似是而非。如果

部首作二，則古文帝下云：二，古文上字。此語何自來哉？門部兩從古文

下。即據此兩證補之（《說文》凡從上者皆作二，臧之籀文䍐從上；從丁者

芉字，從下者芐字，二二字見虢叔大林鐘）。」（卷十三頁 23～24）

按：甲文金文上下字作二二二二者恆見〔註 727〕，唯《說文》古文系出孔子壁

中書，本為周秦間東土文字，王氏據虢叔大林鐘以證成補足，當有可議之處。然據

段改上為二，應可信，別無待補矣！。

（2）重之古文臯下補臰臰臰三重文，嫛下補古文䕫。

《說文》：「嫛，專小謹也。從幺省，中財見也。中亦聲。……䕫，古

文嫛。臯，亦古文嫛。」（四下嫛部）

《釋例》：「殳部殷，從之則作臰；广部廇之古文寪，從之又作臰：斤

部斷之古文𢇍𢇍，從之又作臰，似臰為本形，小變之則臰矣，抐一畫則臰矣，

再反之則臰矣，要之是一字，非臰之外別有此三文也。○又案臰似小誤，

據金刻臰作臰，則小篆從𠃊者，古文從𠃊。石鼓文𦈢從嫛，上半如嫛，下半

即臰之𠃊倒為𠃊矣。金刻臰亦作臰，則臰之𠃌，即凵之橫書者也。」（卷十三

頁 28～29）○「嫛下補古文䕫。○據本部惠之古文䕫，《玉篇》同。《積

古齋》虢叔大林鐘䕫字，即䕫也。又無專鼎䕫字兩見，䕫字一見，即䕫也。」

（卷十三頁 29）○「蚩下云……叀者如叀馬之鼻，乃制伏之意也，……

㪍下云，叀者，如叀馬之鼻，乃叀之正義，其字形則全體指事，非如許說

之會意兼聲也。今之牽牛及橐佗鼻者，穿鼻為孔，以大頭木貫之而繫之以

繩，𠃊以象木之大頭也，曰乃牛鼻，凵則繩也，其曲而上者，猶牽嫛之口

曲而下也，第橫蚩字而觀之，得其狀矣。叀從古文䕫而增一畫者，所貫乃

鼻中央分隔兩孔之肉，不貫鼻之兩旁也。古文簡質，篆文從而加詳，若夫

臰及補篆篇之臰、臰、臰，則皆屬變體，如臰之亦作臰臰也。……○《積古齋》

冔攸從鼎臰公，釋為惠公；虢叔大林鐘臰攵，釋為惠叔。以字言之，臰即是

嫛，而嫛非謚，當為惠之省。又東冏尊臰字釋為嫛。」（卷十六頁 11）

按：王筠據金文嫛及殷、寪、𢇍、臰諸古文偏旁以補《說文》嫛古文作䕫、䕫、

䕫者，徵其形構，誠為有見，然金文不必同壁中書，況偏旁之變化與獨體不恆等，

宜其說浮游不定，未能的解，況未睹甲金文前後之演變，致騎牆之見，進退維谷，

〔註 727〕見《甲骨文字集釋》卷一頁 23、35 上下字。《金文編》卷一頁 5、7 上下字。按：
　　　　段氏改上下古文作二，因其形與甲骨文金文暗合，論者莫不讚其識力驚人。壁中古
　　　　文變化較大，與甲骨文金文本不可相提並論，以此譽之，疑或失當，但由上部帝旁
　　　　二字與部首間之關係而言，所改理應可從，說見龍師宇純《中國文字學》400 頁。

－153－

前是而後非之也。所謂「其說可以啓發後進,然不可謂其是也。」〔註728〕重訓紡專〔註729〕,本作𤔔、𤔖、𤔗,許書古文作𤔘者,疑自金文𤔙簡省而來,作𤔚者可省作𤔛,省之作𤔜,宙下之𠃊訛變成𠃋如王筠說,而作𤔝者,又稍變矣。然所補古文除𤔘字外,餘三者金文皆未見,殆後起之訛變也。

（3）富下補古文𤓪。

《說文》:「𣆪,滿也。從高省,象高厚之形。讀若伏。」（五下富部）

《釋例》:「據築之古文𥧬,又從夏、高者,亦作𥧭、𥧮。《博古圖》有福、𥧮字,可據也。又京、富、高三字,在《說文》無異體,而《博古圖》京作𥨊、𥨋,富作𥨌、𥨍、𥨎,高作𥨏,亦可緣前三字一例補之。」（卷十三頁30）

按:《金文編》所收富字及福字所從率作𥧮,唯國差𦉜作𥧬,國差𦉜（一作工師𠈞𦉜）乃齊器,齊銘屬東土文字,與《說文》古文之系統相合,而國差（佐）其人見載於《左傳》成公二年（前 589）,以其時、地考之〔註730〕,則王筠所補,誠然有據矣!

（4）日下補古文⊙。

《說文》:「日,實也。太陽之精不虧。從口一,象形。⊝,古文象形。」（七上日部）

《釋例》:「本部及它部古籀文,從日者率作⊙,此乃⊝之變體也。⊝字惟《說文韻譜》不誤。⊙則與包之象穀在裏中者同形,本不合六書,然既有此形即列之。今人就字論字,不復思聖人因物製字之本,固已久矣!（金刻多作⊙）」（卷十三頁32）○「日字古文,以《說文韻譜》作⊝爲正,今本古文作⊖（毛本）作⊖（《五音韻譜》）,從古文者作⊙（金刻從日者亦多如此）,皆非也。日形非橢圓,⊙又似日中有黑子,是祲祥也。」（卷十四頁26）○「日部中古文及它部古文之從日者,皆作⊙,金刻亦往往如此,皆誤也。日之古文⊝,惟《說文韻譜》不誤,它本作橢圓形、作棗核形,並誤,蓋圓圍以象日之體,中之曲而橫者,天文家所謂無定之黑影,詞藻家所謂烏踆也,不可縮之注於中。」（卷十七頁21～23）

按:觀王筠之意,以日作⊝者爲正,作⊙者爲變,唯契文日作⊙、金文作口、⊖、

〔註728〕 見《說文解字古文釋形考述》470 頁。

〔註729〕 見王獻堂〈說捷綫〉,載《中國文字》三四期 1～6 頁。所訓重字最詳。

〔註730〕 見《金文編》卷五頁 381 富下及卷一頁 9 福字所從。關於齊器國差𦉜考釋及齊銘與《說文》古文之關係,可參看江淑惠《齊國彝銘彙考》241～251;407～410 頁。

曰、日，形體長短圓橢不一，而以作⊙者最多，王氏之說太拘泥矣！

（5）㫃下補古文屮。

《說文》：「㫃，旌旗之游㫃蹇之皃。……屮，古文㫃字象形，及象旌旗之游。」（七上㫃部）

《釋例》：「據旅之古文㫃，ㄇㄇ即从，則屮即㫃也。鐘鼎文從㫃者作屮，亦作屮，但與止篆疑似耳。」（卷十三頁 33）

按：王筠之說頗是，屮為㫃之變，ㄟ者从之訛也。

（6）旅下補古文㫃。

《說文》：「㫃，軍之五百人爲旅，從㫃從从。从，俱也。㫃，古文旅。古文以爲魯衛之魯。」（七上㫃部）

《釋例》：「者下云，㫃，古文旅字。案旅之古文作㫃，其形不相近，殆非㫃訛爲㫃也。積古齋戎都鼎都作㫃，諸女尊諸作㫃，皆省形存聲字也，㫃㫃皆旅字，而㫃尤與㫃近。」（卷十三頁 33）

按：王筠襲於故習，拘泥許書，雖睹金文，未能持之以辨，反肆其虐，加以補足，金文者字本作㫃，與旅之古文形近音似而誤，二者實互不相涉也。〔註731〕

（7）月下補二古文D㫃。

《說文》：「夕，闕也。大陰之精，象形。」（七上月部）

《釋例》：「朙之古文作㫃，D乃象月形。繹山碑作D，已漸不象，今篆更無影響。二部恆之古文㫃，說曰，古文恆從月；門部閒之古文閒，㫃乃古文外也，從之無義，亦當依㫃字正之作閒，㫃蓋奇字也。○周蛟篆鐘月作㫃。」（卷十三頁 33）○《句讀》：「鐘鼎文皆作D，當是籀文；古文明字所從之D，當是古文。」（卷十三頁 15（939））

按：月字金文形變雖繁，然率皆作D，王筠所說當是；又依段氏之說，以恆、閒所從之㫃、㫃，非外，係月之古文，並證以鐘鼎文，今《金文編》所收閒字，曾姬無卹壺作㫃，餘則從㫃、㫃明白〔註732〕，唯偏旁不足以盡據，是王氏所補㫃者〔註733〕，徒增紛繁燴亂耳！

（8）㫃下補古文㫃。

《說文》：「㫃，百同古文百也。巛象髮，謂之鬒，鬒即巛也。」（九上

〔註731〕見《甲骨文字集釋》卷七頁 2228。

〔註732〕見《金文編》卷十二頁 769 閒下。

〔註733〕詳見商承祚《說文中之古文考》13 頁；舒連景《說文古文疏證》69 頁；《說文解字古文釋形考述》924～925 頁。

首部）

《釋例》：「頁部顬下云籀文；慢下云，或從頁作；贈下云，籀文從頁，設頁非字，何以言從，顧以子古文學例推之，則當云古文頁，而云古文首者，《玉篇》作䶦，䍃、熠而入首部，又《說文》䪞從首，而《博古圖》作𩠐𩠐等形，故以爲首字，其實頁部説云，古人䪞首如此，則頁亦即首也。」（卷十三頁35）

按：古文頁、百、首當爲一字，頁象頭及身，百但象頭，首象頭及上髮小異耳〔註734〕，許書以各有從屬之字，故分爲三部耳。王氏之說當是。

（9）女下補古文𠂸。

《說文》：「𠂸，婦人也。象形。王育説。」（十二下女部）

《釋例》：「本部𡤾、𡠲、𠬞𠂸從之。案：金刻女有𢆶、𢆶、𠂸諸形，則𠂸亦古文。庡父鼎有𠂸、𠂸、𠂸三形，與𠂸近似。（卷十三頁37）○《釋例補正》：「鐘鼎文女字，有𠂸、𠂸、𠂸、𠂸、𠂸、𠂸、𠂸、𠂸、𠂸、𠂸諸形。筠清館商父乙彝作𠂸。」（卷二頁3）

按：金文形體變化紛繁，王筠取其於《說文》可徵之字體補之耳，非漫衍闌入而無綱紀也。所補者，與齊侯盤作𠂸〔註735〕近。

（10）母下補古文𠋫。

《說文》：「𠋫，牧也。從女，象裹子形。一曰象乳子也。」（十二下女部）

《釋例》：「侮之古文𠋫，説云古文從母。謀之古文二，作𠋫𠋫，未有説解。《玉篇》有唒字，云莫侯切。唒，慮也。然則𠋫當作𠋫，與𠋫皆從母也。女之古文作𠂸，加乳爲𠋫，與母字説解正合。庡父鼎母作𠋫，與𠋫形近，但曳‥於外耳。」（卷十三頁38）

按：母，金文皆作𠋫、𠋫，亦有不加點作𠂸，知「𠂸」表女、母二語，強爲之別，始有加點之𠋫字，本爲約定別嫌，非象乳形〔註736〕。兩點或作直線，唯皆不曳於外，王筠所據以補之古文略變異耳，實則不勞增補。

（11）五下補古文㐅。

《說文》：「㐅，五行也。從二，陰陽在天地閒交午也。×，古文五省。」

〔註734〕見《甲骨文字集釋》卷九頁2837頁下；2849頁百下。

〔註735〕見《金文編》卷一二頁784女下。

〔註736〕見《金文編》卷一二頁796～799母下；又說見龍師宇純《中國文字學》182～183頁。

（十四下五部）

　　　　《釋例》：「悟之古文作▢，故億▢即五，但文繁不殺，似籀文耳。楚
　　良臣余義鐘，語作▢，是吾省口。」（卷十三頁 39）

　　按：王筠既疑▢文繁不殺似籀文，按諸金文五作▢，未見作▢者，則所疑或
是。雖如較晚期之金文，若王氏所舉之楚良臣余義鐘（《金文編》作▢兒鐘）語作
▢，中山王▢鼎作▢〔註737〕，已疊之作▢，唯偏旁與獨體非等同，未足以據補也。

（12）申下補古文▢。

　　　　《說文》：「申，神也。七月陰气成體自申束，從臼自持也。……▢，
　　古文申。▢，籀文申。」（十四下申部）

　　　　《釋例》：「申之古文作▢，大徐本四篇玄之古文亦然，誤也。五音韻
　　譜本、朱竹君、顧千里兩小徐本，玄之古文作▢，《玉篇》▢作▢，▢作▢，
　　亦可證。案：▢下當再補古文▢，陳、虹之古文所從者是也。段氏以《說
　　文》無從▢者，遂改爲▢，體既小誤，▢又不可刪也，知者，積古齋天錫簠
　　▢從▢，又伯申鼎作▢，庚申父丁角作▢，與石鼓文合，皆當是別體。嘉
　　禮尊▢▢▢▢，釋爲神保是享，則從▢矣。甲午簠▢▢▢▢，▢▢▢▢，釋爲
　　吉躅明神、神鑒是德，蓋一句中重文，則作二於側。此則兩句也，故變其
　　體，而▢、▢之爲兩體明矣。至於玄之古文▢，周公鄂鐘玄鏐，頌鼎玄衣，
　　張仲簠其玄其黃，字並作▢，惟與糸之古文▢相似，周公望鐘玄鏐、吳彝玄
　　袞，無專鼎、頌壺、頌敦、襄盤四器之玄衣，字並作▢，則▢之省也。又與
　　幺之篆文相似。」（卷十三頁 40）○《句讀》：「段氏依▢篆改爲▢，本有
　　小誤，且▢▢皆古申字，不可偏廢也。積古齋嘉禮尊神保是言，▢從▢，
　　甲午簠吉躅明▢，▢鑒是德，一從▢，一從▢，然則許君少收▢▢字耳。▢固
　　自是古文也。」（卷二十八頁 25（2185））

　　按：申乃電之本字，象電燿曲折激射之形，諸家多已言之，其古文當作▢、▢，
王氏所補爲是。然以金文證▢當與▢並存而不廢，舉嘉禮尊、甲午簠神字所從以證，
是二器者，與天錫簠並爲趙宋政和禮器〔註738〕，恃以說古文，無異於執唐律以讞漢
獄。阮氏辨識未精，取以入積古齋，王氏承其誤，執以說古文，皆千慮一失者矣，
況取其偏旁以徵獨體乎！許書古文之▢，本由▢趨圓加點訛變而成〔註739〕。故王氏
之說，實得失互見也。

〔註737〕見《金文編》卷三 138 語下。
〔註738〕見王永誠《先秦彝銘著錄考辨》159 頁。
〔註739〕見《說文解字古文釋形考述》1020～1026 頁。

　　夫《說文》古文本出壁中書及張蒼所獻《春秋左氏傳》，自成一系，與殷周古文
截然有別，昔吳大澂已謂《說文》中古文皆不似今之古鐘鼎〔註740〕，王國維以其爲
周秦間東土文字，與同時期之兵器、陶器、璽印、貨幣文字爲一系〔註741〕，故如羅
振玉所言：「以甲骨文金文較《說文》，同於篆文者十五六，而合於古文者十無一二。」
〔註742〕今王筠據《說文》古文偏旁所從與金文參證，用補《說文》古文，其器之時
代或非春秋戰國，地域不在東土六國，而字形僅見於偏旁者多有，徒增紛繁屢亂，
恐以不補爲佳！其有補之略善者如𣪍、如中，以體例故，存參可耳！

4. 證補《說文》或體者

甲、證《說文》或體者

（1）𩕑，頂或從𩑶。

　　　　《説文》：「𩕑，顛也。從頁，丁聲。𩕑，或從𩑶作。……」（九上頁
部）

　　　　《繫校》：「𩕑或從𩑶丁，孫鮑二本或從𩑶作。小徐或從𦣻作。案，《説
文》无𩑶字，而𩕑及𩔖𩔥二文，《玉篇》皆隸𦣻部，作𩔖𩔥𩔡，鈕非石、段
茂堂皆依之。然𩑶字見《博古圖》，《説文》佚之，僅存于此耳。」（卷七
頁4～5（238～239））

　　按：今《金文編》所收「𩔖」字率從頁作𩔰（農卣）〔註743〕，又從𦣻作𩕝（公
臣簋），𩑶、𦣻本係一字，省繁之別耳。

乙、證《說文》或體之部分形體者

（1）畮，晦或從田十久。

　　　　《説文》：「𤲣，六尺爲步，步百爲畝。從田，每聲。畮，晦或從田十
久。」（十三下田部）

　　　　《句讀補正》：「田統大勢而言之，故田字内外，皆象阡陌，一畝之田，
並無阡陌，何以從十，蓋鐘鼎文十作╋，橫短而直長，廣一步長百步爲一
晦，亦橫短而直長，是以從十。」（卷二十六頁3（2508））

　　按：《金文編》所收晦字皆從田每聲作𤳕〔註744〕，未見《說文》所收或體，疑

〔註740〕詳見吳大澂〈説文古籀補自敘〉，載《説文詁林》（一）415～416頁。
〔註741〕詳見王國維〈史籀篇疏證序〉、〈戰國時秦用籀文六國用古文〉、〈説文所謂古文説〉、
　　　　〈桐鄉徐氏印譜序〉，載《觀堂集林》251、305、314、298頁。
〔註742〕見羅振玉《殷商貞卜文字考》。
〔註743〕見《金文編》卷九頁632𩔖下。
〔註744〕見《金文編》卷一三頁892晦下。

係訛字。王筠據鐘鼎文十作╫以說，略嫌比附太過。

丙、證《說文》或體之省者

（1）彊，畺或從土彊聲。

《說文》：「畺，界也。從畕，三其界畫也。彊，畺或從彊土。」（十三下畕部）

《句讀》：「《眾經音義》引《廣雅》：畺場，界也。今本作彊場。《積古齋》史賓釬，史伯碩父鼎，皆省彊爲畺。」（卷二十六頁32（2046））

按：王筠謂省彊爲畺。然先有彊字，後增土爲彊也〔註745〕，殆誤後爲前也。

（2）鋪，鐘或從甬。

《說文》：「鐘，樂鐘也。秋分之音物穜成。從金，童聲。古者垂作鐘。鋪，鐘或從甬。」（十四上金部）

《句讀》：「（銿）亦省作甬。《鐘鼎款識》有谷口銅甬。」（卷二十七頁13（2084））

按：據《歷代鐘鼎彝器款識法帖》卷十八頁5所收漢器谷口銅甬銘作：「谷口銅甬，容十升，始元四年，南方左馮翊造。」則「甬」者爲容器，而非〈考工記〉鳧氏爲鐘，舞上謂之甬之鐘甬〔註746〕，乃爲《禮記》〈月令〉：「角斗甬」，注：「今斛也。」〔註747〕斛甬之甬，是王氏據以爲說省，當誤。今金文「鐘」亦未見作「銿」者矣！

丁、補《說文》或體者

（1）厴下補或體厴。

《說文》：「厴，鬵也。一曰地名。從厂，弢聲。」（九下厂部）

《釋例》：「嚴之古文作嚴，敊之籀文作弢，以此互推之。虢季子白盤作厴。」（卷十三頁36）。

按：今《金文編》所收厴字，字形率與王氏所舉虢季子白盤同，未見其補作厴者〔註748〕，何可率爾操觚，勇於補苴乎？

〔註745〕按：李孝定言：「古文衍變由象形、會意以主形聲者多矣！不惟形義相衝，其音亦必相同，始能視爲古今字。……訓比田之畕與訓界之畺，實爲一字，比田必有界，畕爲會意，畺爲指事，彊則從弓、畺聲，爲弓有力之本字，引申爲凡彊弱之稱，用爲『萬壽無疆』乃假借，後又增土爲彊，從土，彊聲。」載《金文詁林讀後記》454頁。

〔註746〕見《周禮疏》卷四十頁14：「舞上謂之甬」，甬者，鐘柄也。《十三經注疏——周禮》617頁。

〔註747〕見《禮記疏》卷十五頁5：「角斗甬」注，（300）頁。

〔註748〕見《金文編》卷九頁661厴下。

是王氏據金文以證補《說文》或體者，其得失互見如上，然誤者較多，審辨之難，誠有如是者矣！

（三）證明假借通用者

王筠以「假借」一門，無大意義，故《釋例》一書中言假借，大抵援據孫愔齋《說文解字假借考》說法，略加修正辨證耳。其以假借分「用字假借」與「造字假借」，用字假借又分「無本字假借」與「有本字假借」，而以無本字假借且同聲者爲正例，有本字假借且非同聲者爲變例〔註749〕。實假借者，乃基於讀音同近關係，以兼表另一語言，與其本義、引申義絲毫無干者〔註750〕，此「無本字假借」者；至若「有本字假借」，即所謂「通假」〔註751〕。其據金文以明假借者，諸條大抵逸出《釋例》〈假借〉所舉諸例外，今羅列其說，以窺其援據金文以證假借通用之大凡及得失云。

1. 借令爲命

《句讀》：「金刻多借令爲命，史伯碩父鼎：永令萬年，其徵也。」（卷三頁 12（198））

按：《說文》訓「令」爲「發號也」。從人從口，取象於發號者以上臨下，受命者跪以承命，甲骨文有令無命，西周初期康王時器始有「命」字，知命字晚起。且二字文義、用法並無差別，今人以「通假」說之〔註752〕。王筠又據段注以「亦聲」說之，以明其音切義近之孳乳關係，而非六書之「假借」。實則命與令原爲一語，本爲複聲母，其後複聲母變爲單聲母，始形成二語二字，故其義根本不異〔註753〕，無待「假借」而後明，金文以令爲命，乃其證也。王筠以「假借」說之，又據段氏以「亦聲」說之，執持不定，游移其詞矣。

2. 借邁爲萬

《釋例》：「邁下云，蠆省聲。小徐本作萬聲，是也。《積古齋》萬年

〔註749〕 詳見《釋例》卷五頁 1～29；金錫準《王筠的文字學研究》61～64 頁；關於「無本字假借」與「有本字假借」諸說，可參見徐侃〈假借與通假初探〉，載《人文雜志》1982 年第四期頁 118～119；劉又辛〈論假借〉，載《羅常培紀念論文集》99～100 頁。

〔註750〕 見龍師宇純《中國文字學》143～146 頁。

〔註751〕 參見全廣鎮《兩周金文通假字研究》中〈釋名〉20～35 頁。

〔註752〕 詳見全廣鎮《兩周金文通假字研究》275～277 頁。又見陸宗達、王寧《訓詁方法論》56 頁以「同源通用字」，係新詞義引申而衍生後，便孳乳出相應之新字，新字之字義亦由發源字分化而出，唯以過去長期之習慣，於過渡期有二字相通用之現象云。

〔註753〕 詳見龍師宇純《中國文字學》300 頁。

字婁見，作◎者固多，然甲午簋作◎，天錫簋同，從辵明白。至於寰盤◎，周壺◎，司敦◎，陳侯敦◎，皆從辵之變文。仲虘父敦◎，則從止而省彳。曾伯霖簋◎，則從彳而省止。要之皆借邁爲萬也。聲苟不同，何以借用？何必委曲其詞，而謂之省乎？」（卷三頁 18～19）

按：《說文》訓「邁」爲「遠行」，訓「萬」爲「蟲」，金文萬既假借爲萬年之萬，或增意符辵、止、彳。王筠所謂「借邁爲萬」，實通假也〔註 754〕。而從小徐作「萬聲」，是也。

3. 借羃為擇

《句讀》：「（羃，引給也。）給，李燾本作絡。糸部給下云，絲勞即給。又繹下云，抽絲也。平安館曾伯霖簋、餘子簋，皆曰羃其吉金，借爲擇字也。」（卷三頁 30（353））

按：《說文》訓「擇」爲「柬選」，與「羃」訓「引給」，謂柬選分別，即可引用給供〔註 755〕，乃擇之古文，本係一字，何勞「借」乎？是非六書之假借，實乃同源通用耳。

4. 借異為翼

《重言》：「〈節南山〉之巖巖，或本作嚴嚴。〈常武〉：緜緜翼翼。傳：翼翼，敬也。虢叔大林鐘曰：嚴在上，異在下。詞意與本詩同。翼本借字，則異亦借字也。」（34 頁）

按：異本義爲戴，象人首戴物之形，異字後假借爲分義，引申爲敬也，唯後爲假借義分也所專，其引申諸義多假翼字爲之〔註 756〕。是王筠言「翼本借字」者，六書之假借也；其言「異亦借字」者，則通假也〔註 757〕。

5. 借釁為眉

《釋例》：「釁下云：臼象持甀，持以釋臼，甀以釋◎，◎不出者，非字也。下文冂爲竈口，雖非本義，然猶可以形借用，故不同也。○鐘鼎文釁字作◎，借釁爲眉，則作◎、◎。其◎即◎也，緣是象形，故多少任意，推◎是百字，◎是鼻字，未有從酉者，又◎從皿，蓋本從血而刻訛耳。」（卷十一頁 4）〔註 758〕○「釁部收釁字，義全無涉，特以形

〔註 754〕見《兩周金文通假字研究》384～385 頁。
〔註 755〕見高田忠周《古籀篇》卷五十七頁 18。
〔註 756〕詳見劉文清《系統字義研究》151～164 頁。
〔註 757〕詳見全廣鎮《兩周金文通假字研究》308～309 頁。
〔註 758〕此說又見《釋例》卷三頁 41～44；卷九頁 18～19；卷十一頁 5。

似而附耳。既云血祭，安所用釁乎？又案：血祭二字，極爲斟酌，《孟子》趙注：新鑄鐘，殺牲以血塗其釁郄，因以祭之曰釁，則望文爲義矣！而《公羊．僖十九年傳》：叩其鼻以血社，又前乎此矣！夫釁鐘、釁鼓、釁器，猶可曰以血塗之，豈春官天府，釁寶鎮及寶器，亦可以血塗之乎？故知許說是也。重器必祭，而禮異人鬼，故用血膋而無膶熟。至於釁之爲隙，以聲借，非以義借，不必附合也。鐘鼎文借釁爲眉，又將何以說之乎？」（卷九頁 18～19）◯（鐘鼎文）以釁代眉，人不以爲血祭也。（卷三頁 44）◯《釋例補正》：「《風俗通》說禊曰：《周禮》女巫掌歲時以祓釁浴，言人解療生疾之時，故於水上釁潔之也。夫曰釁潔，則豈得以血污蠛之，且人豈有釁郄可塗乎？」（卷九頁 1）

按：金文「鑄」字與「釁」字形近而殊，「蓋鑄器者傾金屬溶液於笵中，其事與沃而沬沐相近，故於文從臼持到皿，下承以皿亦相同，惟釁字從水從頁，鑄字從金從火，或從壽聲爲異耳。」〔註 759〕王氏辨識未清，致混二者爲一；又襲舊誤，以爲「借釁爲眉」，實釁乃沬之本字，與眉具以音假爲美耳〔註 760〕。王筠雖據《風俗通》女巫所掌者以疑血祭塗血之說，其疑誠不易，以釁潔釋釁，於義得之矣，然猶未達乎一間，宜其扞格而不入，不足以盡釋釁字也。

6. **借保為寶**

《釋例》：「鐘鼎多借保爲寶。」（卷八頁 39～40）

按：保之本義爲養，寶之本義爲珍，二字聲同屬幫母，韻同在幽部，故可通假，金文假保爲寶之例凡四十一見〔註 761〕，頗多，王氏之言是也。

7. **借𦘔為肄**

《釋例》：「𦘔似希之分別文，希部曰脩豪獸，聿部𦘔下云習也，義固較然。然今肄習字，用篆文肄而又小變之，初不用𦘔及籀文𦘔，《爾雅．釋獸》之貄修豪，正與希訓同矣，而字與𦘔之籀文相似，蓋本作貄，因訛貄也。……案肆是借字，肆則變爲從長隶聲，惟貄從豸，與獸義合。以愚論之，𦘔本同希，借爲肄習之義，借義奪之，遂分爲二，字本從希聿聲，《爾雅》用之，小篆從聿者，鐘鼎率從聿，聿即肄之入聲字也。楷書用肄，故其籀文以少用而訛，不可推求其聲義。」（卷八頁 23～24）

〔註 759〕見李孝定〈釋「釁」與「沬」〉，載《漢字的起源與演變論叢》277 頁。

〔註 760〕見〈釋「釁」與「沬」〉267～283 頁；又《金文詁林讀後記》118～124 頁眉字下於諸家說解皆有辨證，可參見。

〔註 761〕參見《兩周金文通假字研究》148～149 頁。

按：沈兼士嘗據王筠之說，謂希絲、肄肆、殺弒皆重文變易之體，肄訓習非本義，乃爲假借，說甚通達〔註762〕，而王氏於其文字形義之流變，亦闡發詳盡矣！

8. 借陳為陳

《句讀》：「陳，經典皆借陳爲之，《積古齋》陳侯敦作𨻰，則借陳爲陳。」（卷六頁25（412））

按：陳借爲陳，段雖明言而無徵，王筠例舉金文之用法以證，知非向壁虛造也。

9. 借隹為惟、維

《許學札記》：「鐘鼎文借隹爲惟也。」（非字丂下）○《釋例》：「丂又以爲巧字者，則以聲借用，義全無涉矣。巧從丂聲，猶鐘鼎借隹爲維，維從隹聲也。」（卷十一頁6～7）

按：金文隹字最多〔註763〕，並用爲唯字〔註764〕，段氏以「經傳多用爲發語之詞，《毛詩》皆作維，《論語》皆作唯，《古文尚書》皆作惟，《今文尚書》皆作維。」〔註765〕取石刻以證，則經籍未見作「隹」者。筠雖泛取金文以證，其爲假借，自古無疑者矣！

10. 蔑曆皆假借

《釋例》：「甘部曆，當據《繫傳》音歷改爲曆，雖金刻蔑曆字，邑卣、趩彝皆作曆，敔卣作曆，其甘小變，上半皆是厤非厤，厤非字，且以歷推之，亦可見讀若函似亦非是。阮元以歷字代之，以密勿說之。蓋蔑曆皆假借字，雖非雙聲疊韻，然形容之詞，音必相近，函之於蔑，其音太遠，似阮氏說是。」（卷十四頁 25）○「今案《博古圖》周淮父卣蓋作蔑曆，其甘亦作甘，秝亦作林，器作蔑曆，則秝變爲林，甘省爲口，可知作林者皆秝之省。……○周敔敦蔑敔曆，以名介蔑曆之間，較之畢仲敦蔑𠬝曆，以𠬝介其閒，尤不可解，要之諸銘從甘明白，《博古圖》釋文從日，非也。」（卷十四頁48）○《釋例補正》：「《筠清館》然睽敦敢作𢼄，反文也，其從甘尤明白。周作書彝蔑𡭴曆，中一字不可識，上下二字則蔑曆也。曆字從厤從甘明白。漢光和斛文云，依黃鍾律曆，曆字口文作曆，底文作曆，與曆從厤而《說文》訛厤正同，乃厤是字而厤則非字。與淮父卣之曆，從

〔註762〕見沈兼士〈希殺祭古語同原考〉，載《輔仁學誌》八卷二期4頁。

〔註763〕見孫詒讓《名原》上頁10。

〔註764〕方麗娜《西周金文虛詞研究》中列其用法有五：曰名詞並列連詞、因果關係詞、加合關係詞、句首助詞、語首助詞。頁336。

〔註765〕見《說文解字注》十篇下頁30（509）惟字下。

麻非字同。得此錯誤之旁證，更快也。」（卷十四頁 3）

按：蔑曆之解釋，諸家聚訟紛紜，莫定一尊〔註 766〕。王筠於其字形結構，分辨劃然，而於文例詞意，亦頗推究，二字連文或以人名介其間，意皆取獎勉勞績〔註 767〕，至其確解，尚難確定。

11. 借丂為於、巧

《許學札記》：「巧從丂聲，猶鐘鼎文借隹為惟也。」（非字丂下）〇《釋例》：「丂下云，勹上礙於一也，勹字非後人所增，即乃字也，乃雖作𠃌，而卤卤從之皆作乚，丂之下半，正同之矣。蓋本作𠃌上礙於一，寫者疑其不類而改之。不知乃丂二部相次，正以此故，乃本難詞，丂亦气不舒，故從之也。是以古人借為于字者，乃借其義而為于嗟之于也，气出難，故長吁以發之。又以為巧字者，則以聲借用，義全無涉矣！巧從丂聲，猶鐘鼎借隹為維，維從隹聲也。」（卷十一頁 6～7）

按：王筠以借丂為于係借其義之說，李孝定嘗嚴加廓清，其誤昉自許書云：「丂，古文以為亏，又以為巧字」，段氏以其音雖不同，然丂、亏字形相近，字義相近，王氏推演愈烈，以至綱紀隳壞，淆亂假借義例。李氏言「丂字金文作丂，契文作丮，與契文『何』字作何所從之『人』形近，疑即『柯』之象形古文，『何』字象人肩『何』（荷）枝柯之形，聲借為考妣、壽考之考，肯可之可耳，許君不得其故，遂有『气欲舒出，勹上礙於一』之說，迂曲甚矣！」是亏、丂二字，只以形近而訛，王筠視借「丂」為「于」為當然，一若六書中眞有借義之假借，疑誤後生，莫此為甚，故一為辨之〔註 768〕。金文假丂為考者有之〔註 769〕，未見假作巧、于者，王氏之誤，不言可喻。

12. 借牆為穡

《釋例補正》：「師袁敦銘蓋作𥺊，器作𥺊，據字形當是牆字，然其詞曰：卹乃牆事，則是借牆為穡也。」（卷五頁 1）〇《句讀》：「《筠清館》師袁敦卹乃牆事，蓋借牆為穡。」（卷十頁 22（713～714））〇《句讀補正》：「師袁敦銘卹乃穡事，其穡字，蓋作𥺊，器作𥺊，正是牆字，豈兩字可通用邪？」（卷十頁 1（2408））

〔註 766〕參見《金文詁林》卷四頁 238～302（662～678），《金文詁林補》1029～1046（1242～1290）頁。

〔註 767〕見《金文詁林讀後記》134～137；174 頁。

〔註 768〕見《金文詁林讀後記》178～180 頁丂下。

〔註 769〕見《兩周金文通假字研究》129～130 頁。

按：此字古來爭議頗多，屈萬里以嗇爲穡之本字，牆爲繁文〔註770〕；陳夢家以嗇、牆互通，增爿爲聲符耳，爲穡之古文〔註771〕；李孝定以爲偶誤，非穡、牆可通假也〔註772〕；戴家祥以古牆、穡同字〔註773〕。牆即《說文》牆字籀文，王筠前說以假借，後說以通用，然二字音誠不近，恐非假借，疑以陳氏之說爲長。

13. 借㮃为無

《韻校》：「《說文》㮃爲蕃廡之正字，㮃爲有無之正字。秦碑以㮃爲有無之無，本之鐘鼎文。」（卷一頁 11）○《釋例》：「周兜尊銘㮃字正如我說，又有㮃㮃兩體，皆有無之無，而字不從凵。」（卷十七頁 8）○《釋例補正》：「鐘鼎無㮃字，似是小篆分別之。」（卷十七頁 1）○《文字蒙求》：「無㮃㮃，上文甫切，豐也，從林從大，從卅，數之積也。《說文》引庶艸蕃無。下武扶切，亡也，從亡，㮃聲。金刻率用㮃爲有無字。」（卷三頁 86）○《句讀》：「金文皆借㮃爲之，小篆加亡爲別。」（卷二十四頁 34（1869～1870））

按：王筠之說是也，契文皆假「亡」爲有「無」字；金文則假舞之「㮃」爲有「無」字，至小篆始加亡以爲別耳〔註774〕。

14. 借乍为作

《句讀》：「鐘鼎文以乍爲作，然則乍是上古通借字，作是中古分別字。」（卷十五頁 13（1112））

按：《說文》訓乍爲「止亡詞也」，訓作爲「起也」，二字於金文中假借之現象不煩枚舉，二字古音聲近（同爲齒音）韻同（鐸部），故可通假。

15. 借媵为侤

《句讀》：「鐘鼎無侤字，皆借媵爲之，其作朕者，媵之省也。許子簠曰，用媵孟姜，姜者許姓，則此是媵女之器，蓋侤是小篆之專字，媵又隸字也。」（卷十五頁 16（1118））

按：豆閉簋：「用侤乃且考事」，侤作𤳸，匠君壺從女作𡚽〔註775〕，而金文諸媵器，其銘大抵作「媵」，乃媵之假〔註776〕；作「媵」，用爲送，則假爲侤矣！王筠

〔註770〕見《殷虛文字甲編考釋》210 頁。
〔註771〕見《卜辭綜述》536～537 頁。
〔註772〕見《甲骨文字集釋》卷五頁 1883。
〔註773〕見〈牆盤銘文通釋〉「史牆夙夜不㒵」句，載《師大校刊》1978 年第 7～8 頁。
〔註774〕詳見高鴻縉〈頌器考釋〉57 頁。
〔註775〕見《金文編》卷八頁 568 侤下。
〔註776〕見《兩周金文通假字研究》296 頁。

時，諸器未大出，故以無侯字，唯媵女之器，皆作朕，無作侯者。

16. 借嗣為司

　　《釋例》：「鐘鼎文皆借嗣爲司。」（卷九頁 32）

　按：嗣字從𤔲，取治絲意，故嗣有治義，金銘多用此義〔註 777〕。揚簋：「嗣工司」，彝銘中司、嗣兩字用法大異，嗣爲官治，司馬、司土、司寇等字，金文皆作嗣，《說文》：「臣司事於外者」，當以訓嗣，後世省繁，直假司爲之，經典亦如此〔註 778〕。

17. 借萬為千萬之萬

　　《繫校》：「萬下云蟲也，萬下云毒蟲，而皆云象形。竊意鐘鼎文萬字，全象蠍形，小篆縮其尾，乃不甚似，是知萬即古文萬也。借爲千萬既久，乃加虫別之耳。」（卷十八頁 2）。

　按：王筠於字之形義流變分辨精確矣。

18. 借麋為眉

　　《句讀》：「顏注《急就篇》，麋似鹿而大，目上有眉，因以爲名也。案：鐘鼎款識，眉壽多作麋壽。」（卷十九頁 16（1383～1384））○《釋例》：「鐘鼎文以麋代眉，人不以爲麋鹿也。」（卷三頁 44）

　按：麋字契文象麋形，眉壽係殷周嘏辭習語〔註 779〕，金文作𪊨壽，經籍或作麋壽、微壽，壽上一字無定，以其音近，蓋皆美之假借也，而非眉字。

19. 借趄為狟

　　《句讀》：「（狟，犬行也，從犬亘聲。《周書》曰尚狟狟。）〈牧誓〉文，今作桓桓，鄭注：桓桓，威武也。《三體石經》作㹅。亦借趄爲之，周子白盤銘曰：𧻚𤽄日，蓋以走字從犬，故借之也。」（卷十九頁 22（1396））○《釋例》：「周虢季子白盤𧻚二𤽄日，借趄爲狟，走亦從犬也。印林曰：石經定從正書也，從犬有威意。」（卷五頁 19～20）

　按：趄借爲威武義之桓桓者是，唯以走字從犬，其以義借二說則大謬。

20. 借毆為也

　　《句讀》：「（也，女陰也。象形。𠃌，秦刻石也字。）今存琅邪碑如此，《顏氏家訓》載秦權亦然。積古齋秦斤銘，借毆字爲之。」（卷二十四

〔註 777〕 見《金文詁林讀後記》342 頁。
〔註 778〕 見《金文詁林》卷九頁 120（5574）司下。
〔註 779〕 參見徐中舒〈金文嘏辭釋例〉，載《上古史論》85～129 頁。

頁 27（1855））○《釋例補正》：「積古齋秦權銘仍作也，秦斤銘則作殹。《筠清館》秦量銘亦作也，其字作𠃌，與嶧山碑同。殹，擊聲也；也，古匜字，皆假借。」（卷十八頁 4）○《釋例》：「乁部也下云，女陰也。象形。案女陰之說，他無所見，姑置無論。凡在某部，必從其義，乁者流也，流者器之嘴也，於女陰無涉，而字乃從之乎？且謂之象形，即必通體象形，何以抽其乁為義，而𠃌獨象形，它部無此詭異之形也。……《博古圖》周義母匜作𠃌，孟皇父匜作𠃌，張古娛贈我叔液匜作𠃌，皆與也篆相似。葉東卿贈我鄭伯盤，銘有𣱛𠃌字，即〈既夕禮〉之盤匜也，匜以注水，盤以受水，故連言之。周伯溫以也為古匜也，信而有徵矣！」（卷五頁 26～28）

按：王筠言殹借為也，殆本諸段氏言殹字曰：「秦人借為語詞，詛楚文：禮使介老將之以自救殹。薛尚功所見秦權銘：其於久遠殹。《石鼓文》：汧殹沔沔，權銘殹字，琅邪臺刻石及他秦權、秦斤皆作𠃌，然則周秦人以殹為也可信。」〔註780〕其說可從；唯據周伯溫說，以也為古匜字，則非。也象女陰，許君之說不誤，甲骨文有𠃌，即𠃌之異體，乃「育」字，其下從𠃌，即也篆所自昉。匜字金文皆作𠃌，象它蛇之形，殆假它為之，小篆從匚也聲〔註781〕。二者本非一字也，周、王二氏據其形近而說，未免混異為同耳。

21. 借洍為祀

《句讀》：「（洍，水也。從水，臣聲。）詳里切。案：此切與祀同音，奠彝銘曰：奠其洍萬年無疆。蓋借洍為祀也。」（卷二十一頁 28（1582））

按：洍是否即洍字，單文孤證，不足以憑也。

22. 借罍為櫑

《釋例補正》：「《筠清館》齊侯罍二，一作罍，一作罍，皆借罍為櫑。雖文有剝蝕，而牽連之筆亦微異，要可證也。」（卷八頁 4）

按：《金文編》收櫑字有不從木作罍者，餘或從缶，或從皿，或從金〔註782〕，于省吾曰：「甲骨文罍字作罍（《甲》2812），只一見，原辭殘缺。……罍形中从𠃌，乃申作𠃌的變形。商器有父乙罍（借為櫑）。罍字中從𠃌，也是申字的變形。」〔註783〕則罍可借為櫑者也。

〔註780〕見《說文詁林》（三）1133 頁。

〔註781〕見《金文詁林讀後記》頁 421、431 也、匜下。

〔註782〕見《金文編》卷六頁 398 櫑下。

〔註783〕見《甲骨文字釋林》卷下第 350～351 頁釋罍。按：父乙罍之罍，中作十者為閃電不誤，為謂從申則未必，字象雷形，雷電交加者也。

23. 借翆為霸

《句讀》：「霸，水音也。……字又借翆，《金石索》楚曾侯鐘，背有翆反、宮反四字，五音舉其二，蓋此鐘所中之音也。言反者，或如清商、清角之類乎？」（卷二十二頁 15（1688））

按：翆字，《說文》以為雺之或體，訓「夏祭樂于赤帝，以祈甘雨也。」〔註784〕以音同假借也。《金文編》則逕入羽字條矣〔註785〕！

24. 借丁為榦支之丁

《許學札記》：「魚枕謂之丁，即今釘也。鐘鼎文作•者，自其頂而觀之也；作↑者，自其側而觀之也；從而曳長之，即成个矣！顧彼連而此斷者，與朳別也。」（存疑榦支廿二字）○《釋例》：「丁篆作个，即是避巾篆而然，鐘鼎文作↑，即引而長之，亦不當斷，今斷之，故知為避也。」（卷十六頁 20～22）○「榦支二十二字之作也，初必為一物一事而作，而後借之為榦支用也。……案丁即今之釘字……（下同，不殫舉）。」（卷二十頁 43～44）

按：王筠謂丁之初形本義及假借，誠觀察入微，說不可易也。

上舉二十四例中，可窺知王筠援據金文以證假借通用，有其精當處，若（7）借絆為肆、（8）借陳為陳、（13）借𣞤為無、（14）借嗣為司、（15）借萬為千萬之萬、（22）借𥁕為醢、（23）借翆為霸、（24）借丁為榦支者；亦有其牴牾乖違者，若（11）借丂為于、（19）借赹為桓者，尤以「義借」一說，最受爭議。唯其舉證之確鑿，發前人所未明者，洵有過之矣！

（四）闡明金文之義例及特質

1. 闡明金文之義例

王筠嘗歸納其所及見之金文著錄諸書與各器類銘辭，證知其詞例應用之通則者，如：

宗廟之器，彝居其一，而曰常器，則似凡器之通名，乃下引《周禮》，則又為一器之專名。《左•襄十九年傳》曰：大伐小，取其所得以作彝器，杜注：彝，常也，謂鐘鼎為宗廟之常器。案傳及注意，亦謂彝是通名也。故《積古齋》、《筠清館》所有款識，彝之屬，其銘往往連言尊，祖己彝曰尊彝，雕作癸彝曰寶尊彝是也。尊之屬，其銘往往連言彝，甕尊曰尊

〔註784〕見《說文詁林》（九）795 頁雺下。
〔註785〕見《金文編》卷四頁 250 羽下。

彝，繼彝曰宗彝，商員父尊曰寶尊彝是也。且夫尊、彝皆酒器也，凡酒器之銘，亦通謂之尊，謂之彝，周癸季壺曰尊壺，彭姬壺曰壺尊，作祖壺曰彝，大壺曰寶彝，父辛卣曰彝，邑卣曰寶彝，父丁卣曰尊彝，各父癸卣曰寶尊彝，周寰卣曰寶尊器，獸爵曰寶彝，商爵曰尊彝，叔臣爵曰寶尊彝，父舟斝曰尊彝，子燮兕觥曰彝，周父丁角曰寶彝，庚申父丁角曰尊彝，然則至小之酒器，亦皆沿襲尊彝之名也。乃宗廟他器，亦多沿用之，曾侯鐘曰宗彝，母乙鼎曰尊鼎，周小子射鼎曰寶尊，伯申鼎曰寶彝，穆父丁鼎曰寶尊彝。夫鐘鼎之爲重器，豈下於尊彝哉？乃鐘鼎銘文，謂之尊彝，尊彝銘文，曾不謂之鐘鼎，即諸器亦皆假名尊彝，而不假名鐘鼎，抑又何也？則有兄光敦曰尊敦，伯尊敦曰寶尊敦，周專𣪘敦曰寶尊彝，周工鬲曰寶彝，姬鋌母鬲曰尊鬲，周太師虘豆曰尊豆，凡皆宗廟之器也。乃日用之器，亦沿用之，冊父考盉曰寶尊，諸女匜曰尊彝，周立匜曰寶尊彝，周甗曰寶彝，周雷甑曰寶尊彝，拍盤曰彝。若夫戚者，征伐所用，非常器也，而商戚曰彝，直是相沿既久，不顧其安者矣！然其所以如此者何也？曰，許君之所以詁爲常器者，即由于此也。蓋大舜言宗彝，而謂之觀古人之象，則宗彝之作，必在唐虞以前，其餘諸器，多在其後，故皆沿用其名也。宗彝即尊彝，《左傳》伯宗亦作伯尊可證。僞孔傳釋宗爲宗廟，非是。而金文之言宗彝者，惟繼彝、曾侯鐘兩見而已，知是上古之語，商周間則多言尊彝也。惟彝之訓曰常，故不但諸器用之，即彝倫彝訓，皆取名于彝；尊親尊賢，皆取名于尊，是身心性命之學，無不沿用之也。然則酉部曰：尊，酒器也。何不言常器？曰，互相備也。許君於此兩字，皆説以《周禮》，不虞讀者之惶惑也。于此曰宗廟常器，則尊亦可知；于彼曰酒器，則彝亦可知。惟彝之見於經者，多訓爲常，尊則未有常義，故兩處説解，不可互換。（《句讀補正》卷二十五頁2～4（2496～2500））

是透過《積古齋》、《筠清館》所著錄諸器，橫蒐遍討，縱目四顧，攏收筆底，以見「尊」、「彝」之稱，有其「通名」，有其「專名」，爰由彝、尊器銘論起，旁衍及器類相同之酒器銘，如壺、如卣、如爵、如斝、如兕觥、如角，汗漫至宗廟他器，如鐘、如鼎、如敦、如鬲、如豆。一步步推闡，至日用之器如盉、匜、甗、甑、盤之屬，甚至征伐所用之戚，無不遍羅包舉，囊括盡淨，而見銘詞作「彝」、「寶彝」、「寶尊彝」、「尊」、「寶尊」、「尊彝」、「宗彝」、「寶尊器」者，其中「尊」、「彝」、「器」者，皆爲通名之法則。審王氏之説，或本諸宋《考古圖》、《博古圖》，《考古圖》所

錄諸器，皆依類相屬，為古器分類之始，卷四箸錄「彝」器二十一，考其形制，若父癸方彝者，鼎也；單彝從彝五者，甗也；單彝從彝四者，盉也；單彝從彝三者，簋也；單伯彝者，罍也；祖丁彝者，卣也；單彝從彝者，觚也；從單彝者，尊也，或以器名舛誤說之，然觀呂氏之意，實暗寄「彝」係共名之觀念也〔註786〕。其後《博古圖》卷八〈彝舟總說〉有：「夫所謂彝，則法之有常，而寓於器者，皆可謂之彝，故周之伯寶卣，其銘有曰尊彝，周之召公尊，亦曰父乙寶尊彝也。若夫特謂之彝，則惟《周官》六彝為正名，無二焉。」〔註787〕則已明白指陳「彝」之正名、常名用法；王氏據以發皇推闡，義例益精，後之作者，如龔自珍之〈說宗彝〉〔註788〕、王國維之〈說彝〉〔註789〕、徐中舒之〈說尊彝〉〔註790〕及陳夢家「宗彝一肆」諸說〔註791〕，漸衍加詳轉密，然其大含細入者，殆不出其右矣，是王筠之精思博攝，亦可窺矣！

餘如前已論及之歸納諸器「子孫」銘詞，區其詞例變化之形式，有重之作「子子孫孫」，有倒之作「孫子」，顛倒重之作「孫孫子子」，重下字作「子孫孫」，重上字曰「子子孫」，省之作「子」，省而重之作「孫孫」，及器蓋異文，是顛之倒之，重之沓之，錯綜變化，而能掌握其根本者，則王氏據金文以證知義同文異者之形式變錯，闡明個中之義例者也。

2. 闡明金文之特質

夫文字之初，「畫成其物，隨體詰詘」，乃畫其物時，其物未必一律，乃隨其體時，其體之方位角度所視者各殊，是「橫看成嶺側成峰」，未可以為定執，況造字之人，非一人、一時、一地者乎！其後通行日久，書者隨手或變，筆畫方位，更端安排，故甲、金文中形式未定之特質屢見，其與小篆隸楷，漸趨定型，失諸毫釐，謬以千里，對點畫結體之矜謹，實不可同日而語矣！

王筠嘗於援據金文時，微察此現象之存在，是於筆底墨間，略為點染，端倪稍露，今約整其詞，枚其條例，以窺其闡明金文特質之大端云。

〔註786〕按《考古圖》卷三頁6（129）異敦下云：「此器乃敦，而銘云鼎彝，鼎彝者，舉器之摠名。」又卷三頁40小子師簋下云：「此器銘曰鼎彝，而其制簋也，蓋鼎彝者，祭器之總名，為銘必有眾器，故止舉其總名而已。」故卷四所收彝屬二十一器，王永誠《先秦彝銘著錄考辨》30頁以「器名舛誤」說之，豈知言哉！

〔註787〕見《重修宣和博古圖》卷八頁5（525）。

〔註788〕見《龔定盦全集》261頁。

〔註789〕見《觀堂集林》卷三頁16（153～155）。

〔註790〕見《上古史論》73～84頁。

〔註791〕見《西周銅器斷代》（三）155頁。

甲、金文書法未定：

1. 正體未定隨手或變者

（1）平安館趩彝，偏旁作🔲，積古齋虢叔鐘作🔲，筠清館作🔲，我所得榻本則作🔲，一人之器，文句並同，而篆法不同。（《釋例補正》卷八頁 6）

（2）鐘鼎文女字，有🔲🔲🔲🔲🔲🔲🔲🔲諸形，筠清館商父乙彝作🔲（《釋例補正》卷二頁 3）

（3）金刻皿有🔲🔲🔲🔲🔲🔲🔲諸形。（《釋例補正》卷十三頁 1）

（4）鐘鼎文其字，有🔲🔲🔲🔲🔲🔲🔲🔲🔲🔲🔲🔲諸體，而作🔲者最多，知是正體，其餘皆隨手之變。（《釋例補正》卷十四頁 1）

（5）舟字，金刻作🔲，亦省作🔲，或作🔲。（《釋例補正》卷十四頁 2）

（6）🔲🔲🔲🔲🔲，鐘鼎文齊齋二字，祇此五形，漢光和斛始有🔲字。（《釋例補正》卷十七頁 2）

（7）（金刻斤）有🔲🔲🔲🔲🔲🔲諸體。（《釋例補正》卷二十頁 1）

（8）🔲🔲🔲🔲🔲，鐘鼎癸字，有此五形。（《釋例補正》卷二十頁 1）

（9）《積古齋》頌敦作🔲，頌壺、吳彝作🔲，平安館毛伯鼎作🔲，《積古齋》師酉敦作🔲，多兩一。（《釋例補正》卷二頁 2）

（10）（斗）漢器有🔲🔲🔲三形。（《釋例補正》卷二頁 3）

（11）金文有🔲🔲🔲🔲四形，惟豐分卩敦蓋作🔲，其形大異，以其器作🔲而識之。（《釋例補正》卷五頁 1）

（12）（般）金刻有🔲🔲二體。（《釋例》卷六頁 31）

（13）（西）有🔲🔲🔲🔲🔲🔲諸形，惟然虎彝作🔲，與小篆近。（《句讀》卷二十八頁 26（2187））

由上諸例知，王筠以金文中篆法之不同，皆「隨手之變」，其正其變，或繁或減，見文字本非定於一尊之現象，即至漢器，尚存其變動不拘之遺跡者如（10）斗，唯數量較少耳〔註792〕。而此羅列諸體，以徵小異之格式，疑為《說文古籀補》、《說文古籀補補》、《金文編》諸書之張本耶？

2. 筆畫多寡不定者

（1）從舉者，鐘鼎文或作🔲，變四直為三，蓋舉嶽並出之形，無分多寡也。（《釋例》卷十三頁 16～17）

〔註792〕詳可參見李孝定《漢字史話》中〈早期漢字形體結構的特質及其衍變的幾種大致的規律〉54～55 頁。

按：《金文編》收對字，其所從之举，頌鼎作〔字〕，頌簋作〔字〕〔註 793〕，或如大師虘簋作〔字〕，是筆畫多寡，初不一律也。唯甲文皆作〔字〕〔註 794〕。

（2）金刻冊字，約有〔字形〕諸體，其編皆兩，其札或三或四或五，以見札之多少不等，非止兩札，其長短或齊或不齊，亦似用筆之變，非果有參差也。（《句讀》卷四頁 29（293））

按：檢諸《金文編》所收冊字，札多少不等，而長短亦如王氏所說，或齊或不齊〔註 795〕，是用筆之變也。

是金文中，筆畫之繁簡，實用筆之變，靡無深義也，分清筆畫，約自隸書開始〔註 796〕。王之通達，亦可略窺。

3. 正書反書無別者

（1）古文不論反正，《博古圖》謟字，其旨多作〔字〕，或作〔字〕。（《句讀》卷九頁 24（643））

（2）古人作字，不拘反正，如永多作〔字〕是也。（《釋例補正》卷十一頁 1）○尽字見金刻者，皆即永字，古文不論反正也。（《句讀》卷二十二頁 6（1669～1670））○鐘鼎中〔字〕字多矣，皆作永字用。然如仲駒父敦，通體皆反，可也。而叔殷父敦獨此一字反也，曾無一器用爲派者。（《釋例補正》卷四頁 1）

（3）臣當作〔字〕，……○《積古齋》叔臣爵作〔字〕，轉而向左耳。是書所有姬字，遣小子敦作〔字〕，陳侯敦作〔字〕，姬鋌母鬲二，一作〔字〕，〔字形〕，皆臣之異文也，皆向右。（《釋例》卷二頁 6）○平安館晉姬鬲，姬作〔字〕。（《釋例補正》卷二頁 1）

（4）金刻子作〔字〕者正面形，作〔字〕者向右形。臣作〔字〕者，則右腮之形，古文無反正也。（《釋例補正》卷二頁 1）

（5）（黎）漢碑作〔字〕，其首左向，雖無論〔字形〕，皆足象花葉下垂形，然永之下垂者向左，若右向則爲〔字〕礙矣！蓋左向是。周子白盤靴作〔字〕，上半從〔字〕，亦左向。（《句讀》卷二十頁 27（1948））○差字亦從〔字〕，齊侯甗塦字，其〔字〕亦右向，而漢隸黎字，其首則左向。周子白盤靴作〔字〕，其〔字〕亦左向，蓋反之正之，祇是一字也。若〔字〕字之穗，向左而下垂，〔字〕字之杪，

〔註 793〕見《金文編》卷三頁 155～156 對下。
〔註 794〕見《甲骨文字集釋》卷三頁 769 對下。
〔註 795〕見《金文編》卷二頁 126～127 冊下。
〔註 796〕見《漢字史話》頁 56。

向右而上指，則不可左右隨作矣。乃小篆反𢓥為𢓥，而金文則同是永字，此則籀文、篆文之異也。(《句讀補正》卷二十五頁 5（2501～2502））

（6）《筠清館》周大嗣工簠，𠃌作𠃌，周叟季良壺作𠃌，積古齋戎都鼎作𠃌，頌壺作𠃌，頌敦作𠃌，其文反正不同，而皆不從𠃌。(《釋例補正》卷十九頁 2）

由此諸例證知，王筠以古文字正反左右書無別，乃籀、篆之異，唯（5）例中素字、鞾字所從，並非從𢓥，金文素作𢓥，周法高謂象兩手持絲形〔註797〕；鞾字從㚔作𢓥、𢓥，上亦左右不分〔註798〕。而謂𢓥𢓥之別，於金文亦無徵〔註799〕，然王氏能闡明宋以來釋解金文正書反書無別之現象，並區別同中有異，容或正反有別，具體指陳，義蘊皆出矣！

4. 偏旁位置上下左右不分者

（1）金刻從邑之字，在右者皆正，在左者或正或反，則𠨎祇是邑之變文。(《釋例》卷四頁 26～27）○平安館子斯父簠𠨎字似邦字反文。○筠清館周邳君婦壺𠨎字，邑在右亦反。(《釋例補正》卷四頁 1）○筠清館周許子簠𠨎字，邑在左而作𠨎，周邳君婦壺𠨎字，邑在右而作𠨎。(《釋例補正》卷十一頁 1）○（鬱）鐘鼎文作𠨎。(《釋例》卷十一頁 38）○（鬱），鬴子簠銘，則左邑右森。(《句讀》卷十二頁 28～29（888～889））

（2）（夜），金刻別有𠨎𠨎𠨎𠨎四體。(《句讀》卷十三頁 18（946））

（3）金刻對揚之揚，有𠨎𠨎𠨎𠨎諸體。(《蛾術編》卷上頁 29）

由此三例偏旁位置之安排，王筠知其乃正體之變，非於意義上別有分歧也。

乙、金文合文連書

金文合文連書之現象，宋人於考字釋文之時，已知鑑別，如《考古圖》卷三小子師簠銘作「𠨎」，釋為「小子」；《歷代鐘鼎彝器款識法帖》卷八齊侯鐘二「𠨎」，釋作「三千」；卷七盄和鐘「𠨎」，釋作「四方」合一者是也。王筠亦嘗標舉出，如：

（1）彝器銘百字，虢季子白盤𠨎，五百二字連書之也。(《釋例補正》卷九頁 1～2）

（2）周時仍有駕三馬之制，則訓詁家所未言也。筠清館史頌敦曰：

〔註797〕見《金文詁林補》3291 頁。

〔註798〕龍師宇純釋㚔為草根，詳〈甲骨文金文𢓥及其相關問題〉，載《史語所集刊》第三十四本 412～432 頁。

〔註799〕按：《金文編》收禾及從禾諸字禾大抵向左，唯向右者亦不乏其例，如亳鼎之禾作𢓥，芮大子伯壺之年作𢓥，秬尊之秬作𢓥，見卷七頁 499、505、507，是亦左右不分。

馬三匹；積古齋吳彝亦云，皆言王所賜也。吳彝上文云：䵣鬯一卣、元袞衣、赤舄、金車，則與分陝之周召相似，而馬止於三匹，不似〈文侯之命〉馬四匹者，蓋周初體制固然。吳彝上文又云：王在周成大室，史頌敦亦曰：王在宗周，知是時必在康、穆、昭之朝，否亦西周之世。頌之官曰史，則卑于吳，而亦曰三匹，且二器搨本，我皆有之，三字甚明白也。《毛詩》惟四牡騑騑，是西周詩；四黃駒驖，皆東周詩，似西周賜馬皆止于三匹，東周賜馬始四匹也。然《左·莊十八年傳》曰：虢公晉侯朝王，皆賜馬三匹。（《句讀》卷十九頁 8（1367～1368））

前例「五百」合文連書，應無疑議；後例賜馬之數，知者大抵變數，如「馬兩」（小臣宅殷、守殷、癭鼎）、「馬十」（卯殷）、「馬卅二匹」（大鼎），而以賜「四匹」者為多見。銘文言「馬四匹」者，「四匹」二字合文作𠃌，容庚前說以「三匹合文」釋之〔註800〕，郭沫若則言「古人以數與名物相連，每以名物之上筆與數字共通；如紀朋數者，𨻫子鼎之二朋作𦰩，女繇殷作一𦰩。三朋則陽亥殷𦰩，四朋如遣伯還卣之𦰩又𦰩，五朋則宰梄角、宰峀殷、遣卣、遣尊均作𦰩，弘殷作𦰩。均數字之下筆與朋字之上筆共通。」〔註801〕其意「𠃌」實乃「四匹」合文。王筠據經傳所言，疑西周賜馬皆止于三匹，東周賜馬始四匹，然今如張家坡第二、四號車馬坑中，乃一車四馬，而考古實物或遺跡中，尚無一車三馬之現象也〔註802〕，或以四匹說較長。

（五）其 他

1. 證玄應所引《三蒼》之說無徵者

（爨）玄應引《三蒼》，字從臼持缶，缶，甑也。冂為竈口，廾以推柴內火，字意也。案其文並同，惟從臼持缶缶甑也七字，此作臼象持甑四字，蓋《三蒼》上半作𦥑，與鬱字同，然金刻無從缶者。（《句讀》卷五頁 33（360））

2. 證《九經字樣》不可信者

（1）禮下云，《說文》從冊，與夢英同，蓋別本。豊乃祭器，冊則典冊，意不甚協。積古齋嘉禮尊作𧮫，案𧮫與豐形似，蓋本作豐，小篆加凵為豊，猶豐加凵為豐也。（《釋例》卷二十頁 54）

〔註800〕 見《金文編》659 頁（洪氏出版社）匹下據《左·莊十八年傳》釋「𠃌」為三匹；後增補《金文編》卷一二頁 842 匹下則改為「四匹二字合文」（中華書局）。

〔註801〕 見《甲骨文字研究》上〈釋五十〉8 頁。

〔註802〕 見黃然偉《殷周青銅器賞賜銘文研究》175～176 頁。

按：禮字甲文作🔣、🔣，金文作🔣、🔣〔註803〕、中山王䥺壺作🔣〔註804〕，俱與嘉禮尊不類，而加凵、加山，則非小篆嚆矢。夫豐字從丰、𡠭從壴。丰與𡠭爲串玉，壴即鼓字。《論語》云：「子曰：禮云禮云，玉帛云乎哉！樂云樂云，鐘鼓云乎哉！」故其字從玉從壴會意，當爲禮字初文〔註805〕。是王筠所論所據，似非情實也。

（2）高高下云：上《說文》，下隸省。案鐘鼎文率作高，非由隸省。
（《釋例》卷二十頁55）

按：高字甲文作🔣，《金文編》所收高字，上半形體不一，大抵作🔣、🔣〔註806〕，王說是也。

（3）《九經字樣》：甥男，上《說文》，下隸變。筠案：今不符者，蓋甥甥二字，本以並書不便，遂田於力上，校者見其例不一，遂併部首改之，然師袁敦亦作🔣。（《句讀》卷二十六頁33（2048））

按：古文字中偏旁位置任意者恆見〔註807〕，契文作🔣、🔣、🔣、🔣，金文皆作🔣，小篆則作🔣，皆從田從力〔註808〕，唯其方位之安排，契文則上下左右無定制，金文則左田右力，小篆則上田下力，是《九經字樣》所說者非也。

3. 證《六書正譌》釋形之謬誤者

（1）（非）或作🔣者，變文以取姿，不虞即成飛之省文也。而《六書正譌》直以爲正，以飛爲隸，謬也。○鐘鼎文🔣字，蓋周氏所本。（《釋例》卷四頁19）

按：王筠所辨當是，非、飛本係一字。金文作🔣、🔣、🔣、🔣〔註809〕，未見作🔣者，不知王氏所本何器？

（2）《六書正譌》曰，🔣，交錯二木度地以取平也，從二木，許君以爲象水，似誤矣！即其籀文作🔣，從𭅖與度地以步同意，從矢與䇂同意，更無水流地中之意也（鐘鼎文作🔣🔣，又似不從二木）。（《釋例》卷十頁12）

按：王筠據金文形構以疑從二木之說〔註810〕，然其朔誼亦不能確指矣！

〔註803〕見《甲骨文字集釋》卷五頁1679；《金文編》卷五頁330～332豐、豐下。
〔註804〕見《金文編》卷一頁8，銘作：「不用禮宜。」
〔註805〕見龍師宇純《中國文字學》298頁。
〔註806〕見《金文編》卷五頁374。
〔註807〕見李孝定《漢字史話》56頁。
〔註808〕見《甲骨文字集釋》卷十三頁4047男下。
〔註809〕見《金文編》卷一一頁760非下。
〔註810〕見《金文詁林讀後記》492～493頁癸下。

4. 證許書版本文字之是非者

門，竹君本如此，是也。顧氏本改爲門，以應從二户之說，不知鐘鼎文從户之字，固作户也。小篆既戶、門異體，不須改歸一律。（《句讀》卷二十三頁 7（1726））○門，竹君本如此，通部皆然，鐘鼎文戶作户，顧本作門，蓋依說解從二户改之。（《繫校》卷二十三頁 2（309））

按：金文門皆作門，唯師酉簋作門〔註 811〕。

5. 闕其疑者

（1）㗊字

周一觚一敦有㗊字，釋者以爲器字，似未確。（《釋例》卷九頁 17）

（2）兆字

鐘鼎文兆字，前人釋爲析，而鼎部說云，象析木以炊也。謂下半之兆也。兆與兆近似，特許君言象，是不以爲析字也。（《釋例》卷十三頁 46～47）

（3）異字

金文異字作異者，不知所從何字？作異異者，從田明白，又似非從畀也。（《釋例補正》卷十四頁 1）

按：異象人首戴物之形，已成定論，唯所戴何物，尚有異說矣！

（4）工工字

積古齋梢杞彝有工工字，而詞意不甚可解。（《釋例》卷八頁 34）

（5）朕字

朕朕，我也。從舟已於我義不協，灷字又《說文》所無。《玉篇》：灷，主倦切，火種也。聲義皆不協。鐘鼎文作朕，亦不可解。（《文字蒙求》卷三頁 157）○《博古圖》朕有朕朕二體，《考古圖》賸作賸。（《釋例》卷十三頁 45～46）

按：王氏以其形音義不協，故闕疑，今則以朕象兩手奉器釁舟之形矣〔註 812〕！

〔註 811〕見《金文編》卷十二頁 767～768 門下。
〔註 812〕見《甲骨文字集釋》卷八頁 2768 朕下。

第肆章　結　論

　　凡汲取援用，本寓一種別裁；用而能細審根據、調理方法，使論辨精確通達，外形內蘊密合無間者，則是一種卓識。

　　觀王筠說解文字，闡明義例，能精深閎通，洞鑑源流，啓淡長未傳奧旨，發形義未明底蘊，活絡其材料，篤實其方法，而蹊徑獨闢，拓開無限研究空間者，於清三、四百說文學者中，穎脫鋒露，躋身四大家之列，固有其特點在。前人言其「閎通」在《釋例》，「精深」于《句讀》，而於蹊徑之獨闢，則了不措意；甚或措意，而蹈空冥想，約略採擇，得其一鱗半爪耳。余則以王氏之所以能傑起於諸家之上，排宕出前所未有之格局，鎔鑄出前人未明之新義，所謂：「鎔裁舊說，衍前賢之緒論；別創新義，開後人之心目」〔註 1〕者，溯其大路椎輪，實以援據金文而發難解疑，詮蒙釋滯之別裁卓識，有以致之也。

　　然古器之出，蓋無代而蔑有，唯識之者寡，記之者略，更乏專意之研究耳。然趙宋以後，古器愈出，是宋人非不能汲取援用也。唯宋人寫其形、摹其款、存其目、記其出土轉藏者，用力頗鉅，而考訂名物、解釋文字，亦有鑿空之功〔註 2〕，唯意在審訂器物、著錄形制、辨識文字，是以器物銘文爲主體，品鑑賞玩臨摹爲所尙，胚基初立，規模大具耳，唯其意不在汲取援用藉以爲精嚴深刻之研究，亦非爲說解文字初形本義而設，是主客有別，寓意不同，而宋人乃不遑汲取援用，作更進一層之深求也。

　　清於乾、嘉之際，小學昌明，復承宋人金文學之流亞，風氣漸開，經史文字，頗知采擷引用，如惠棟、戴震、段玉裁、桂馥、莊述祖、嚴可均、王引之……皆於

〔註 1〕語本吳宏一《清代詩學初探》265 頁言清代論詩風氣。
〔註 2〕本王國維《觀堂集林》295～296 頁〈宋人金文著錄表序〉。

著述論辯證據時援及。然諸家所用，數量微少，方法簡略，取材狹迫，況乃純粹引以資攀附證成，鮮能發難置疑，廣論深研，故亦不能另樹別格，開疆拓地矣！個中雖有莊、嚴二氏爲之闢榛斬棘，羅列比觀，唯書未成，影響不深；其餘諸家，偶一爲之，亦不過點綴光景耳。其能上承宋人金文之成績，下啓後人之津逮，審辨精良，援用嫻熟，廣蒐博肆，跳脫出前人之窠臼者，實以王筠開山。

前已具陳王筠金文學之形成背景、援據來源、應用方法、應用目的及其得失，覈其實而歸其旨，可得如下之結論：

一、涵濡前說集一時之大成

王筠援據金文之來源，本自宋人著錄書中來，舉凡《考古圖》、《博古圖》、《金石錄》、《歷代鐘鼎彝器款識法帖》諸書，及時人著錄之《金石索》、《積古齋鐘鼎彝器款識》、《清愛堂家藏鐘鼎彝器款識法帖》、《平安館金石文字》、《筠清館金文》諸書，間採惠棟、戴震、段玉裁、桂馥、嚴可均、王引之、吳鼎臣、吳式芬、許瀚諸說，是其備取眾說，鎔裁涵濡，汰蕪取精，細審舛駁，而後出以己意，乃能集一時之大成，觀其說「尊彝」、說「子孫」、說金文書法義例，宋人暗用，其則明陳；前人粗疏，其則加密，宜其後出纂精，勝義不一而足矣！

二、審辨精嚴不盲從輕信

王筠援據金文，大抵指明出處，細陳來源，不避纖仄，不改原來面目者，本爲光明負責之態度，亦清儒「實事求是，無徵不信」之最貼切表徵。是其援用金文，皆證據確鑿，援據之時，復經精嚴之審辨，非漫爲指涉，任情揮斥、徒爲謬悠之說、荒誕之言者，以故不盲從、不輕信，一物之徵，必詳於諮周勘定，審辨眞僞；一字之論，定然數器比觀，分析點畫，判其毫釐也。是與蘇虞堂論父乙鼎係宋翻沙，言薛尙功《鐘鼎款識》引石鼓繿誤以石泐處爲一畫，而《積古齋》車字拓本作斷之乃誤者，皆其比也。故其於所徵引，無不細加審辨，嚴於考核，絕不輕信比附，盲從穿鑿也。

三、方法大備開後人心目

王筠以其精嚴深厚之治學方法，在應用金文時，涵泳潛研，斟酌損益，細繹尋思，日日積功，是反覆推敲，暗藏寄一套方法，是由「鹵莽者趨於精詳」，今觀諸方法中，舉凡歸納法，則歸納諸書、諸器以統攝其形構用法之大耑；舉凡比較法，則金文與金文、金文與《說文》、金文與他類字體作比較，用以參同別異；舉凡推勘法，則據金文銘詞內容或與典籍詞例、形制器銘相推勘，用已知以測未知；舉凡分析法，則由合體、獨體、偏旁、部分形體中一一解構分析，以見其組成因子之形義株連者；

至如綜合法，則參合諸法，掌握縱線之因襲演化，而得知枝脈流動之規律演變者，是前人所用諸法，王氏皆能大備，後人所欲研析式仿者，亦鳶飛魚躍，可任遨遊，規模堂廡漸立，而囊括包舉，詳瞻嚴謹，豈前人所譏「扣槃捫燭」、「瞎猜」而已哉！亦非僅比較一法耳！

四、勝義日出不刊之論多有

王筠應用金文，其辨證設難，本以《說文》六書為主，而不拘拘於《說文》六書耳，其用以闡明金文形構結體之義例特質，與夫其他字書之訛舛誤謬處，用知文字之本初流變者，已然軼出《說文》六書之範疇，而進入金文之特有功能矣！唯其援據金文以入文說字，本為前人聚訟紛紜，未盡周密會通處，是勝義日出，不刊之論多有，如論「日」以指事，「放」為全體象形、「饗」係傳訛、「隹」、「鳥」皆全體象形、「祝」乃人跪而向神之形，說「丁」為「釘」字……皆批隙導窾，一一得其懸解矣！至疑「仈」、「介」、「丷」蓋「許君采自古器偏旁，本非獨立成字」之說，已然凌越出六書之窠臼，雖未必然，確乎為一創見矣！是其擷取金文，證明文字之本初流變，詮其特質，創通義例，洵為研究文字者，拓寬無限之空間。況善於懷疑，勇於批判，而非墨守《說文》，株俟雅訓，作負嵎之頑抗也。故其懷疑批判之精神，開放坦蕩之識見，精謹嚴密之成果，必使踵其後武者，發揚蹈厲，無形中受其啓迪激越，漸至蓊鬱成林矣！

五、推展金文之童蒙基礎教育

王筠世代重視童蒙教育，《文字蒙求》一書本為童蒙而設，以為讀《說文》、識文字之捷徑。為誨誘簡易，故分「象形」、「指事」、「會意」、「形聲」四類總二千餘字而已。個中尤可注意者，乃王筠用「篆文閒依鐘鼎，以《說文》傳寫有訛」之識見。以故書中如「隹」、「姦」、「雷」、「囂」、「衣」、「對」、「躬」、「無」、「頁」、「戎」、「單」、「朕」、「受」、「希」諸字下，皆據金文以釋其字形，詮其字義，清楚明白，童蒙皆曉。是其推展金文之教育工作，以童蒙為基礎，下學而上達，循序而漸進，亦可窺知其用心與卓解矣！

綜此五項可知，前人或譏王筠識解凡庸〔註3〕，或以其「述而不作」〔註4〕，或言其「非浼長功臣，亦不得自居諍友」〔註5〕，然其取金文為羽翼，旁證文字，糾

〔註3〕 見劉肇隅〈六書古微跋〉，載《說文詁林》（一）291頁。
〔註4〕 見于省吾〈從古文字學方面來評判清代文字聲韻訓詁之學的得失〉，載《歷史研究》1962年六期135～145頁。
〔註5〕 見黃侃《文字聲韻訓詁筆記》94頁。

正《說文》，發前人所未發，導後人所未至，是前人評驚，豈的論哉？柳詒徵以「菉友讀書精於茂堂」〔註6〕，誠能洞察一間；龍師宇純則以「直接在文字學上有所建樹的，應推王氏。」〔註7〕洵爲知言！

附而論之者，或有狃於故習，不遑檢覈，每謂王筠爲《說文》四大家中，「唯一」能留意古文字，用古文字說解文字之學者〔註8〕。然學風之起，乃漸進，非能突兀獨立而高至者。前言段、桂二家，初機已露，段氏依傍宋人，較少發明；桂則略置其疑於字間，引證加詳。評家以桂書專事臚列，毫無論斷，於許書「幾無一字之疑」，然觀其引金文處，則反是矣！援據金文既與金文傳拓之風尙成正比，以時之先後而言，朱氏自不能外於此風氣之下，觀《說文通訓定聲》中，若單下、鼙下、敢下、飢下、憖下、液下、兼下、需下、也下、匜下、癸下，皆引金文以證成。是王氏非爲「唯一」能留意古文字者，而乃專意應用，量多質善，影響遠大者耳。

夫《說文》自此而後，眞正脫離孤立之樊籬，漸與金石甲骨、陶泥簡帛……參稽合轍，門戶大開矣！而今古器物大出，古文字之研究方興未艾，觀今恤昔，則王筠之力闢榛莽，開新造大，洵可三致意焉！

夫著述誠難，瑕疵未能免，王筠如是，此文更如是矣！而土苴芻狗，恐於大道，萬分未得其一爾！

〔註6〕見〈說文句讀稿本校記〉，載《中央大學國圖書館》第二年刊13頁。
〔註7〕見《中國文字學》408頁。
〔註8〕見《中國文字學》408頁；又金錫準《王筠的文字學研究》170頁。

參考書目舉要

一、《說文》之屬

1. 《說文解字》，許慎，中華（北京）。
2. 《說文繫傳》，徐鍇，清道光十九年祁刻本。
3. 《惠氏讀《說文》記》，惠棟，鼎文（《說文解字詁林》所收，以下簡稱《詁林》）。
4. 《說文解字正義敘》，王鳴盛，鼎文（《詁林》）。
5. 《說文解字跋》，錢大昕，鼎文（《詁林》）。
6. 《說文解字注》，段玉裁，黎明。
7. 《說文解字義證》，桂馥，廣文。
8. 《說文五翼》，王煦，鼎文（《詁林》）。
9. 《說文校議》，嚴可均，廣文。
10. 《讀說文記》，許槤，鼎文（《詁林》）。
11. 《說文韻譜校》，王筠，抱經堂印本。
12. 《說文繫傳校錄》，王筠，廣文。
13. 《說文釋例》，王筠，世界、中華（北京）。
14. 《說文解字句讀》，王筠，廣文、中華（北京）。
15. 《說文部首表校正》，王筠，廣文（《句讀》末附）。
16. 《說文新附考校正》，王筠，藝文（《許學叢刊》內）。
17. 《許學札記》，王筠，清稿本。
18. 《王氏說文五種》，王筠，清同治四年刊本。
19. 《王氏說文三種》，王筠，清道光同治間印本。
20. 《說文通訓定聲》，朱駿聲，鼎文（《詁林》）。

21. 《說文古籀補》，吳大澂，藝文。

22. 《名原》（《孫籀廎先生集》），孫詒讓，藝文。

23. 《說文繫傳三家校語抉錄》，王獻唐，鼎文（《詁林》）。

24. 《說文古文疏證》，舒連景，商務（上海）。

25. 《說文解字詁林正續合編》，丁福保，鼎文。

26. 《說文段注指例》，呂景先，正中。

27. 《說文解字研究法》，馬敘倫，學海。

28. 《說文正補》，魯實先，黎明。

29. 《說文解字古文釋形考述》，邱德修，學生，師大碩士論文。

30. 《說文解字引論》，任學良，人民（福建）。

二、金石之屬

1. 《考古圖》，呂大臨，商務。

2. 《重修宣和博古圖》，王黼，商務。

3. 《薛氏鐘鼎款識》（《歷代鐘鼎彝器款識法帖》），薛尚功，鳳吟閣。

4. 《金石錄》，趙明誠，新文豐。

5. 《金石索》，馮云鵬・馮云鵷，台聯國風。

6. 《十六長樂堂古器款識考》，錢坫，清嘉慶元年刻本。

7. 《積古齋鐘鼎彝器款識》，阮元，藝文。

8. 《金石萃編》，王昶，台聯國風。

9. 《筠清館金文》，吳榮光，清道光二十二年刊本。

10. 《平安館藏器目》，葉志詵，藝文。

11. 《攈古錄金文》，吳式芬，清光緒二十一年家刻本。

12. 《清愛堂家藏鐘鼎彝器款識法帖》，劉喜海，清光緒三年尹摹本。

13. 《綴遺齋彝器款識考釋》，方濬益，商務。

14. 《吉金文錄》，吳闓生，樂天。

15. 《三代吉金文存》，羅振玉，中文。

16. 《國朝金文著錄表》，王國維，台大藏本。

17. 《歷代著錄吉金目》，福開森，商務。

18. 《兩周金文辭大系考釋》，郭沫若，1957 增訂本。

19. 《金文編》，容庚，中華（北京）、洪氏。

20. 《商周彝器通考》，容庚，燕京學報專號之十七。

21. 《殷周青銅器通論》，容庚・張維持，龍泉。

22. 《殷周青銅器賞賜銘文研究》，黃偉然，龍門。

23. 《中國金石學》，陸和九，明文。
24. 《金石學》，朱劍心，商務。
25. 《金文詁林》，周法高，中文。
26. 《金文詁林補》，周法高，史語所集刊之七十七。
27. 《金文詁林讀後記》，李孝定，史語所集刊之八十。
28. 《金文人名匯編》，吳鎮烽，中華。
29. 《金石大字典》，張謇，印林（增訂本）。

三、小學之屬

1. 《文字蒙求》，王筠，藝文。
2. 《正字略定本》，王筠，鄂宰四稿本。
3. 《文字聲韻訓詁筆記》，黃侃，木鐸。
4. 《中國文字學綱要》，許壽裳，商務。
5. 《中國文字學》，胡樸安，商務。
6. 《中國文字學》，龍師宇純，學生。
7. 《文字學綱目》，杜學知，商務。
8. 《古文字學導論》，唐蘭，洪氏。
9. 《古文字學新論》，康殷，榮寶齋。
10. 《中國古文字學通論》，高明，文物（北京）。
11. 《甲骨文字研究》，郭沫若，民文。
12. 《甲骨文字集釋》，李孝定，史語所專刊之五十。
13. 《積微居小學述林》，楊樹達，大通。
14. 《積微居小學金石論叢》，楊樹達，大通。
15. 《殷虛卜辭綜述》，陳夢家，大通。
16. 《漢字史話》，李孝定，聯經。
17. 《漢字的起源與演變論叢》，李孝定，聯經。
18. 《中國字典史略》，劉葉秋，漢京。
19. 《中國古代字典辭典概論》，錢劍夫，商務（北京）。
20. 《黃季剛先生論學名著》，黃侃，九思。
21. 《古文四聲韻》，夏竦，商務。
22. 《古璽文字徵》，羅福頤，藝文。
23. 《訓詁學概論》，齊佩瑢，廣文。
24. 《訓詁方法論》，王寧‧陸宗達，中國社會科學（北京）。
25. 《玉篇零卷》，顧野王，大通。

26. 《校讎別錄》，王師叔岷，華正。

四、經史子集之屬

1. 《尚書》，（十三經注疏），藝文。
2. 《詩經》，（十三經注疏），藝文。
3. 《周禮》，（十三經注疏），藝文。
4. 《儀禮》，（十三經注疏），藝文。
5. 《禮記》，（十三經注疏），藝文。
6. 《左傳》，（十三經注疏），藝文。
7. 《禹貢正字》，王筠，王筠九種本。
8. 《清代尚書學》，古國順，文史哲。
9. 《毛詩重言》，王筠，鄂宰四稿四種本。
10. 《毛詩雙聲疊韻說》，王筠，鄂宰四稿四種本。
11. 《夏小正正義》，王筠，新文豐、鄂宰四稿四種本。
12. 《四書集註》，朱熹，世界。
13. 《四書說略》，王筠，王筠九種本。
14. 《爾雅音圖》，郭璞，商務。
15. 《經義述聞》，王引之，廣文。
16. 《五經文字》，張參，藝文。
17. 《新加九經字樣》，唐玄度，藝文。
18. 《經學博采錄》，桂文燦，龍門。
19. 《明史》，張廷玉，鼎文。
20. 《清史稿校註》，國史館。
21. 《清史稿》，鼎文。
22. 《明清史講義》，孟森，里仁。
23. 《清代史》，孟森，正中。
24. 《清史》，蕭一山，文化學院出版部。
25. 《清代學術概論》，梁啓超，商務。
26. 《中國近三百年學術史》，梁啓超，中華。
27. 《中國近三百年學術史》，錢穆，商務。
28. 《清化學術史研究》，胡楚生，學生。
29. 《海岱史略》，王馭超，清嘉慶二十一年刊本。
30. 《山東通志》，陸鈇，明萬曆間刊本。
31. 《山東通志》，杜詔，商務。

32. 《山東通志》，孫葆田，華文。

33. 《青州府志》，鍾羽正，明萬曆四十三年刊本。

34. 《青州府志》，馮惟訥，明嘉靖四十四年刊本。

35. 《青州府志》，王昌學，清康熙六十年刊本。

36. 《青州府志》，劉燿椿，清咸豐九年刊本、學生。

37. 《續安邱縣志》，王訓，清康熙二十一年本。

38. 《續安邱新志》，馬步元，成文。

39. 《安徽通志》，何治基，華文。

40. 《鄉寧縣志》，趙意空，成文。

41. 《三續掖縣志》，王續藩，清光緒十九年刊本。

42. 《清儒學案小傳》，徐世昌，明文。

43. 《清代樸學大師列傳》，支偉成，明文。

44. 《國朝詩人徵略》，張維屏，明文。

45. 《昭代名人尺牘小傳》，吳修，明文。

46. 《清代河臣傳》，吳慰祖，明文。

47. 《清史稿列傳》，趙爾巽，明文。

48. 《清史列傳》，國史館，明文。

49. 《碑傳集》，錢儀吉，明文。

50. 《續碑傳集》，繆荃孫，明文。

51. 《清代七百名人傳》，蔡冠洛，明文。

52. 《近代名人小傳》，費行簡，明文。

53. 《明清儒學家著述生卒年表》，麥仲貴，學生。

54. 《近三百年人物年譜知見錄》，來新夏，上海人民。

55. 《中國歷史研究法》，梁啟超，商務。

56. 《清代史家與史學》，杜維運，東大。

57. 《世載堂雜憶》，劉禺生，文學。

58. 《清稗類鈔》，徐珂，商務。

59. 《清代科舉》，劉兆璸，東大。

60. 《清代掌故綴錄》，存萃學社，崇文。

61. 《鸞宮敬事錄》，桂良，清道光十七年刊本。

62. 《大清世宗憲皇帝實錄》，華文。

63. 《漢水發源攷》，王筠，《昭代叢書》乙集內。

64. 《何紹基手寫日記》，何紹基，世界。

65. 《文史通義》，章學誠，史學。

66. 《中國歷史人物論集》，中央研究院，正中。

67. 《書目答問》，張之洞，商務。

68. 《中國目錄學史》，許世瑛，文化大學出版部。

69. 《販書偶記》，孫殿起，中文。

70. 《販書偶記續編》，洪北江，洪氏。

71. 《續修四庫全書提要》，商務。

72. 《中國隨筆雜著索引》，佐伯富，京都大學東洋史研究會。

73. 《明人傳記資料索引》，中央圖書館，文史哲。

74. 《清人傳記叢刊索引》，周駿富，明文。

75. 《北京圖書館古籍善本書目》，北京圖書館，書目文獻。

76. 《北京師範大學圖書館中文古籍書目》，中國。

77. 《中國古代社會》，許進雄，商務。

78. 《中國青銅時代》，張光直，聯經。

79. 《青銅時代》，郭沫若，文治。

80. 《東周與秦代文明》，李學勤，駱駝。

81. 《上古史論》，徐中舒，天山。

82. 《人類學導論》，宋光宇，桂冠。

83. 《中國文獻學》，張舜徽，木鐸。

84. 《荀子集解》，王先謙，世界。

85. 《莊子纂箋》，錢穆，三民。

86. 《韓非子集解》，王先慎，世界。

87. 《弟子職正音》，王筠，鄂宰四稿本。

88. 《鹽鐵論集釋》，徐南村，廣文。

89. 《原抄本日知錄》，顧炎武，明倫。

90. 《十駕齋養新錄》，錢大昕，商務。

91. 《菉友蛾術編》，王筠，王筠九種本。

92. 《菉友肊說》，王筠，王筠九種本，又藝文景印靈鶼閣叢書本。

93. 《教童子法》，王筠，藝文景印靈鶼閣叢書本。

94. 《昭明文選》，蕭統，弘道。

95. 《見素集》，林俊，商務。

96. 《戴東原先生全集》，戴震，大化。

97. 《文選樓叢書》，阮元，藝文。

98. 《籀經堂類稿》，陳慶鏞，清光緒九年刊本。

99. 《壽陽祁氏遺稿》，祁寯藻，聯經。

100. 《攀古小廬雜著》，許瀚，清刊本（京大）。

101. 《㐤齋詩文集》，張穆，山右叢書初編。

102. 《龔定庵全集》，龔自珍，新陸、河洛。

103. 《頤志齋文鈔》，丁晏，藝文。

104. 《東洲艸堂文鈔》，何紹基，清刊本。

105. 《敦夙好齋詩全集》，葉名澧，清光緒十六年重刊本。

106. 《橋西雜記》，葉名澧，藝文。

107. 《朱九江集》，朱次琦，商務。

108. 《觀堂集林》，王國維，河洛。

109. 《太炎文錄續編》，章炳麟，新興。

110. 《校經室文集》，孫葆田，台聯。

111. 《段硯齋雜文》，沈兼士，匯文閣。

112. 《胡適作品集》，胡適，遠流。

113. 《清代詩學初探》，吳宏一，學生。

五、期刊論文之屬

1. 〈論小學二書〉，王筠，《學海月刊》第一卷第四冊。

2. 〈王氏《說文釋例》稿本校記〉，何紹基・張穆，《員幅》一卷一期。

3. 〈《說文釋例》稿本校記題詞〉，席啓駉，《員幅》一卷一期。

4. 〈讀王氏《說文釋例》〉，于鬯，《國學雜誌》1915 年一期。

5. 〈說文句讀識語〉，王軒，《國故》1919 年三、四期。

6. 〈說文句讀稿本校記〉，柳詒徵，《中央大學國學圖書館館刊》第二期（1929）。

7. 〈王箓友鍇傳校錄訂補〉，夏清貽，《東北叢刊》六期。

8. 〈清人所著說文之部書目初編草稿〉，馬敍倫，《圖書館學季刊》1920 年卷一。

9. 〈說撻線〉，王獻唐，《中國文字》第三十四冊。

10. 〈殷代的豆〉，石璋如，史語所集刊第三十九本。

11. 〈說文書目輯略〉，李克弘，《中山大學圖書館周刊》四卷一期。

12. 〈希殺祭古語同原考〉，沈兼士，《輔仁學誌》八卷二期。

13. 〈論地方志在史料學上的地位〉，宋晞，《漢學研究》三卷二期。

14. 〈清代小學教育家王筠〉，吳鼎，《臺灣教育月刊》二五九期。

15. 〈道光朝之君相〉，迂齋，《中和月刊論文選集》第三輯。

16. 〈清代藏書家攷〉，洪有豐，《圖書館學季刊》第一卷第一、二期。

17. 〈古漢語的形體結構及其發展階段〉，姚孝遂，《古文字研究》第四輯。

18. 〈從古文字學方面來評判清代文字聲韻訓詁之學的得失〉，于省吾，《歷史研究》1962 年六期。

19. 〈假借與通假初探〉，徐侃，《人文雜志》1982 年第四期。

20. 〈古文字的形傍及其形體演變〉，高明，《古文字研究》第四輯。

21. 〈石刻篆文編字說〉，商承祚，《古文字研究》第五輯。

22. 〈古體漢字義近形旁通用例〉，高明，《中國語文研究》第四期。

23. 〈西周銅器斷代（一）－（六）〉，陳夢家，《考古學報》九－十冊，1955～1956 年一～四期。

24. 〈道光學術〉，楚金，《中和月刊論文選集》第三輯。

25. 〈論假借〉，劉又辛，《羅常培紀念論文集》頁 83～107。

26. 〈中國方志中的文學資料及其運用〉，劉兆祐，《漢學研究》第三卷第二期。

27. 〈甲骨文金文𣊫字及其相關問題〉，龍師宇純，史語所集刊第三十四本下冊。

28. 〈廣同形異字〉，龍師宇純，《文史哲學報》第三十六期。

29. 〈牆盤銘文通釋〉，戴家祥，《師大校刊》1978 年。

30. 〈讀王筠《說文釋例》同部重文篇札記〉，單周堯，《古文字研究》第十七輯。

31. 〈先秦彝銘著錄考辨〉，王永誠，師大國文研究所博士論文。

32. 《商周禮制中鼎之研究》，邱德修，師大國文研究所博士論文。

33. 《王筠的文字學研究》，金錫準，師大國文研究所博士論文。

34. 《段玉裁之生平及其學術成就》，林慶勳，文大中文研究所博士論文。

35. 《商周金文錄遺考釋》，拙著，師大國文研究所碩士論文。

36. 《兩周金文虛詞研究》，方麗娜，師大國文研究所碩士論文。

37. 《齊國彝銘彙考》，江淑惠，台大中文研究所碩士論文。

38. 《毛詩釋文正義比較研究》，張寶三，台大中文研究所碩士論文。

39. 《兩周金文通假字研究》，全廣鎮，師大國文研究所碩士論文。

40. 《系統字義研究》，盧貞玲·劉文清，台大中文研究所碩士論文。

41. 《說文篆韻譜之源流及其音系之研究》，王勝昌，師大國文研究所碩士論文。

附　錄

附錄一：王筠之先世與世系表

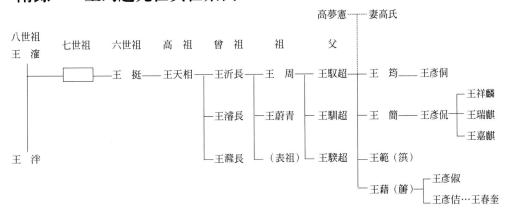

先　世

　　王筠之先世，可尋方志載籍以推溯者八世，越此則荒渺難稽，閥閱無考〔註1〕。八世之中，除七世祖之名字事蹟不可究詰外，餘則傳雖簡略，篇幅不長，而一事數語，或可稍窺學行風誼之大端，與夫潛德幽光，流芳餘韻之澤被矣！

1. 八世祖潅（附潅兄泮）

　　王筠八世祖潅之墓誌，爰自張觀海先生之筆，其事蹟載於康熙本與咸豐本《青州府志》〔註2〕，前志略而後志詳，蓋於細節處多濡染筆墨故也。茲據二志所言，

〔註1〕 一以方志大抵爲明末修纂，前此則付諸闕如；二以元末明大將常遇春北征時，曾血洗山東，安邱受禍極慘，幾至斷絕人煙，縣人大半爲外省遷入者，可參見李江秋《安邱述略》二〇近代治亂頁92。

〔註2〕 參見《青州府志》，康熙本見卷十六事功附武功頁48；咸豐本見卷四十五頁61（3132）。

述其梗概。

康熙本《青州府志》載潅之事功併武功云：

> 王潅，安丘人〔註3〕。慷慨好義。年十八時，兄爲商州守，誤傷人，潅代赴官任罪，在縲紲十八年。後崇山賊張國柱寇安丘，破城劫獄，放潅出；潅誓不從賊，率眾反鬥，國柱敗逃。邑人德之，聞於上官，授軍門把總。張觀海先生誌其墓。

咸豐本踵事增華，跌宕文采，舖排其事蹟云：

> 王潅，字孔獲。安邱人。精騎射。兄泮誤殺人，法當坐，潅告母曰：可無潅，不可無泮。自首繫獄。明季，昌樂土寇張國柱爲亂，犯安邱，入城，出潅於獄，欲擁之去。潅不從，倡眾擊賊，賊驚潰，官軍乘之，大捷。自晨至午，未得食也，叩所識餅，師門索餅噉立盡，手血淋漓盤盂閒。釋刀謁官，復就獄。官義之，事聞，授把總。歷升膠州守備。泮，舉人。

二傳所述，詳略不同，然所記事蹟則無多大差異〔註4〕。王筠之八世祖潅本非執書誦禮之儒生，而爲「精騎射、慷慨好義」之武人，然觀其行事，入則孝，出則悌，代兄繫獄十八年而謹信無悔；出拒賊寇，則從容大義，堅執出處亮節，磅礡氣勢，朗朗操守，此子夏所言：「雖曰未學，吾必謂之學矣！」〔註5〕之儔乎？而秉性誠厚，臨事不苟之個性，則溢乎文表，殆有傳諸後世者乎？

關於潅兄泮之生平，除前所載之「舉人」、曾任「商州守」外，並無傳。唯《續安邱縣志》貢舉表明萬曆二十二年甲午（1594）舉人欄中存一條云：

> 王泮，字鳳池。受山里人〔註6〕。樂城知縣〔註7〕。

〔註3〕據《大清世宗憲（雍正）實錄》（一）卷三十九頁 32（584）：「（雍正三年十二月）庚寅，禮部等衙門遵旨議覆：先師孔子聖諱，理應迴避，惟祭天於圜丘，丘字不用迴避外；凡係姓氏，俱加偏旁爲邱字。如係地名，則更易他名。至於書寫常用之際，則從古體丘字。得旨。今文出於古文，若改用丘字，是仍未嘗迴避也。此字本有期音，查《毛詩》及古文，作期音者甚多，嗣後除四書五經外，及遇此字，並用邱字。地名亦不必改易，但加偏旁，讀作期音，庶乎允協，足副朕尊崇先師至聖之意。」知以雍正三年（1725）爲斷，前作「丘」，後作「邱」。說又見《黌宮敬事錄》頁32 釋奠者附避諱條；王筠《正字略定本》頁7；葉名澧《橋西雜記》頁34。

〔註4〕按異者，一爲泮爲誤傷人抑誤殺人？設依《明律集解附例》卷一九人命條頁 19～26 所載，「誤傷人」之罪不至「縲紲十八年」，或以後說爲是。一爲張國柱係昌樂土寇抑崇山賊？據《青州府志》卷一輿圖頁81～82 及《清史稿》卷六十一地理志頁2064，昌樂縣南界安邱，有「喬山」，此「崇山」或「喬山」之誤？

〔註5〕見《四書集註》「論語」卷一學而篇頁3。

〔註6〕據《安邱縣志》卷八頁 41 賦役考，受山里隸仁順鄉。

〔註7〕見任周鼎修《續安邱縣志》卷之十三頁8；又《青州府志》卷之十三頁14 萬曆年間

可知泮亦嘗任「欒城知縣」。二人所處年代，大抵在明神宗萬曆年間（1573～1619）。兄弟二人，一文一武，取徑雖不同，而濩之風誼，更孚儒者本色。

2. 六世祖挺

濩子無傳，未能攀引以窺其學誼風範，並尋其由武入文之契機，殆亦凡常人耶？

濩孫挺，傳見咸豐本《青州府志》，志云：

> 王挺，字元直。濩孫。生員。性方嚴，篤於內行。年七十喪母，哀毀骨立。歲時祭祠墓。年逾八十，猶必躬親。庶母孫在堂，以時省視，終其身不改。立家塾，教戚黨子弟之貧者，執友某之喪，居家爲服緦服，蓋猶行古之道云。〔註8〕

據上傳可知，至濩孫挺時，學習之取徑已變，不再鍛鍊箭刀拳馬，以力服人之武人技藝；轉而修持知孝守禮、以德化人之儒者風儀。欲推究此種轉變，終不免流於捕風追影，惟或與濩之長年繫獄，教育子弟，必然委之兄泮有關。然無論其事實若何？下及二世，已見其修習有別。

本傳並無明言挺之生卒年，至少年「逾八十」，設依祖濩爲萬曆時人推之，疑已入清聖祖康熙（1662～1722）時代。以此壽長之年歲，而位不過「生員」，即俗稱之「秀才」〔註9〕。其作用與地位若何？顧炎武在「生員論」中嘗指出：

> 國家之所以設生員者，何也？蓋以收天下之才俊子弟，養之於庠序之中，使之成德達材，明先王之道，通當世之務，出爲公卿大夫，與天子分猷共治者也。〔註10〕

則生員本是科舉時代國家所儲訓通經致用之基層人才，能「出爲公卿大夫」。一入「生員」之林，則可「免於編氓之役，不受侵於里胥，齒於衣冠，得以禮見官長，而無笞捶之辱。」〔註11〕在社會上是薄有地位之階級。安邱之設生員，溯自明太祖洪武二年（1369）下詔立學始〔註12〕，額數二十〔註13〕，由其人數之少，亦可見對鄉里影響力之一斑。至所誦習科目，不外《四書》、五經、性理、通鑑諸書，或兼通十三

選舉亦有「王泮安丘知縣」，較簡略。

〔註 8〕 見劉燿椿等纂《青州府志》卷四十七頁 36（3316）。

〔註 9〕 其詳可參見《清史稿校註》卷一百十三選舉一學校上頁 3136～3152；劉兆璸《清代科舉》第三章秀才階段之生員及各種考試頁 14～25。

〔註 10〕 詳見顧炎武《亭林文集》卷一頁 17～22 生員論上中下；又《日知錄》頁 687 生員額數條。

〔註 11〕 見顧炎武《亭林文集》卷一頁 17。

〔註 12〕 見馬文煒纂《安丘縣志》卷一之下總紀下頁 13。

〔註 13〕 生員額數，屢有增損，詳見顧炎武《日知錄》頁 687 生員額數條。

經、二十一史等，蓋爲「學習禮教，精研舉業」而設〔註14〕。挺既終生爲生員，脫卻武籍，轉進士林，雖無仕宦，然執守傳統知識份子通經致史之儒家色彩，當毋庸置疑。況盱衡王挺一生謹行之敬養定省孝思與夫執禮敬道之古風，無異爲其涵濡信念之浮現，身體力行之妥貼註腳。

　　至若王挺之情性，本傳謂其「方嚴」，方則中矩，嚴則無赦。明辨是非，謹飭分際，一絲不苟，斯善善惡惡，無所遯形。是必詳究於名實之間，而「內外相應，言行相稱」〔註15〕，雖處居室幽獨，亦必守正不懈，此本傳所謂「篤於內行」者。施及子弟，亦不假「慈」色，故子天相傳中亦謂：「父性嚴，子弟雖長，怒則杖之。」〔註16〕不正是此種情性之具現乎？

　　本傳載及王挺之生活情況，謂其「立家塾，教戚黨子弟之貧者」。於此當先明瞭有關清代生員之謀生背景，劉兆璸在《清代科舉》中言及秀才之權利及生活云：

　　　　秀才已入士林，在社會上薄有地位，住宅大門亦較平民宅高三寸，多以教館爲生，收入菲薄，清苦終老。當年各地圖書館少，勤勉秀才限於環境，難於進修。歷代固有諸生終爲碩學鴻儒者，惟大多數秀才平時應歲考，授生徒，及充喪家禮生外，幾無他事，故有自嘲爲『無鎖無枷自在仙』。〔註17〕

則知開館授徒，本是生員之謀生塗徑，然王挺能在「立家塾」之餘，澤及親戚族黨中無力就學之貧困子弟，則其切近篤實之作風與博施扇化之仁厚情懷，洵有出於「方嚴」之外者。

3. 五世祖天相

　　王挺之子天相，傳亦僅見於咸豐本《青州府志》，志云：

　　　　王天相，字爾吉。挺子。生員。以孝行稱。父性嚴，子弟雖長，怒則杖之，天相受杖，必婉容而退。父疾，嘗冀卜吉凶。父歿，將屬纊，涕泣出父脫落鬚髮齒爪，納之棺中。服闋，不復應試。卒年八十有四。〔註18〕

於此傳中，知天相壽長八十四，以「服闋，不復應試」，故終身爲生員。其親炙儒教，宿習經史，而於傳統儒家所標榜之「孝行」，更恪守不渝，觀其養生事死，婉順癡誠，實已至「愚不可及」之地步。而就中潛含之細密與恆毅之心思氣質，於

〔註14〕詳見《清史稿校註》卷一百十三選舉志一頁 3136～3137；又鄧嗣禹《中國考試制度史》頁 22～23。

〔註15〕見《韓非子》解老篇。

〔註16〕見劉燿椿《青州府志》卷四十七頁 36（3317）。

〔註17〕見劉兆璸《清代科舉》頁 13。

〔註18〕見劉燿椿等纂《青州府志》卷四十七頁 36（3317）。

「涕泣出父脫落鬚髮齒爪」句裡當下顯現，洵於平凡溫厚之情性外，另生一道繽紛持久之輝光也。

4. 曾祖沂長（附兄弟瀋長、濼長）

天相之子見諸方志者有三：沂長、瀋長、濼長。

沂長即王筠之曾祖，方志無傳。唯《續安邱新志》貤封表中載及一條作：

姓　氏	本　色	族　　屬	封　　　　職
王沂長	監　生	簡之曾祖	贈通議大夫河南等處提刑按察使司按察使〔註19〕

知沂長本色為「監生」，監生即指入國家最高學府「國子監」肄業者〔註20〕。以王簡官正三品之故，推恩報本，爰贈通議大夫河南等處提刑按察使司按察使。至於沂長之生平學行，以書闕有間，無從究詰，然以監生所習科目推之，或不脫儒家典籍思維之範疇。

沂長雖無傳，然《青州府志》嘗載及其兄弟瀋長、濼長之行誼云：

> 瀋長有操行，取捨不苟。老而益貧，恆數日不舉火。一日扃其戶，叩之不應，踰垣視之，夫婦已對榻僵臥，饋之食，不食，終以窮餓死。

> 濼長以通流閘閘官，歷升南皮知縣，慈惠明決，豪猾屏跡。又捐俸立書院。再署滄州，一如在南皮時，升北運河楊村通判，亦以能稱。〔註21〕

瀋長境遇蹇困，夫婦甚且窮餓死，然纖芥明辨，「取捨不苟」，其對德行之執著信念，凌駕乎生命之堅持；反觀濼長之際遇則較通達，自閘官而歷知縣再升通判，於百姓能慈惠，斷獄訟能明決，其慈惠本源自對民情之觀照，而明決則來自對物情之體察，是以「能稱」，縣肅政清，「豪猾屏跡」。其才幹亦可窺豹一斑。況「捐俸立書院」，於學風之推掖，教育之普及，實大有裨益，而輕財物，重學問之風範，亦呼之欲出矣，爰此二人之行誼，推之沂長，雖不中，或不遠耶！

〔註19〕見《續安邱新志》卷十三頁 1（165）。關於貤封，《欽定大清會典》卷七頁 29～30 封贈云：「凡職官恭遇覃恩，得應封典，均如其品秩給以誥敕，並推恩於其先。……一品封贈及三代（存者曰封，歿者曰贈），二品三品及二代……凡封贈之階十有七：正一品從一品均封光祿大夫。正二品資政大夫、從二品通奉大夫。正三品通議大夫、從三品中大夫。」依表則王簡當為正三品官，何贈及三代？據《欽定大清會典事例》卷一百十九封贈頁 6～8 所論：「臣子封贈之典，以三代為限，即古者大夫三廟之義，其貤封之例，蓋專為二三品官不能封贈其曾祖父母……推廣錫類之恩，以曲成其報本之意。」故至乾隆五十五年（1785）時，「奏准一品至三品官，不得貤封高祖父母。」是王簡為正三品官，可貤封三代。

〔註20〕見劉兆璸《清代科舉》頁 19 監生條。又監生亦稱太學生，國學生，雅稱上舍。

〔註21〕見劉燿椿等纂《青州府志》卷四十七頁 36（3317）。

5. 祖周（附王蔚青）

王筠之祖周，生平略見《青州府志》云：

> 王周，字子蓬。天相孫。生員。年十四喪母，事繼母以孝聞。善治生，以田數十畝讓其諸弟。自近及遠，恆以時贍其族人。又以己田爲族中葬地。其疏族子弟之不能學者，召至家塾教之。平生愛前明林亨大言，著《學喫虧篇》以發其旨。嘉慶元年年已耄矣，知縣欲以孝廉方正薦，周固辭。年九十卒。〔註22〕

而《續安邱新志》亦載及一條作：

姓　氏	本　色	族　　屬	封　　　職
王　周	監　生	簡之祖	贈通議大夫河南等處提刑按察使司按察使〔註23〕

由此二條資料推知，周尚有諸弟，除王蔚青有傳外，餘皆未詳。周以九十高年，位不過「監生」〔註24〕，其紹承先人箕裘，遊藝於經史之門，入孝出悌，並廓爾充之，財澤廣被，自近及遠，於族黨之生贍死葬，能力所及，莫不籌劃營賑，不異是「君子之道，禮義之文」〔註25〕之擴充具現。故仁宗嘉慶元年（1796）時，知縣乃欲以「孝廉方正」薦〔註26〕，知者以孝廉方正之舉，本始於康熙六十一年（1722），其制乃由各直省每府州縣衛保舉「行誼篤實」者，悉由地方紳士里黨合詞公舉，州縣官採討公評，詳稽事實，而以六品頂戴榮身，以備召用者。而周之固辭，雖以年邁，然篤實輕名，不慕榮利，謙沖恬退之風骨實有以致之也。況孝廉方正之舉，其後弊竇叢生，有司奉行，第不過虛應故事耳〔註27〕。是「行誼篤實」者，爲能虛受乎？

王周「善治生」，王氏之能成「安邱巨族」〔註28〕，其優渥之經濟背景，實胎基於周。觀其能「恆」以時贍族人，且自近及遠，不吝普施，則財力之雄厚，恢宏之景象，不難想見。唯周既富且仁，復重視教育涵被之廣度，凡「疏族子弟之不能學者，召至家塾教之。」此種儒家立人、達人精神之發皇〔註29〕，溫厚悲憫之襟懷，

〔註22〕見劉燿椿等纂《青州府志》卷四十九頁6（3367）。

〔註23〕見《續安邱新志》卷十三祂封表頁1。

〔註24〕按生員係通稱，監生乃分別名，其詳參見劉兆璸《清代科舉》頁14。

〔註25〕見《荀子》禮論篇。

〔註26〕詳見鄧嗣禹《中國考試制度史》頁267～268。

〔註27〕見《中國考試制度史》頁267～268。

〔註28〕見張穆《月齋文集》附石州年譜頁27「又述懷感舊六十韻爲老友安邱王貫山先生壽」蔡侗按語。

〔註29〕監生大抵熱心辦義學，修孔廟，本爲儒家精神之發皇。詳可參見林麗月《明代的國子監生》頁94。

亦常人所不能望其項背者。

　　周之先人並無著述，唯周能以中心之一股愛慕，形諸文字，落乎筆翰，書雖不傳，無由彰顯出其思想議論之彷彿，然志中述及其「平生愛前明林亨大言，著《學喫虧篇》以發其旨。」則尚存一間罅隙可尋。林亨大者，閩縣人。名瀚，亨大其字，號泉山。生於明宣宗宣德九年（1434），卒於明武宗正德十四年（1519），年八十六。生平事蹟見《明史》本傳〔註30〕。時與林俊、章懋、張敷華號「留京四君子」〔註31〕。嘗上書言事，忤旨誚讓；而性剛方，以忤劉瑾，謫浙江參政。本傳謂其「典國學垂十年，饌銀歲以百數計，悉貯之官，以次營立署舍。師儒免僦居，由瀚始。」論疏則主「養正心、崇正道、務正學、親正人」四事。其「爲人謙厚，而自守介然。」於明一代，林氏以方廉清鯁，內行修潔，表範卓然，爲時所稱〔註32〕。故四君子之一林俊在〈林文安公文集敍〉中嘗云：

　　　　（先生）起進士，入翰林。積官吏、兵尚書，參其留務。中有餘養，而出有餘用。藏明於晦，戢介於柔，恢恢然有容，而陽秋內實，不可卒近。〔註33〕

明、晦、介、柔，本是絕不相容之質性，而瀚能藏戢鎔鑄，使若冰炭之相愛相息者，表諸外則「恢恢然有容」，實諸內則陽秋明辨，「不可卒近」。王周既愛其言，式其人，於其論述容有心領神會，別出體悟者，故履諸於行，則讓田贍族，輕財重義；濡化族里，不問親疏。縱使《學喫虧篇》書雖亡佚，而觀其所行所止，不正透顯出其欲闡發之旨趣乎？故據罔兩以測景，亦可推知一二。

　　王周諸弟中，有王蔚青者，本傳見諸《青州府志》云：

　　　　王蔚青，字化雨。天相孫。乾隆三十三年副貢。好讀書，博覽經史，故其文多奇橫。尤好爲詩。應順天試，報罷，於是出遊塞上。歸益困，而其文益肆。生平尚氣節，好賙人急，義所不可，賁、育不能強也。少時應試郡城，同人戲閉一室，使妓昵就之，終不亂，時論重之。著有《節園詩文稿》、《志道編》二卷。〔註34〕

蔚青之功名雖僅爲「副貢」〔註35〕，然「好讀書，博覽經史」，學識淹富，境界寬

〔註30〕見《明史》卷一百六十三列傳第五十一頁 4428～4429。

〔註31〕見《明人傳記資料索引》頁 299。

〔註32〕上所引述，皆見《明史》卷一百六十三頁 4428～4431。

〔註33〕見林俊《見素續集》卷八頁 6～7。

〔註34〕見劉耀椿《青州府志》卷四十九頁 28（3411）；卷三十三頁 21。

〔註35〕按所謂「副貢」，劉兆璸《清代科舉》頁 18 云：「鄉試中式爲舉人，名登正榜，各省均有定額。其中考卷優良以額滿見遺，或極好卷中有瑕疵者，均列入副榜。定例每

廣，並以「出遊塞上」之故，發爲詩文，馳騁橫肆，恢奇遼闊，其文學造境頗高。而究其秉持，實具儒俠風範，不類文人之不檢細行也，故「生平尙氣節，好賙人急，義所不可，賁、育不能強」，其仁厚耿介之風骨，凜凜然生，不可逼犯。至於所著《節園詩文稿》、《志道編》二卷，以書無傳，亦乏門徑以窺究底蘊。

6. 叔父馴超、騄超

王筠之父馭超弟馴超，《續安邱新志》列入〈孝義傳〉，傳云：

> 王馴超，字致千。馭超弟。嘉慶己卯舉人。幼有至性，十歲母卒，家
> 人不戒於火，馴超環母柩，跪而泣曰：火及，我當死，勿傷母柩也。卒無
> 恙。及長，砥礪廉隅，卹族人，賑貧乏，鄉里頌之。〔註36〕

馴超是嘉慶二十四年己卯（1819）舉人〔註37〕。秉性至孝，樂於助人，其「砥礪廉隅」，取捨不苟，嚴於分際之操守，從鄉里傳頌中，可見其人之風誼。

馭超從弟騄超，《青州府志》附於馭超傳末，傳云：

> 從弟騄超，生員。敦族誼，有幹濟才。馭超官旣罷，負累不能歸，賓
> 從皆散去。騄超走數千里，往返爲之經紀。宗族稱之。〔註38〕

則其人之手足至情，純任悌義，於千里奔赴，眾人皆散境況中，及時予以紓困拯溺，更形超絕高邁，無乃「脊令在原，兄弟急難。每爲良朋，況也永歎。」〔註39〕之最佳寫照乎？而馭超兄弟間之深誼厚情，亦表露無遺！

王筠前之七世，時由明神宗萬曆（1573～1619）前後至清道光十二年（1832）約二、三百年間，雖短尺，難以窺百川朝海，波伏瀾轉之全貌，唯世代縣渺，事近幽晦，其於後代之影響亦窮究難明，未若時代切近者之彰顯較著，是雖七世，其渥溉涵被，實有蛛絲馬跡可尋，而謦欬相隨，羹牆如見之宛然風貌，並得透顯出。昔章實齋有云：「學有天性焉，讀書服古之中，有入識最初而終身不可變易者。」〔註40〕桓寬亦謂：「故內無其質〔註41〕而外學其文，雖有賢師良友，若畫脂鏤冰，費日損功。」〔註42〕所謂天性，所謂內質，無一不是淵自先世之浸潤膚受，其予後代內在

　　　　五名正榜，取一副榜，取入副榜者曰副貢。」

〔註36〕見馬步元《續安邱新志》卷二十一頁（271）。

〔註37〕按《山東通志》卷百三學校志第六舉人表頁（3058）嘉慶二十四年己卯科作：「王訓超，安邱人。」「訓」當係「馴」之誤字。

〔註38〕見劉燿椿《青州府志》卷四十九頁35（3424）。

〔註39〕見《重栞宋本毛詩注疏附校勘記》小雅、鹿鳴之什疏九之二頁14（321）「常棣」篇。

〔註40〕見章學誠《文史通義》內篇二博約中頁49。

〔註41〕按《太平御覽》卷五百八十五文部引質作實。

〔註42〕見桓寬撰、徐南村釋《鹽鐵論集釋》卷五殊路第二十一頁59（118）。

質性之必然養成，洵舉足輕重，不可變易也。

綜觀前述諸小節，於王筠之七世祖先中，撮舉其大凡，而得如下之結論：

1. 溯自明末王澍以來，世居山東省安丘縣。論其家世，雖非鐘鳴鼎食，仕宦顯赫之屬，然洙泗遺風，生員清誼，歷代積學，賑卹鄉里，於安邱一境，號稱「巨族」。

2. 筠之先世，氣象或坱圠恢拓、大義凜然；或硜硜執著，愚不可及。然率皆嚴於分際，不苟取捨。名實之辨，義利之爭，必錙銖合計，臻於不欺不枉而後可。故斷斷獨造，軒昂天地。而此種方嚴不苟之性格，無異大軌深轍，影響久遠。

3. 王家歷代皆重視童蒙教育，立家塾、設書院，扇化族黨，不餘遺力。並將教育理念，形諸文字，具體落實於子弟身上，詮蒙解滯，必使通達而後已。

上舉三端，本據文字表彰顯露處整理所得，而其濡化浸塑，有出於筆墨之外者，則焉可究詰矣！是王筠在經濟環境上之依傍、方法性格之稟承、篤實精神之傳續、與夫學習環境及方法上之陶鑄優勢，於其治學天性之養成，洵胎息深厚，淵源有自矣。

附錄二：清王貫山筠著述生卒年表

紀　　年	王筠著述生平事跡	時人著述生平紀要	時人生卒年
清高宗乾隆四十九年甲辰（1784）	一歲 王筠貫山生	錢大昕自編年譜一卷。 （竹汀居士年譜） 汪中爲漢雁足鐙槃銘釋文。（述學補遺）	王馭超二十九歲（包讀卷十一頁3） 錢坫四十一歲（1744～1806） ——（履園叢話耆舊20頁） 阮元二十一歲（1764～1840） ——（國朝先正事略卷二十一頁18） 張廷濟十七歲（1768～1848） ——（清史列傳卷七十三頁3） 吳榮光十二歲（1773～1843） ——（清史列傳卷三十八頁32） 葉志詵六歲（1779～1863） ——（續輯漢陽縣志卷十八頁52）
五十年乙巳（1785）	二歲	邵晉涵著爾雅正義二十卷成，稿凡三四易始成。（邵二云先生年譜頁79～91） 畢沅入覲，摩唐開成石經進，擬薦洪亮吉、孫星衍、江聲等書，爲當軸者所阻而止。（洪北江詩文集卷首附年譜）	程恩澤春海生
五十一年丙午（1786）	三歲 王馭超中舉人	段玉裁作古文四聲韻跋；又著說文解字讀五百四十卷成，盧文弨爲序。（段懋堂先生年譜）	陳奐碩甫生
五十二年丁未（1787）	四歲	王引之歸里侍母，始從事聲音、文字、訓詁之學。取爾雅、說文、方言、音學五書讀之，日夕研求。（王文簡伯申府君行狀） 王鳴盛撰潛研堂金石文跋尾序。又刊十七史商榷成，凡百卷。（王西莊先生年譜） 錢大昕往寧波府，撰鄞縣志三十卷，五閱月而告成。范上舍懋敏招登天一閣，觀所藏金石刻，因爲撰天一閣碑目二卷。（竹汀居士年譜） 程瑤田作程青溪江山臥遊園書後，及舊拓原石夏承碑跋。（程易疇先生年譜） 王念孫始作廣雅疏證。	
五十三年戊申（1788）	五歲	錢大昕長紫陽書院，續撰金石文跋尾六卷。（竹汀居士年譜）	朱駿聲豐芭生（石隱山人自訂年譜）
五十四年己酉（1789）	六歲	桂馥舉鄉試。（漢學師承記卷六） 邵晉涵、王念孫與段玉裁初晤於京師。（段懋堂先生年譜） 阮元成進士，改翰林院庶吉士。十二月散館，入庶常讀書。（雷塘庵主弟子記）	

五十五年庚戌（1790）	七歲	桂馥始謁阮元於京師。是歲，成進士，選教授。 王引之入都侍父，始著經義述聞，又爲經傳釋詞十卷，作太歲考與周秦名字解詁。（王文簡伯申府君行狀） 段玉裁赴武昌，謁督部畢沅，始識章學誠，有與邵二云書。（段懋堂先生年譜）	
五十六年辛亥（1791）	八歲	瞿中溶購得漢碑數種，始留心金石文字。讀許氏說文中引地名甚多，可與漢書地理、郡國二志，互相證明，錄成一卷，名說文地名考異。（瞿木夫先生自訂年譜） 段玉裁爲王念孫撰廣雅疏證序。（段懋堂先生年譜） 彭元瑞以太學石刻十三經暨石鼓文，命充副總裁。（清史列傳卷二六）	
五十七年壬子（1792）	九歲	段玉裁至蘇州，始識顧廣圻。（顧千里先生年譜） 俞正燮侍父在句容學署讀書，與王喬年同撰陰律疑，是爲著述之始。（俞理初先生年譜） 阮元爲儀禮石經校勘記序。（揅經室一集卷二）	
五十八年癸丑（1793）	十歲 王筠敘及幼年初學惑不得解之苦曰：「讀四書時，見大學、中庸註皆題朱某章句、論語則題朱某集註。不知古人注書多名章句，又不知學、庸是古注粗疏，朱子創爲此註，則名章句；論語則多用前賢說，故名集註也。又不知注註是古今字，轉以註字爲正，不敢問之師也。讀詩經時，見國風一，不知下有小雅二、大雅三、頌四也。又曰周南一之一，不知上一字承國風一，下一字對下召南一之二，至關一之十五言也，直以爲囈語而已，亦不敢問之師也。讀周易時，見二程子序，當時雖不知朱子乃程子再傳弟子，無由爲朱子作序，然疑四書、詩經皆朱子自作序，此何以他人作序也？朱註周易一段末云：今乃定爲經二卷、傳十卷。核其卷數固不符，不知朱子本義本連書於程子易傳之後，述而不作，故謙而不再作序。朱子定本是文王彖辭、周公爻辭（註略），分兩篇居首，孔子自作者退處於後，不敢擾雜先聖之文，聖人之謙也。（註略）曰：象上、象下、象上、象下、繫辭上、繫辭下、文言、	桂馥復謁阮元於歷下，阮元叩其所學，馥因出舊稿晚學集相示，阮氏爲撰序。 瞿中溶應院試，始輯所得金石文字目錄，作石經辨證、續漢金石、古文孝經三書。（瞿木夫先生自訂年譜） 段玉裁著周禮漢讀考成，自爲之序，又作經義雜記序。（段懋堂先生年譜） 西清續鑑甲、乙編書成。	祁寯藻叔穎生（續碑傳集卷四） 劉喜海生（1793～1852）——（諸城縣續志卷十二頁12）

	說卦、序卦、雜卦，謂之十翼。（註略），御纂周易折中即用朱子舊本也。明永樂時，蘇州府教授刪程傳，專用本義，朱子曰：程傳備矣者，始錄傳於後，而序卦傳之程傳，本分冠各卦之首，他不知合錄於本篇，遂致序卦無一字注解，我雖疑之，亦不敢問也。」（教童子法頁10）		
五十九年甲寅（1794）	十一歲 王筠從王朝輅惺齋學。 「惟十一歲從王惺齋師（名朝輅），事事皆講，遂知用心，以有今日。夫此等可疑之事皆皮毛，不關大體，尚無訓誨者，令我獨感惺齋師，願天下之為師者，各為其心喪三年計也。」（教童子法頁11）	段懋堂始以說文解字讀讄括作注。注亮吉著釋歲、釋舟二篇。（洪北江詩文集卷首附年譜） 朱駿聲七歲承庭訓，始誦五經。（石隱山人自訂年譜） 九月，石經告成。彭元瑞恭編考文提要十卷，得旨褒獎，晉太子少保，賜賚有加。（清史列傳卷二六）	丁晏儉卿生（續碑傳集卷七四四）
六十年乙卯（1795）	十二歲 王馭超授遂寧知縣。	段玉裁病舊作說文解字讀繁冗，乃為刪定。（段懋堂先生年譜） 王念孫廣雅疏證成書。 焦循在山東作書與孫星衍論考據與著作。 程恩澤丁父憂，哀毀力學。（續碑傳集卷一〇）	陳慶鏞乾翔生（清儒學案卷一四六）
仁宗嘉慶元年丙辰（1796）	十三歲 王筠之祖王周年已耄矣，知縣欲以孝廉方正薦，周固辭，年九十卒。（青州府志卷四十九頁6（3367）） 王馭超丁母憂。	朱駿聲十三經以次讀畢，兼讀古文。（石隱山人自訂年譜） 瞿中溶閉戶讀禮，復以唐石經校勘，作三禮石經辨證。（瞿木夫先生自訂年譜） 阮元刪訂山左金石志書成，凡若干卷，錢大昕為撰序。（竹汀居士年譜續編） 程瑤田增刻其所著通藝錄，約二百餘葉。（程易疇先生年譜） 錢坫刻十六長樂堂古器款識考四卷書成。	吳式芬子苾生（續碑傳集卷十七頁2） 邵晉涵二云卒，年五十四。（邵二云先生年譜）
二年丁巳（1797）	十四歲	段玉裁汲古閣說文訂一卷書成。 阮元刻歷代鐘鼎彝器款識法帖二十卷 阮元始修經籍纂詁、始纂疇人傳。（雷塘庵主弟子記） 俞正燮撰唐律疏義跋（癸巳類稿卷一二）	許瀚印林生 畢沅秋帆卒，年六十八。（清史列傳卷三〇）
三年戊午（1798）	十五歲	阮元督學浙江，聚諸生於孤山，撰經籍纂詁一百六十卷成。（雷塘庵主弟子記） 王引之成經傳釋詞十卷。 方東樹館江右新城陳用光家，講授石經。（方儀衛先生年譜）	
四年己未（1799）	十六歲 王馭超授潛山知縣。（安徽通志卷一百三十一頁5）	錢大昕編定十駕齋養新錄，又成金石文跋尾三集。	何紹基子貞生

		王筠隨侍在署，得幕賓夏小正鈔本，使小胥鈔存之。 「嘉慶四年，先大夫約齋先生出宰澕山，筠隨侍在署。幕賓有夏小正鈔本，傳文多刪節，又有金仁山履祥說，濟揚張稷若爾岐說，北平黃崑圃叔琳說，頗爲詳備，使小胥鈔存之。」（夏小正正義序頁1） 「澕山縣注：吾父曾知其縣事，縣印字作澕，校官印字作灃，亦馬伏波所云，宜齊同也。」（說文釋例卷十八頁28） 「然近人之不刻其書者，弟亦嘗聞之，先大夫宰澕山時，聞婺源有王先生與江愼修先生，同里同時而不相識。忽寓書于江氏，褒譏所著之是非，惟四書典林不可訓。江氏答書，服其所非之是者，而辨其非者。四書典林版，則斯之以爲薪。二先生之究竟謀面與否？亦未聞知。即王氏之名，並未聞知。而聞王氏緘縢其書，命其子曰：書佳自有刻者，不可自刻，受人姍笑也。」（菉友蛾術編卷下頁29）	
五年庚申 （1800）	十七歲	嚴可均舉鄉試，官建德縣教諭，引疾歸。（清史列傳卷六九） 翟云升中舉人。（山東通志卷一○三頁3051；續掖縣志卷二頁33） 朱駿聲受許氏說文，一讀即通曉。（清史列傳卷六九） 阮元巡撫浙江，築詁經精舍於西湖，復延臧庸補訂纂詁，校勘注疏。（拜經堂文集卷首）	
六年辛酉 （1801）	十八歲	翟云升舉鄉後，益精心訓詁，一貫群書，視世之榮悴，若於己無與者，而惟鍵戶修業。（三續掖縣志卷四頁16） 洪頤煊以拔貢生，爲山東督糧道孫星衍撰孫氏書目及平津館續碑記十二卷。（清史列傳卷六九） 鈕樹玉有說文繫傳跋。（匪石先生文集卷下）	
七年壬戌 （1802）	十九歲	陳奐爲馬遠林集韻校勘記序。（三百堂文集卷上） 王昶目疾愈甚，以生平所撰金石萃編、詩文兩集，及湖海詩傳、續詞綜、天下書院志諸書，卷帙浩繁，尚待編排校勘，不能審視。因延請朱文藻、彭兆蓀，及門人陳興宗、錢侗、陶梁各分任之。校其舛誤，及去取之未當者，刻日排纂。（述庵先生年譜） 俞正燮在滋陽，撰古本大學石刻記。（俞理初先生年譜）	

		朱駿聲年十五,始入紫陽書院附課肄業。時錢大昕主講席,初謁時,有傳衣缽之語,極蒙獎借,以國士目之,並許受業。	
		程瑤田左目瞽,作鑄鐘記略記之;又爲阮元作寶和鐘律中夾鐘記,復成樂器三事能言一卷。(程易疇先生年譜)	
		阮元撰焦山定陶鼎考。(揅經室二集卷七)又撰集皇清碑版錄。(雷塘庵主弟子記)重刊鐘鼎款識。	
八年癸亥（1803）	二十歲	程瑤田通藝錄將刻成,自爲之序。(程易疇先生年譜)	彭元瑞棠仍卒,年七十三。(清史列傳卷二六)
		龔自珍從外大父段玉裁受許氏部目,是生平以經說字,以字說經之始。(定庵年譜稿本)	
		錢大昕始刊養新錄手定本,凡二十卷;後所得爲養新餘錄三卷。金石跋尾四集刊成。(竹汀居士年譜續編)	
九年甲子（1804）	二十一歲	程恩澤始與梅曾亮相識。舉鄉試中式,居京師,益勤於學,天算、地志、六書、訓詁、金石皆研究之。(程侍郎遺集卷首)	錢大昕曉徵卒,年七十七。(碑傳集卷四九)
		祁寯藻以父繫刑部獄,隨侍讀書不少輟,並賦春草詩以見志。(續碑傳集卷四)	
		段玉裁兩與王念孫書言刻說文注事。(段懋堂先生年譜)	
		阮元撰積古齋鐘鼎彝器款識十卷,至是刻成。(雷塘庵主弟子記,揅經室三集卷三)	
十年乙丑（1805）	二十二歲	陳奐見徐氏讀禮通考、秦氏五禮通考諸書,纂要鉤玄,私自過錄,由是得窺爲學塗徑。(續碑傳集卷七四)	張穆石州生（月齋文集附石州年譜頁1）
		馬邦舉中進士。(山東通志卷百七十二頁4982)	桂馥卒
		阮元在杭州,與程瑤田、李銳共鑄學宮之樂鐘。(揅經室一集卷五)	
		王昶金石萃編一百六十卷刊成。嚴可均作說文翼。(說文校議序)	
十一年丙寅（1806）	二十三歲　王馭超爲霍邱知縣。(安徽通志卷一百三十一頁17)	洪亮吉著六書轉注錄八卷。(洪北江詩文集卷首附年譜)	王昶德甫卒,年八十三。(碑傳集卷三七神道碑及墓誌銘)
		王昶病甚,口授謝恩表,自定喪禮,屬阮元撰神道碑文。(碑傳集卷三七)	錢坫獻之卒,年六十八。(清史列傳卷六八,馮先恕疑年錄釋疑。)
		段玉裁爲潛研堂集序。(段懋堂先生年譜)	朱文藻映漘卒,年七十二。
		阮元纂刻十三經校勘記二百四十三卷成。(雷塘庵主弟子記)	
		嚴可均說文校議卅篇書成有序。	
十二年丁卯（1807）	二十四歲	段玉裁刪訂說文注成,王念孫寄四十金以佐刻資,有與王懷祖兩書。(段懋堂先生年譜)	朱次琦稚圭生（朱九江集卷首附年譜頁1）
		顧廣圻校刻段玉裁所撰釋拜一篇於江寧。(顧千里先生年譜)	
		祁寯藻與祁逢聲同入縣學。(亭集後集卷三頁1512)	

十三年戊辰 （1808）	二十五歲	龔自珍始見石鼓，是見石刻之始。（定庵 年譜稿本） 嚴可均始草創廣搜藏家祕笈、金石、文字，起上古迄於隋唐，合七百四十六卷，書成，復爲撰全上古三代秦漢三國六朝文總敘。（鐵橋漫稿卷六） 王念孫爲段玉裁作說文注序，時玉裁主講婁東書院。（段懋堂先生年譜）	
十四年己巳 （1809）	二十六歲	祁寯藻初遊方山。（䜞斛亭集後集） 段玉裁作聲類表序。（段懋堂先生年譜）	洪亮吉稚存卒，年六十四。（洪北江詩文集卷首附年譜） 凌廷堪次仲卒，年五十三。
十五年庚午 （1810）	二十七歲	祁寯藻舉鄉試。（續碑傳集卷四） 陳奐從江沅治小學，江氏爲介段玉裁，遂從段氏游。（續碑傳集卷七四） 馮登府在孤山，謁林處士墓。鄉試薦卷。孫星衍爲書石經閣篆額。漢石經考異成，用昌黎石鼓詩韻紀之。（馮柳東先生年譜）	
十六年辛未 （1811）	二十八歲	阮元編漢延熹西嶽華山碑考四卷成，又編四庫未收百種書提要成。（雷塘庵主弟子記） 程恩澤成進士，改翰林院庶吉士；散館授編修。（程侍郎遺集卷首） 朱次琦始入塾受書。（朱九江集卷首附年譜頁2）	曾國藩滌生生 葉名灃潤臣生（敦夙好齋詩初編卷八頁9）
十七年壬申 （1812） 王筠少喜篆籀，不辨正俗，年近三十，讀說文而樂之，每見一本，必讀一過，即俗刻五音韻譜，亦必讀也。（說文釋例自序）	二十九歲	段玉裁刻說文解字注，王念孫序，言「千七百年無此作」。（清史列傳卷六八） 陳奐爲縣學生。是多，始受業於段玉裁，校毛詩傳，游歷齊、魯、燕、趙，與四方學者交，聞見漸博。（續碑傳集卷七四） 龔自珍校書武英殿，是平生爲校讎學之始。（定庵年譜稿本）	慶霖伯蒼生（篆友蛾術編卷下頁26） 楊恩樹生（鄉寧縣志頁577）
十八年癸酉 （1813）	三十歲		
十九年甲戌 （1814）	三十一歲	祁寯藻成進士，改翰林院庶吉士。（續碑傳集卷四） 王引之簡放山東學政。（王文簡伯申府君行狀） 周昺漢赴春闈，客留京邸者九年，每借正書法於諸閣暨鄉前輩，惟以陸、王兩先生辨正通俗文字爲準，間有不合六書者。（重栞正字略引言頁1）	程瑤田易疇卒，年九十。（清儒學案卷八二）
二十年乙亥 （1815）	三十二歲	祁寯藻丁父憂。（清史列傳卷四六） 段玉裁說文注刻成。阮元延主杭州敷文書院；未幾卒，王念孫爲誌其墓。（段懋堂先生年譜）	姚鼐姬傳卒，年八十五。（碑傳集卷一四一） 祁韻士鶴皋卒，年六十五。（程侍郎遺集卷八；鶴皋年譜） 段玉裁若膺卒，年八十一。（段懋堂先生年譜）

二十一年丙子（1816）	三十三歲 秋，王筠弟王簡赴鄉試，不中。王馭超已歸田，始撰海岱史略。（海岱史略序頁1）	俞正燮在上元皇甫巷，始與嚴可均相識。（俞理初先生年譜） 馮登府著唐石經誤字辨一卷成。（馮柳東先生年譜） 黃丕烈汪本隸釋刊誤刊成。（黃蕘圃先生年譜） 鈕樹玉有盤銘跋。（匪石先生文集卷下）	莊述祖葆琛卒，年六十七。（碑傳集卷一〇八）
二十二年丁丑（1817）	三十四歲 王筠疑此年初讀說文，所見闇合段氏。 「鬥，全體指事，非從𢑚𢑚也。廿年前初讀說文，所見闇合段氏。由今思之，此所謂據形系聯也。」（說文釋例卷一頁22）	陳奐入都謁王念孫，遂成忘年交。（續碑傳集卷七四） 翁方綱撰秦篆殘字記序。（復初齋文集卷二）	
二十三年戊寅（1818）	三十五歲 王馭超撰海岱史略一百四十卷成，自爲序於安邱楓葉村之學翼堂。（海岱史略序頁1～2）	陳奐謁王念孫於旃壇寺。王氏詢以近日所學，因勸治毛詩，後治集韻；又以學者著書，必於所託者尊，並日定課程，而後有成，勉之別去。（三百堂文集卷上） 朱駿聲舉鄉試，官黟縣訓導。肆力著述，諸生造門請業者常數十人，官舍至容不下，俞正燮歎曰：「朱君眞名士也！」（清史列傳卷六九） 何紹基始讀說文。	孫星衍淵如卒，年六十六。（揅經室二集卷三） 翁方綱正三卒，年八十六。（清史列傳卷六八）
二十四年己卯（1819）	三十六歲 王簡中舉人。（山東通志卷一百三頁3059） 王馴超中舉人。（安邱新志卷二十一頁271）	祁寯藻散館，受編修。（清史列傳卷四六） 陳奐有與王伯申書，論其經傳釋詞。七月，游學至京師，謁胡承珙於萬柳堂；復會群賢禮鄭康成，各爲詩文以表鄭學。（三百堂文集卷下） 朱駿聲入都會試不第，明年五月自都中旋里。（石隱山人自訂年譜）	
二十五年庚辰（1820）	三十七歲 王筠疑此年入都。並交翟云升。 「去歲辱承札示，竊幸愚蒙得所啓發，故竭鄙衷以俟兩端之叩，悚息待命，一載有餘，未見還示。惟聞文泉言先生見賞而已。夫見賞則必有所賞之端，未知的係何事，則無從加勉也；亦必有不足賞之端，未免自恕之昏，更不能揣知何屬也，屛營之私，未嘗少置。而日來索米長安，二三執友皆以春闈在即，督作時文，不敢拂其私愛之意，惟是之爲研究。」（學海月刊第一卷第四冊王筠遺著「論小學二書」頁13） 王簡中進士。（安邱述略頁42）	劉燿椿中進士。（安邱述略頁42） 李璋煜中進士。（諸城縣續志卷十一頁13）	焦循里堂卒，年五十八。（碑傳集卷一三五）
宣宗道光元年辛巳（1821）	三十八歲 王筠購得繫傳一帙，甫讀首卷，即爲愛之者所禁錮，不許攜入書館，時已知以汲古初印本、平津館翻宋本、汲古剜補本、揚洲鮑	江藩復重加刪訂所著爾雅正字，爲爾雅小箋三卷。（清史列傳卷六九） 祁寯藻入直南書房。（續碑傳集卷四） 俞正燮舉鄉試。（清史列傳卷六九） 朱駿聲以帥承瀛薦，掌教浙江嵊山書	

	氏翻宋本相互校刊，別其異同。惟俟春闈後再理舊業，有「論小學二書」。（學海月刊第一卷第四冊頁13～19）舉鄉試。（清史列傳卷六九；山東通志卷一○三頁3059）「辛巳同年中，惟即墨侯敏行前半篇，確是大學中之賢親樂利，他人不及。」（四書說略大學頁6）游京師，與葉志詵、何紹基、陳慶鏞、許瀚諸人，商榷古今，相與論學。（清史列傳卷六九）	院。（石隱山人自訂年譜）王引之充國史館副總裁；後充經筵講官。（王文簡伯申府君行狀）陳山嵋舉鄉試。（文字蒙求自序頁4）楊承注舉鄉試。（文字蒙求自序頁5）	
二年壬午（1822）	三十九歲 王簡補鎮原。西域軍興，檄掌西甯糧臺事，調皋蘭。（青州府志卷五十頁8（3473））	翟云升中進士。（再續掖縣志頁38）祁寯藻充廣東鄉試正考官。（清史列傳卷四六）朱駿聲主剡山書院講席。（石隱山人自訂年譜）	
三年癸未（1823）	四十歲 王筠始專治說文。「筠之專治說文也，自癸未多始，十閱月而成一書，凡十五卷，名曰說文鈔。」（說文釋例卷十四頁37）「余之專治說文也，自癸未始，爾來廿有一年矣！」（說文句讀稿本校記頁3）或學而有得，或思而有得，輒札記之。（菉友肊說頁1）見桂未谷「義證」（說文繫傳校錄卷三頁5）	祁寯藻提督湖廣學政。（清史列傳卷四六）	
四年甲申（1824）	四十一歲 王筠「說文鈔」十五卷始成。「筠之專治說文也，自癸未多始，十閱月而成一書，凡十五卷，名曰說文鈔，友人或寫去。今日觀之，太淺薄矣。刺取若干條存之，以志功候云爾。」（說文釋例卷十四頁37）	方東樹授經阮元幕中，著漢學商兌四卷。（方儀衛先生年譜）翟云升有隸書「臨禮器碑」大橫幅。（歐缽羅室書畫過目記頁514）張穆點定翰苑集注並修改凡例數條。（石州年譜）阮元撰兩浙金石志序。建學海堂成。（雷塘庵主弟子記）	何秋濤願船生（清儒學案卷一六六）
五年乙酉（1825）	四十二歲 王筠在都識陽曲張古娛學博，以所藏周召公尊拓本見示。「廿年前在都，識陽曲張古娛學博，以所藏周召公尊拓本見示，且曰：博古圖載此器一手痕，此則兩手痕。然都人士皆目為宋翻沙。」（菉友肊說頁50（25）「父乙鼎記為蘇廣堂作」）	程恩澤補春坊右庶子、侍講學士。（續碑傳集卷一○）許瀚受知何文安，拔貢成均。	郝懿行恂九卒，年六十九。黃丕烈蕘圃卒，年六十三。（黃蕘圃先生年譜）
六年丙戌（1826）	四十三歲 王筠以桂馥「義證」雖蕪雜，許瀚及眾人欲從事刪汰，獨筠以為未可輕議。（擧古卷五頁15）	程恩澤調湖南學政回京；詔充春秋左傳纂修官，補國子監祭酒。（續碑傳集卷一○）俞正燮為程恩澤、祁寯藻纂御纂春秋左傳。（俞理初先生年譜）許瀚入都，友何紹基。並為李方赤觀察分校桂馥說文解字義證。	

七年丁亥 （1827）	四十四歲 王筠納交魚臺馬星壁。六月，有「復馬臥廬先生書」，臥廬為星壁父馬邦舉也。復以說文漢闕之故。 「日前納交友泉，幸見大著，竊喜鄉先輩之導我前路也。……惟筠資性愚闇，家少藏書，株守說文，又祗見汲古刊補本、李巽巖大小字二本，凡有可疑者，皆用肊測。比來都，見桂未谷先生義證，所臚各本，及它書引用異同，決擇甚精，第卷帙浩繁，未能迻寫，欲待少有進步乃以奉覆，則不足昭其慎重而祗益之疏慢，而又不敢勦襲義證之說也。仍列素所條屬者以對，惟先生裁焉。……筠之所學，如是而止，至于逐字考覈，未有确見，何敢妄對。來書又云將以大著為賜，乃希覬而不敢言者，何幸如之。然竊有請者，先生于所輯諸書，似宜詳疏其是非，以著從違之故，則津逮筠者尤非淺鮮，若擇取其精而未加論斷，則筠性愚蒙，索解不得，恐孤指南之盛心也。踥人辭多，報章繁贅，亦願盡布其愚，以為受教之地，望先生寬其不敏之誅，更教誨之。」（說文繫傳校錄卷三十頁5～6）	俞正燮作客門正義。（俞理初先生年譜） 祁寯藻充文淵閣校理。（清史列傳卷四六） 朱次琦補邑弟子員。（朱九江先生集附年譜） 張穆始入省肄業。（石州年譜） 朱駿聲就館揚州謝司寇第。（石隱山人自訂年譜） 王引之充武英殿正總裁。（王文簡伯申府君行狀）	鈕樹玉匪石卒，年六十八。（碑傳集補卷四〇）
八年戊子 （1828）	四十五歲	馮登府輯閩中訪碑錄十卷、閩中金石志十四卷。上阮云臺尚書書。（馮柳東先生年譜） 王引之署吏部尚書。（王文簡伯申府君行狀） 朱次琦赴鄉試，報罷，讀書囂囂自若。（朱九江先生集附年譜） 周濟成說文字系四卷、韻原四卷。 祁寯藻陞詹事府右春坊右中允。（清史列傳卷四六） 瞿中溶輯魏石經遺字舉正一卷稿成。（瞿木夫先生自訂年譜） 顧廣圻跋方履籛撰金石萃編補正四卷。（顧千里先生年譜）	
九年己丑 （1829）	四十六歲 十月，王筠「正字略」初刊訖功，益都陳山嵋雪堂書之，介休楊煦和亭為之鋟木，有序。 「四庫全書辨正通俗文字，陸、王兩先生原本，余皆有之，辨白精宷，楷法秀整，其不合六書者，數字而已。今雖剞劂屢新，	程恩澤丁母憂歸歙。（續碑傳集卷一〇） 張穆與兄同讀書十柏山房。（石州年譜） 顧廣圻有校刊輿地碑記目序錄。（思適齋集卷八） 許瀚自京師歸。（攀古卷十一頁23）	

	未免豕魚增謬，詒誤後學，亦復孤負前賢也。同人謬以筠讀說文，屬爲栞正，爰改其訛文，補其未備，即以字畫多少爲次，用便檢考，字有相亂，因而附焉。去泰去甚，不敢泥古以戾今，或足述干祿字書之意乎。益都陳山嵋雪堂書之，介休楊煦和亭爲之鋟木。於道光九年良月訖功，安邱王筠菉友序。」（正字略定本頁2） 於都中見朱文藻「說文繫傳考異」朱竹君先生臧本，李方赤比部借鈔，而屬筠書其篆文，即隨手校正，訛者墨改之，原書訛者朱改之，然未細讀，尚不能盡正也。作「書說文繫傳考異後」。（說文繫傳校錄卷三十頁5又序） 與文登畢恬谿明府（初名以田今名亨）論學，辨矢篆之訛正。（說文繫傳校錄卷三十頁三）。		
十年庚寅 （1830）	四十七歲 王筠似出都。 「道光己丑，筠作此於都中。辛卯冬復至都，葉氏平安館買一考異鈔本，借校一過。」（說文繫傳校錄卷三十頁5）	王引之調禮部尙書，著經義述聞成，凡三十二卷。（王文簡伯申府君行狀） 祁寯藻以母夫人有疾，乞假歸省。（續碑傳集卷四） 馮登府教授涌東，有答錢梅溪論石刻論語、孝經、大學書。（馮柳東先生年譜） 劉寶楠館郡城江氏。撰漢石例序。（劉楚楨先生年譜及念樓集卷六並參）	潘祖蔭生
十一年辛卯 （1831）	四十八歲 冬，王筠復至都，葉志詵平安館買一說文繫傳考異鈔本，借校一過。（說文繫傳校錄卷三十頁5） 王筠疑此年與陳奐初遇。 「碩甫初名煥，今名奐，江蘇長洲人。束修自屬，造次必於儒者，年尙少於我，不見者二十年矣，道光庚戌安邱王筠。」（毛詩重言頁1） 「二十年前，弟在都，遇蘇州陳碩甫茂才。不遠二千里，至都迎其從子之喪，是爲仁；妻卒不再娶，其言曰：妻者齊也，豈可多人與我齊，是爲義；父卒之後，不復進取，日以著述爲事，是爲高尙，即其一言一動，必由規矩，近今之人，罕有其比。」（菉友蛾術編卷下頁28） 筠有「史記斠」無卷數傳鈔本，首有道光辛卯孟冬績溪胡培翬序，未有筠自跋。（販書偶記續編頁40）	陳奐又有與王伯申書，復論及其經傳釋詞。（三百堂文集卷下） 王念孫讀書雜志凡八十二卷始刊竣。（王文簡伯申府君行狀） 程恩澤主講鍾山書院，復與梅曾亮相見。起服入都，仍在南書房行走。（程侍郎遺集卷首及續碑傳集卷一〇並參） 周夣瀍涖任溫邑。（重栞正字略引言頁1） 苗夔舉優等貢生，王念孫父子聞其名，與暢論音學源流，由是譽望日隆。（曾文正公文集卷四） 張穆訪祁寯藻於壽陽。（石州年譜） 朱駿聲選授安徽族德縣訓導。以正月丁父憂，守制，未赴任。（石隱山人自訂年譜） 瞿中溶集官印考證成。泉志補考寫畢，凡二十卷。又泉志續編成，自宋迄明末，所收泉二千餘品，亦分爲二十卷，並作敘。（瞿木夫先生自訂年譜）	江藩子屏卒，年七十一。（續碑傳集卷七四）

十二年壬辰 （1832）	四十九歲 春日，王筠「正字略」再刊，增三百字，再洔雪堂書之，和亭復梓，作「又記」。（正字略壬辰春日筠又記頁3） 九月，王筠始輯繫傳校錄。漢陽葉潤臣任典故，筠任異文。 「今既各本並出，其中佳處，多可采擇，而汪氏所刻小徐本，又與朱氏所據本不同。今將以考異校汪本，幾如執唐律以瀲漢獄矣！漢陽葉潤臣謂筠曰：盍改作之，君任其異文，我任其典故可也。余乃不辭猥瑣，凡有不同，概爲札記，更參以說文韻譜、五音韻譜、玉篇、廣韻、汗簡諸書，可疑者，即下己意爲之判斷，亦欲觀者知其意之所在，一有乖刺，可爲訂正也。……自壬辰九月輯之，旋以東歸。」（說文繫傳校錄序頁2） 王馭超卒。王筠東歸。 「吾父生於乾隆丙子，卒于道光壬辰。」（說文句讀卷十一頁3（741））	程恩澤以候補祭酒未與考差，特放廣東正主考官。 俞正燮館新城陳用光家，爲校顧祖禹讀史方輿紀要。（俞理初先生年譜） 王引之丁父憂，扶柩歸里。（王文簡伯申府君行狀） 張穆始復入都，考取白旗漢人教席。（石州年譜） 祁寯藻二月遷翰林院侍講學士，復充日講起居注官。六月，署國子監祭酒也。七月，因母病疏起開缺，得旨賞假一月。十月，授通政使司副使。（清史列傳卷四六）	王念孫懷祖卒，年八十九。 王馭超駕千卒，年七十七。（說文句讀卷十一頁3（741））
十三年癸巳 （1833）	五十歲 王筠在安邱，「說文韻譜校」書成，秋九月，記其序例。（說文韻譜校序例頁1～2） 夏，海昌許珊林進士樼贈王筠鈕樹玉「說文新附考」一帙，筠爲之助證駁正，兼校訛捝，有記敘。（見說文新附考校正敘）	俞正燮春闈下第，侍郎程恩澤爲編刻癸巳類稿凡十五卷，並爲序。（俞理初先生年譜） 張穆與許瀚排次癸巳類稿十五卷付梓。（石州年譜） 周昜潢京邸友人始以王筠正字略見寄，謂其書原本說文，雅符館體，雖以略名，其酌古準今詳矣。（重槧正字略引言頁1） 鄭珍著說文新附考成。（鄭子尹年譜） 瞿中溶補作金石文編。（瞿木夫先生自訂年譜）	
十四年甲午 （1834）	五十一歲 王筠在安邱。二月，輯「說文繫傳校錄」畢，三月望日有序。 「自壬辰九月輯之，旋以東歸。甲午二月乃畢，不知潤臣所見何似？異日至都，終當合爲一帙也。三月望日，安邱王筠。」（說文繫傳校錄序頁2） 自言年逾五十而老於農，故知物情，以窺古人製字之意。今之學者或不知也。（說文釋例卷二頁20）	祁寯藻丁母憂回壽陽。（清史列傳卷四六） 程恩澤授工部右侍郎，兼管錢法堂。（續碑傳集卷一〇） 李兆洛刻日知錄成。所見帖成。（李申耆年譜） 王引之署工部尚書，尋卒。（王文簡伯申府君行狀）	王引之伯申卒，年六十九。（續碑傳集卷一〇） 陳壽祺恭甫卒，年六十四。
十五年乙未 （1835）	五十二歲 王筠校改「說文繫傳校錄」一過，正月十七日有識語。（說文繫傳校錄序頁2） 復論「說文韻譜校」中「痕部附」之意。	俞正燮應兩湖總督林則徐聘，纂湖北通志成。（俞理初先生年譜） 瞿云升輯「隸篇」成，自序。（隸篇序） 許瀚中舉人。 鄭珍至京師，謁程恩澤，程氏爲點定說文新附考。復攜歸雙鉤石經殘字，乞莫	吳大澂清卿生（續碑傳集卷三二） 陳用光碩士卒，年六十八。（清史列傳卷三四） 顧廣圻千里卒，年七十。（顧千里先生年譜）

	「乙未二月十三日，燈下忽檢得很、恨二部，即痕之上、去聲也。彼皆自爲一部，則痕可知，恐此書亦經後人改易，非徐氏原本。」（說文韻譜校卷一頁17） 八月在都，借馬氏龍威祕書讀之。「是書蓋以汪本付刊，而頗有校正，先得我心者皆錄之，亦聊免余說之無稽云。九月九日燈下筠記。」（說文繫傳校錄序）	友芝書兩漢金石記，莫氏依其字樣，眞寫一通，並跋其後。（鄭子尹年譜） 瞿中溶作唐石經明人補闕辨、石經考異集證敘。（瞿木夫先生自訂年譜）	
十六年丙申 （1836）	五十三歲 王筠「許學札記」疑作於此年。 又「菉友肊說」疑作於此年。	何紹基成進士，改翰林院庶吉士。（清史列傳卷七三） 張穆審定祁韻士太史西域釋地，又校訂西陲要略四卷。（石州年譜） 祁寯藻擢兵部侍郎，轉左侍郎。 朱駿聲選授安徽黟縣訓導。（石隱山人自訂年譜）	
十七年丁酉 （1837）	五十四歲 王筠於三月二十二日，始輯「說文釋例」，百日乃畢，七月三日作自序。 「筠少喜篆籀，不辨正俗。年近三十，讀說文而樂之，每見一本，必讀一過，即俗刻五音韻譜，亦必讀也。羊棗膾炙，積二十年，然後於古人制作之意，許君著書之體，千餘年傳寫變亂之故，鼎臣以私意竄改之謬，犁然辨晳，具於匈中，爰始條分縷析，爲之疏通其意，體例所拘，無由沿襲前人，爲吾一家之言而已。……特以長夏養疴，用此自遣，賢於博奕云爾。道光丁酉七月三日，安邱王筠菉友自序。」（說文釋例序卷一頁1~3） 「釋例」成後，割裂竄易數過，又屮一過，十一月十二日乃舉，已閱二百三十日矣。（說文釋例卷二十頁57） 十月中，至扱訪翟云升，以「說文釋例」相質。論及八分楷書書法及四書註疏。 「十月中，攜至扱以質翟君文泉，文泉曰：拙著隸篇，但從舊說之是者，不加駁難，君何以不然？余曰：是吾所望而不至者也，說文駁伯山二事，嘗疑其非許君語，然而不能學者，則體例致然，既非注釋全書，而偶摘一事言之，不出所以說之之故，則人不知所謂矣。且著書者，每勇於駁古人，而怯於駁今人，謂今人徒黨眾盛，將群起而與我爲難也。然使群起難我，我由是講其非以趨於是，則我愈有所得	程恩澤充經筵講官，聘張穆爲校訂其父遺文成，自爲安玩堂藏稿後跋。七月，以暑疾卒於京師。八月，阮元、何紹基等集龍泉寺檢其遺書，戴熙作龍泉寺檢書圖。（程侍郎遺集卷七；鄭子尹年譜） 葉名澧舉鄉試 張穆撰說文答問疏證敘。（石州年譜） 祁寯藻視學江蘇，俞正燮爲校宋本說文繫傳。轉左侍郎，兼管三庫事務。（清史列傳，俞理初先生年譜並參） 翟云升隸篇開雕。（隸篇序） 朱駿聲六月刻自著說文通訓定聲一書，門人朱鏡蓉主其事。（石隱山人自訂年譜）	張之洞孝達生。程恩澤云芬卒，年五十三。（程侍郎遺集卷首阮元撰墓志銘）

	矣。或以非義之詞相難，則人皆見之，而我亦無所失矣，況乎螢光自照，蟻封自高，得其所得，聊爲怡悅，詎謂與斯世競短長哉？許書故在，請自研窮，我之說或能啓翼之，非謂竟可障蔽之也。知我罪我，或可與許君遙質之爾（按此句或作一俟哲士之品評云爾）。」（說文釋例卷二十頁 57；卷十八頁 43；四書說略：中庸頁 4） 「余平生孤行一意，不喜奪人之席，勦人之說，此說文釋例之所爲作也……惟既創爲通例，而體裁所拘，未能詳備，余故輯爲專書，與之分道揚鑣，冀少明許君之奧旨，補茂堂所未備，其亦可矣！」（說文句讀序頁 1）時有手輯說文專書，爲句讀之嚆矢。		
十八年戊戌 （1838）	五十五歲 夏，陳山嵋以周昺潢重栞「正字略」大字本示王筠，筠乃三校之，並決之日照許瀚印林，再倩雪堂書，楊承注銕葊栞之。七月廿五日又記。（正字略定本序頁 3～4） 以陳山嵋之意請，不日成「字學蒙求」一書，十二月三日自作序。 「爰如雪堂意纂之，於象形、指事、會意字，雖無用者，亦皆掑輯；形聲字所收者四類，總二千餘字而已，誠約而易操者乎。說解取其簡，或直不加注，兼以誘之讀說文也。篆文閒依鐘鼎，以說文傳寫有訛也。恆見字不加音切，不欲其繁也。既成以示雪堂，雪堂曰：善。適銕葊爲我栞正字略，即以是書報謝之。」（文字蒙求自序） 王筠嘗至黔縣會館，與俞正燮閒話，俞氏有「喜王菉友至黔縣會館閒話五古一首」詩。（俞理初先生年譜）	翟云升隸篇續十五卷、再續十五卷書成。（隸篇自序） 陳澧切韻考成，始著說文聲統。（陳東塾先生年譜） 朱駿聲著古今韻準成，刻說文通訓定聲全書告成。（石隱山人自訂年譜） 龔自珍嘗恨許叔重見古文少據商周彝器秘文，說其形義，補說文一百十七字，四月成書。（定庵年譜稿本） 許瀚北上京師。（攈古卷十一頁 23） 劉喜海撰清愛堂家藏鐘鼎彝器款識法帖一卷。	
十九年己亥 （1839）	五十六歲 王筠嘗以韻會核改「說文釋例」一日。 「己亥七月，檢韻會，則一日字爲所不引者，凡二十餘事，是書所據者，小徐本也。亦可見一日之不足盡信矣！惟我所據本，凡掇七十葉，適當所掇者，即不知其有無，當更求足本核之。」（說文釋例卷十頁 55） 與聯玉圃論凶字， 「己亥七月，聯玉圃見告曰：都察院爰書中，有安徽人凶姓者。	何紹基充福建鄉試正考官。（清史列傳卷七三） 俞正燮爲江蘇學政祁寯藻校寫上古六朝文目，聘掌教惜陰書舍。十月，有校刊宋本說文繫傳序。（俞理初先生年譜） 祁寯藻九月調吏部右侍郎，留學政任。（清史列傳卷四六） 張穆著俄羅斯補輯一卷。（石州年譜） 陳慶鏞三月作跋正字略定本。（正字略定本頁 63）	周濟介存卒，年五十九。（古微堂外集卷四魏源撰傳）

	知今人尚有此姓，殆可據也。」（説文釋例卷十三頁 32） 王筠授一徒，名觀祜，年八歲。「道光己亥，余授一徒，名曰觀祜，年八歲，亦以日字爲開口吐吞，許君乃作此孩童之見乎？」（説文釋例卷十六頁 26） 王簹爲副貢。（續安邱新志卷二〇頁 5）		
二十年庚子（1840）	五十七歲 王筠補訂桂馥「説文部首讀」一卷。（山東通志卷一百三十第 3579 頁）	陳奐著詩毛氏傳疏三十卷成，自屬稿至今，凡六年而定稿。（續碑傳集卷七四） 翟云升獲嘉祥焦城邨、寶應射陽聚兩畫象。（隸篇續再續又識） 陳澧著説文聲統十七卷成，其後更名説文聲表。（陳東塾先生年譜） 祁寯藻陞兵部尚書。（清史列傳卷四六） 許瀚跋周子璋鐘（攗古卷六頁 8）；客濟寧。（攗古卷十一頁 10）	孫葆田佩南生（碑傳集補卷二六） 沈垚敦三卒，年四十三。（落帆樓文集卷首沈子敦著述總錄） 俞正變理初卒，年六十六。（俞理初先生年譜）
二十一年辛丑（1841）	五十八歲 王筠「説文句讀」初成三卷。 「道光辛丑，余又以説文傳寫，多非其人，群書所引有可補苴，遂取茂堂及嚴鐵橋、桂未谷三君子所輯，加之手集者，或增或刪或改，以便初學誦習，故名之曰句讀。不加疏解，猶初志也，三篇業將畢矣！」（説文句讀序頁 1（8）） 「筠家先祠中，植楷一株，兩人合抱矣。本兩株共本，以礙簷，去其一，制爲祭俎，重倍於松柏，非魚膠所能黏。吾父約齋先生曰：植此樹時，吾十二歲也。吾父生於乾隆丙子，卒于道光壬辰，今計此樹七十五年矣！喬木扶疏，可勝泫然。」（説文句讀卷十一頁 3（741）） 筠以陳山嵋、陳慶鏞之議，本志變化，乃薈萃段氏、嚴氏之説，以鈕樹玉、王煦、王玉樹諸説爲羽翼，博觀約取，以爲後學之南鍼，是再易稿。（説文句讀序頁 1（8））筠於「説文釋例」稿本八冊脱稿後，畀張穆爲之校閱，七、八月，張氏於旅次中審之。 「辛丑八月初九日，潞河舟中校畢卷三、卷四兩冊。上月二十八日，自京師俶裝，由陸赴天津，每夕抵旅舍，輒發篋校之。行三日，得三十葉。至八月初五日，于府署培竹軒校畢，即接校此冊。初八日回京，於帶河門外登舟，舟底側削，牽踔而行，如倚	張穆著魏延昌地形志、水經注表。並從永樂大典畫出元經世大典西北地圖，以貽魏源，刻入所輯海國圖志。（石州年譜） 祁寯藻還京師，醵金刻苗夔説文聲訂若干卷、説文聲讀表七卷、毛詩韻訂十卷、建首字讀一卷。（曾文正公文集卷四） 朱次琦南歸。（朱九江先生集卷首附年譜）	馮登府云伯卒，年五十九。（馮柳東先生年譜） 龔自珍爾玉卒，年五十。（定庵年譜稿本）

	笠然。晚泊河西驛，更爲菉友審訂說文句讀凡例。」（王氏說文釋例稿本校記頁 38、61） 王範中進士。（山東通志卷 127 頁（3486）） 二月，祁寯藻贈祁刻「說文繫傳」一部予王筠。三月，筠弟範出祁氏門。八月，筠始識祁氏，有記。（說文詁林（一）182 頁） 十二月廿一日起，王筠復輯「說文句讀」第四冊。（說文句讀稿本校記頁 2）		
二十二年壬寅（1842）	五十九歲 王筠撰「說文句讀」中。（說文句讀序頁 1（8））（說文句讀稿本校記頁 2）	陳澧撰切韻考自序。（陳東塾先生年譜） 翟云升得鄭宏道碑。（隸篇再續又識）	王先謙益吾生（葵園自訂年譜） 瞿中溶木夫卒。年七十四。（瞿木夫自訂年譜）
二十三年癸卯（1843）	六十歲 四月廿三日，王筠「說文句讀」再稿成。 「道光辛丑，余又以說文傳寫，多非其人……余是本志變化，博觀約取，閱月二十而畢，仍名曰句讀，從其朔也。」（說文句讀序頁 1（8）） 四月，筠校正「說文部首表」，十九日有記。（說文句讀卷三十頁 22） 筠又借朱竹君家藏本，校祁春浦刻顧千里說文繫傳，記其異處。（說文繫傳校錄序頁 2（4）） 七月，「說文繫傳校錄」稿成，筠嘗以之示張穆。 「三月接到手諭，言喬撫軍寄筠校繫傳，石州攜去謄鈔。案筠校此書，在癸卯七月，以之示石州，兼告以將聞之夫子，渠反復力止，言但可說校勘記當改作而已，筠乃止，石州業已鈔之。後來印林至都，亦借石州本傳鈔矣，何以今又謄鈔耶？」（菉友肊說頁 50（27）） 七月初七日，張穆爲王筠上壽，有「述懷感舊六十韻爲老友安丘王貫山先生壽」詩。（石州年譜） 「最後得安丘，投分俞、許均。安丘與俞、許，誼亦羼季親。」「意異情則同，氣類吾輩眞。」「安丘時示過，閒隔無兼旬。自言賦性狷，未能涇渭泯。老年結新懽，相杖如戈穫。」「惟君六書學，析理猶析薪……說解十四卷，研尋三十春。未及偷之大，已兼許之純。小學貫群籍，顚極	何秋濤舉於鄉。（一鐙精舍甲部稿卷首） 張穆著顧亭林先生年譜、閻潛邱先生年譜、虢季子白盤文跋、跋竟甯雁足鐙銘、題呂堯仙編修古專文拓本詩、述懷感舊六十韻爲老友安邱王貫山先生壽詩。謁阮元於邗上，阮氏贈以「講學是非求實事，讀書愚知在虛心」聯。（石州年譜） 祁寯藻充經筵講官。十一月，管理戶部三庫事務。（清史列傳卷四六）有「次韻贈王菉友教廉筠四首」，中有「十載相知吾恨晚」，「伯玉行年臻化境，子雲異代有知心」句。（饅䜣亭集卷二七頁 6） 許瀚作桂注說文某先生校語條辨。（攀古卷五頁 21）	嚴可均景文卒，年八十三。（碑傳集補卷二十七）

	君實臻……君年今六十,盛德日闓闓,端居殫著述,夕惕總若膏。行復將作吏,小試膏雨郇。疾惡勿太甚,摘伏斯若神。因其渾渾樸,達吾勉勉仁。……」(月齋詩集卷三頁5)		
	筠四校「正字略」,增改凡三十事,祁寯藻為之正三事。行將出都,復以倩雪堂。(正字略定本序頁4～5)		
二十四年甲辰(1844)	六十一歲 「說文句讀」之撰,王筠嘗以七事相諮於張穆。書成,筠出宰鄉寧,瀕行,以句讀之作發端於穆,屬即條列緣起,弁之書首,穆為之作序於冬十有一日朔日。(石州年譜;月齋文集卷三頁7) 筠任山西鄉寧知縣。 「鄉寧居萬山之中,路劣能通馬,書賈不時至,士多未得見全經,開來讀文選者,翹然負異於眾矣。吾自甲辰涖茲土,於今八年,日以讀書。……鄉寧俗樸訟簡,日有餘閒,得溫習故書,紬繹而訓釋之。」(夏小正序頁1) 筠作「梁心芳中丞刻故友岳石邨詩命題兼美中丞」詩。入闈時作。(菉友肊說頁51) 筠致書蘇廷魁,賀得商父乙鼎。張穆為寄二書,並寄拓本與博古圖跋語于筠。 「甲辰歲,張石州書來,言蘇賡堂給諫得商父乙鼎,以為此乃博古圖中第一器,筠即致書以賀賡堂,賡堂俾作記,石州又寄其拓本,並鈔博古圖跋語以來。」(菉友肊說頁49)	何紹基充貴州鄉試正考官。(清史列傳卷七三) 何秋濤成進士,官刑部主事;以侍郎李嘉端巡撫安徽,奏辟自隨。 張穆作「說文解字句讀」序。(石州年譜) 翟云升隸篇續成。(三續又識) 許瀚主講琅邪書院。(攀古卷十頁13)	慶霖伯蒼卒,年三十三。(菉友蛾術編卷下頁26)
二十五年乙巳(1845)	六十二歲 王筠四校「正字略」,刻於鄉寧。惜工劣,渾不似雪堂書也。筠又記。(正字略定本序頁5)	陳澧著穀梁春秋條例。(陳東塾先生年譜) 唐鑑輯國朝學案小識成,自序。後乞假回湖南,曾國藩為校刊並梓行,有書學案小識後,何桂珍亦有跋。(見學案卷末尾及卷首)	
二十六年丙午(1846)	六十三歲 初夏,王筠在陽曲,於司馬李鶴生座上見周召公尊,銘文無神采,翻沙之跡具存。(菉友肊說頁50) 長夏,時當收麥,筠案牘甚希,將「字學蒙求」略加改易,使就繩墨,再刻之,名「文字蒙求」。閏月十二日丙申在鄉寧署齋作記。(文字蒙求頁5～6)	祁寯藻充順天鄉試正考官。(清史列傳卷四六) 江有誥家失火,所鐫板及未刻稿,悉為煨燼。(碑傳集補卷四十)	

二十七年丁未（1847）	六十四歲	陳奐著毛詩傳疏成，凡三十卷，有自序。（三百堂文集卷上） 張穆著說文屬。（石州年譜） 祁寯藻視學江蘇，以祁大夫字說示何秋濤，何氏跋其三篇。（一鐙精舍甲部稿卷五）	
二十八年戊申（1848）	六十五歲 夏，王筠檢近十餘年學思所得所記，即使隸都錄爲一本，以便省循再改正，爲「菉友肊說」。（見靈鶼閣叢書本菉友肊說頁1）	羅澤南著小學韻語成。（羅忠節公年譜） 翟云升閉戶養疴，藉校焦氏易林以遣悶，六、七年，成校略十六卷，有自序。（山東通志卷一三七頁3834） 葉志詵翻刻宋王厚之鐘鼎款識一卷。（見殷周青銅器通論147頁）	孫詒讓仲容生（碑傳集補卷四一） 徐松星伯卒，年六十八。（續碑傳集卷七八）
二十九年己酉（1849）	六十六歲 王筠「夏小正正義」初稿成，時未見「經義述聞」所引孔氏、盧氏兩本，閏月廿八日有序。（夏小正正義序頁2） 冬日，「禹貢正字」書成，以教家塾，有序。（禹貢正字頁1） 筠作「弟子職正音」、「毛詩重言」二書成，有序。「毛詩重言」中，子彥侗校補九十七事。所引證佐出自手集者什一，餘皆資之陳碩甫詩毛氏傳疏。（弟子職正音序頁1；毛詩重言序頁1） 筠時以論語束脩二章試鄉寧童生，多不成文，聊爲說之。（四書說略論語頁9）	何紹基充廣東鄉試副考官。（清史列傳卷七三） 祁寯藻充上書房總師傅，以戶部尚書協辦大學士。冬，使甘肅鞫案。（㮐飫亭集後集冊二頁1162） 朱次琦之官山西。（朱九江先生集卷首附年譜） 張穆校定漢石例六卷，刻入連筠簃叢書，並爲譔敘，編山右碑目二卷。跋明拓李思訓碑、跋舊拓孔褒碑。爲俞理初譔癸巳存稿序，並有追憶文友三疊前韻七古詩云「安丘何媿小學宗，黟山雅稱鴻詞選，不將蛇蚓疥屋壁，稿草縈回妙牽轉」句。（石州年譜）	桂文燦子白生（姜亮夫綜表） 阮元伯元卒，年八十六。（通義堂文集卷六劉毓崧撰傳） 張穆石州卒，年四十五。（石州年譜） 胡培翬載屏卒，年六十八。（清史列傳卷六九）
三十年庚戌（1850）	六十七歲 王筠「說文解字句讀」三易稿斯定。四月付梓，有序。 「道光辛丑，余又以說文傳寫，多非其人，群書所引，有可補苴，遂取茂堂及嚴鐵橋、桂未谷三君子所輯，加之手集者，或增或刪或改，以便初學誦習，故名之曰句讀。……時閱十年，稿凡三易，鏡不自照，留待後人，而吾所望于來哲，猶有六焉。……」（說文句讀序頁1～4） 筠於「夏小正正義」復取傅氏本讀之，再鈔撮之，於諸本不同之字句，詳悉書之，即其謬顯然者，亦皆甄錄，反覆改之，至八、九過，亦僅略可屬讀而已。五月二十二日筠又序。（夏小正正義序頁3） 筠以執友陳山嵋書來，欲其說四書數章，以教其十歲次子，特不欲拂雪堂之意，粗略說之，自臘月望日至除夕，成三卷。（四書說略序、後跋語頁35）　筠作「弟	陳奐爲金鶚求古錄禮說跋。（三百堂文集卷上） 劉寶楠移境內白䕫材魏凝禪寺三級浮圖頌碑於文清書院，與諸漢碑並立。（劉楚禎先生年譜） 祁寯藻充實錄館總裁。四月，稽察欽奉上諭事處；六月，授體仁閣大學士，十月，充實錄館監修總裁。十二月，充文淵閣領閣事。（清史列傳卷四六） 葉志詵跋聖教序。（疑年錄彙編） 李璋煜由廣東布政使以病歸，杜門謝客。（諸城縣續志卷十二頁13）	

	子職正音」、「毛詩重言」二書成，有序。「毛詩重言」中，子彥侗校補九十七事。所引證佐出自手集者什一，餘皆資之陳碩甫詩毛氏傳疏。（弟子職正音序頁1；毛詩重言序頁1） 筠時以論語束脩二章試鄉寧童生，多不成文，聊爲說之。（四書說略論語頁9）		
文宗咸豐元年辛亥（1851）	六十八歲 正月，王筠赴省城。（四書說略孟子頁35） 二月初八日至十四日，成孟子一卷，合庚戌歲三卷，成「四書說略」四卷，通計二十三日。又撰「教童子法」一卷，亦附於末。又有背背朱註者，名曰肊說，別書於後。（四書說略序頁1；孟子頁35；按孫殿起販書偶記「四書說略」四卷，道光庚戌刊，其年代疑誤。） 六月，筠作文以弔慶霖伯蒼，亦孫楚驢鳴之意云爾。（菉友蛾術編卷下頁24~26） 初秋，筠作「說文釋例補正」 「辛亥初秋作此，及檢原本，乃知已有說，然今昔所見不同，姑並存之。」（說文釋例補正卷十六頁5） 冬，筠于役省城，識南海朱次琦，一見如故。（菉友蛾術編卷下頁30；按朱九江集卷首附年譜以王、朱二人邂逅在咸豐三年，誤也。）	陳奐辭詔舉孝廉方正不赴。（續碑傳集卷七四） 魏源撰說文儇雅敘。（古微堂外集卷一） 朱駿聲以截取知縣入都，進呈所著說文通訓定聲四十卷，賞加國子監博士銜。（石隱山人自訂年譜） 祁寯藻管理工部事務，兼署戶部事務。（清史列傳卷四六）	江有誥晉三卒（姜亮夫綜表）
二年壬子（1852）	六十九歲 夏，王筠攝曲沃。（菉友蛾術編卷下頁30） 「鄂宰四稿」四種刻成，收毛詩重言一卷、毛詩雙聲疊韻說一卷、弟子職正音一卷、夏小正義一卷，鄉寧賀氏校刊。 筠有二書致朱次琦，並寄「鄂宰四稿」，次琦謂其「譔述日新，實事求是。」（朱九江先生集卷七頁13）（菉友蛾術編卷下頁30） 筠「說文解字句讀」刻而未成。（菉友蛾術編卷下頁31） 王廗子彥侻中舉人。（續安邱新志卷二十頁5）	朱次琦秋七月二十日赴襄陵任。重九後十日有「答王菉友書」。（朱九江先生集卷七頁13） 俞懋麟刻俞理初四養齋詩稿三卷。（俞理初先生年譜） 何紹基提督四川學政，崇學敦教，士皆悅服。（清史列傳卷七三） 祁寯藻加太子太保，命管理戶部事務，卜鄰金鰲玉蝀橋西。（清史列傳卷四六；縵龕亭集冊三頁1077）	劉喜海卒
三年癸丑（1853）	七十歲 王筠與朱次琦固不得時見，見輒加親，凡已刻之書，皆贈之，索刻未成之句讀，託平陽顏玉農堅索草稿	朱次琦二月八日去襄陵。二月九日有「又答王菉友書」。（朱九江先生集卷首附年譜；卷七頁14） 葉名澧刊敦夙好齋詩十二卷。	羅士琳次璆卒，年七十。（碑傳集補卷三一）

	以去，並索筠之小照，筠以此生亦如無，未嘗作此，數經執訊，不能固辭，適翼城焦文起在署，使繪以相應，朱氏欲盡枲筠書，使三江浙閩之士，共明說文之學也。（枲友蛾術編卷下頁 30、31）	何秋濤隨李嘉端侍郎巡撫安徽。（一鐙精舍甲部稿卷首）陳澧爲說文聲表自序。（陳東塾先生年譜）鄭珍汗簡箋正寫定，有題識。（鄭子尹年譜）	
	筠疑此年或明年有致朱士琦晼亭孝廉書二：一答汪容甫女子許嫁而婿死從死及守志議；一爲答問毛詩雙聲疊韻說。（朱九江先生行誼輯述頁 6）		
	朱次琦欲輯國朝名臣言行錄，及仿黃梨洲明儒學案，輯一書以著當朝一代儒宗，不欲分漢學、宋學，如江鄭堂師承記，乞筠賜家集及鄉先正名集。（朱九江先生集卷七頁 14）		
	筠有書致朱次琦。（朱九江先生集卷七頁 15）		
	王筠「說文解字句讀」四次稿付梓，有記。		
	「初次創稿，祇欲離句而已，自雪堂、頌南迫使通纂之後，爛于再寫，即將所輯典故，書之原稿之眉。後乃倩人寫之，比覆加檢點，殊多疏漏，改至再三。故首三冊皆他人所書，此冊以後，則皆初稿矣！後來又改之，使小吏通錄一部，今尚存案頭。三次稿則呈祁淳父先生，四次稿今已付梓矣！覆視之，尚有不如意處，甚矣著述之難也。咸豐三年二月二日枲友記。」（說文句讀稿本校記頁 1）		
四年甲寅（1854）	七十一歲王筠五月十六日有書于朱次琦，勞問甚厚。次琦答書，稱釋例補正益復精博無餘憾。說文句讀刻成，幸更覓便惠致語。（朱九江先生集卷七頁 15~16）八月，筠覆閱「說文句讀」，至十月杪而畢，凡所刪改增益，約數百事，將別勒爲一冊，刻爲補正，十一月初三日冬至有記。（說文解字句讀補正卷三十頁 2（2525））是時筠已病，猶日鈔別冊不輟，至「說文解字句讀補正」第六卷，遂成絕筆。十二月初九日王筠疾革，子彥侗以應刊遺書「說文繫傳校錄」、「枲友蛾術編」、「說文句讀補正」請，皆親受治命（說文繫傳校錄卷三十跋 409 頁），遂卒。（說文解字句讀補正卷三十頁 2（2525））	朱次琦猶在山西，夏六月廿八日，有「去襄陵後答王枲友書」。（朱九江先生集卷七頁 15~16；卷首附年譜）祁寯藻以積勞成疾，著以大學士致仕。得御書「學古有獲、以勤爲本」額書二幅。（清史列傳卷四六；鐙龕亭集後集冊三（1075））	

附錄三：王筠著述稱引金文索引表

（按：書名下，首列卷頁，末列領字）

正字略			
30上 第	2：10-11 隹	8：16 永	13：33 㡿	15：32-3 革
52上 德	2：14-5 犬	8：23-4 輔	13：33 旅	15：36 理
韻　校	2：24 米	8：32-6 說	13：33 月	16：1-2 目
1：5上 庸	2：25-6 戶	8：39-40 互	13：35-6 睂	16：10-1 蜀
1：11下 㝵	2：26 皿	9：16-7 眗	13：36 厤	16：17-8 玉
2：10下 鎛	2：27 戈	9：18 舉	13：37 女	16：20-2 段
4：2上 共	2：28-9 有	9：18-9 爨	13：37-8 母	16：22-3 次
4：6下 惠	2：35-6 動	9：20-1 支	13：38 民	16：38 躬
4：8上 薑	2：37 衣	9：26-7 今	13：38-9 亘	17：8-9 㝵
繫　校	3：4-5 受	9：32 司	13：39 五	17：13 乇
附1（5） 走	3：18-9 邁	10：10 宣	13：40 申	17：18-9 日
1：1（8） 示	3：19 迁	10：12 撲	13：45 叔	17：19-20 㡿
3：1（30） 牻	3：39 博	10：25 祝	13：45-6 屰	17：21-3 晶
4：2（43） 遘	3：41-4 人	10：32 貞	13：46-7 譔	17：23-4 有
6：4（66） 習	3：47 頁	10：50 甗	13：47-8 妥	17：27 齊
13：2（159） 昨	4：3-4 許	11：2 嗌	13：49-50 晶	17：27-8 鼎
17：4（238） 頒	4：19-21 几	11：2 單	14：8-9 天	17：34 网
18：2（243） 屬	4：26-7 舛	11：4 爨	14：20 興	17：38-40 帝
23：2（309） 門	5：19-20 又	11：4-5 明	14：21 訟	17：40-1 帑
23：2（310） 懸	5：26-8 乀	11：5 眉	14：21 𡆕	17：41-2 有
24：6（334） 蕭	5：30 中	11：6-7 丂	14：22 明	18：11 考
28：2（376） 亞	5：33 藥	11：9-10 𡿺	14：23 兔	18：14-5 兄
許學札記	6：3-4 嗌	11：10 爵	14：25 甘	18：15-6 禿
補篆 彝	6：4-5 君	11：22-25 有	14：25-6 豆	18：18 頁
補篆 晶	6：18 箕	11：38 鬯	14：26 皀	18：28-9 广
非字 鼎	6：18 簠	12：19 䵶	14：26-7 叒	18：36 薦
非字 眉	6：25 旅	12：45 日	14：27 入	18：47-8 㣇
非字 丂	6：29 匕	12：45 㬎	14：28 冢	18：53 怕
存疑 鳥	6：31 舟	13：8 簾	14：30 狀	19：32 段
存疑 觲支	6：45-6 彝	13：16-7 磬	14：32 物	19：34 蕭
釋　例	6：53 辭	13：23-4 上	14：34-5 辭	19：35-6 匿
1：26-7 鹵	7：8-9 禼	13：28-9 重	14：35 向	20：9-10 絲
1：35 尹	7：26-7 戈	13：29 重	14：48 補	20：24 鏡
2：6 臣	7：28-9 部	13：30 富	15：8-10 斬	20：30-1 开
	8：16 苟	13：32 日	15：21 嚴	20：43-4 韓

20：44	戊	6：1	鐘	16：5	五	5：22（337）	訟	10：13（696）	內
20：46	寅	8：1	兮	17：1	鐘	5：27（347）	韶	10：16（701）	躬
20：47-50	巳	8：2	積	17：1	平	5：28（350）	對	10：16（702）	矣
20：52-6	五	8：2	釐	17：1-2	筠	5：30（353）	罨	10：20（709）	喜

釋例補正

		8：2	積	17：2	又	5：30（353）	畀	10：20（713）	牆
1：1	齊	8：2	師	17：4	有	5：31（355）	具	11：30（797）	縈
1：1-2	吳	8：4	筠	18：1	今	5：33（360）	鑾	11：47（830）	才
1：2	說	8：4	孚	18：1-3	許	6：5（372）	勒	12：3（838）	南
1：2	積	8：6	巫	18：3	金	6：6（374）	鬲	12：5（841）	丞
1：3	筠	9：1	王	18：3	ᕗ	6：7（376）	體	12：10（851）	國
2：1	平	9：1-2	彝	18：3	然	6：12（385）	右	12：28（888）	鯢
2：1	此	9：2	曾	18：4	筠	6：15（391）	友	13：7（924）	焱
2：1	金	10：1	筠	18：4	召	6：16（393）	肅	13：10（930）	旗
2：1	金	11：1	大	18：4	鐘	6：18（397）	臣	13：13（935）	旅
2：1	師	11：1	積	18：4	積	6：25（412）	陳	13：14（937）	星
2：2	積	11：1	或	19：2	召	6：29（420）	卜	13：15（939）	月
2：2	積	11：1	金	19：2	許	7：2（427）	目	13：15（940）	霸
2：2	匸	11：5	筠	19：2	筠	7：11（446）	扁	13：16（942）	期
2：3	積	13：1	積	19：2	積	7：12（447）	眉	13：18（946）	夜
2：3	鐘	13：1	小	20：1	積	7：12（448）	白	13：22（954）	束
2：3	漢	13：1	金	20：1	二	7：13（449）	者	13：23（955）	牖
3：1	積	13：1	寅	20：1	爻	7：13（449）	百	13：23（956）	鼎
3：2	從	13：2	釋	20：1	積	8：3（517）	惠	13：26（961）	禾
3：2	有	14：1	鐘			8：4（519）	玄	13：33（975）	穗
3：2	人	14：1	然	**句　讀**		8：5（522）	爰	13：35（979）	秦
3：7	收	14：1	畐			8：5（522）	閼	13：37（984）	秝
4：1	盥	14：1-2	禾	凡例2（17）		8：6（523）	受	14：5（1009）	向
4：1	積	14：2	鐘	1：3（45-6）	示	8：26（564）	笰	14：8（1016）	宜
4：1	鐘	14：2	積	1：6（51-2）	祖	8：28（567）	利	14：11（1021）	宮
4：1	平	14：2	舟	1：10（60）	社	8：30（571）	副	15：1（1087）	保
5：1	盂	14：3	筠	1：26（92）	中	8：38（588）	衡	15：1（1088）	仁
5：1	也	15：1	繹	2：35（161）	折	9：16（628）	典	15：3（1092）	伯
5：1	阮	15：2-3	八	3：1（176）	心	9：23（641）	亏	15：13（1112）	作
5：1	金	15：3	鐘	3：12（198）	命	9：24（643）	旨	15：16（1118）	俗
5：1	師	15：3	鐘	3：23（220）	走	9：27（649）	豆	15：24（1133）	侶
5：2	齊	16：1	金	3：28（230）	趨	9：28（651）	豐	15：30（1146）	嬰
5：2	醮	16：3	⊗	3：29（232）	岠	9：32（660）	盛	15：32（1149）	衣
5：2	車	16：3	康	3：30（234）	登	9：34（663）	盂	15：32（1149）	衰
5：2	輈	16：3-4	鐘	4：3（242）	迋	9：34（664）	盧	15：46（1178）	寄
6：1	銕	16：4	竊	4：3（242）	造	10：4（678）	㚔	17：1（1225）	頁
				4：12（260）	德				
				4：29（293）	冊				

17：1（1226）顏	23：26（1764）挬	27：30（2117）軵	28：1（2518）積	43　子
17：14（1252）髮	24：2（1806）妘	28：16（2167）庚	30：1（2523）宋	**夏 小 正**
17：19（1260）后	24：9（1820）改	28：16（2167）辛	**部　校**	44（29）傳
17：26（1276）敬	24：27（1855）也	28：16（2168）辭	30：2（2251）哭	**四書說略**
17：26（1276）鬼	24：28（1857）戈	28：17（2170）壬	30：2（2252）鐘	孟8　徵
18：8（1299）麗	24：31（1863）戠	28：18（2171）子	30：22（2291）酋	孟11　樹
18：10（1303）序	24：32（1865）我	28：19（2173）孟	**文字蒙求**	**蛾 術 編**
18：22（1327）碻	24：32（1865）義	28：20（2176）春	自序4　筠	上24　賜
19：1（1353）馬	24：32（1866）羔	28：24（2184）申	1：7　象	上40　禹
19：8（1367）駿	24：34（1869）無	28：26（2187）酉	1：15　佳	下2　魯
19：14（1380）薦	24：35（1872）匹	28：31（2198）牆	1：21　癸	下6　說
19：16（1383）麋	24：36（1874）匜	28：32（2200）算	1：28　雷	下8　說
19：19（1390）犬	25：46（1893）孫	28：33（2202）亥	1：29　嚚	下10　絲
19：22（1396）矩	25：7（1908）終	**句讀補正**	1：36　衣	下15　更
19：30（1411）罷	25：27（1947）彝	1：1（2343）祥	3：77　對	**肊　說**
20：6（1457）吳	25：27（1948）柔	5：3（2387）舁	3：84　躬	26下　鐘
20：10（1466）靴	26：10（2002）亶	8：2（2401）平	3：86　無	26-7　日
20：12（1469）介	26：32（2046）畺	9：1（2403）筠	3：92　頁	31　越
20：20（1486）憨	26：33（2048）男	10：1（2408）富	3：97　戎	42　博
20：37（1520）患	27：1（2059）金	10：1（2408）師	3：129　單	47　平
21：28（1582）洇	27：2（2061）鑒	15：1（2431）金	3：157　朕	49-51　父
21：44（1613）湄	27：2（2062）銑	15：3（2439）各	4：187　受	54-55　再
22：4（1665）邑	27：4（2065）鏡	21：1（2465）本	補闕192　希	55　齊
22：5（1667）州	27：6（2069）鐫	22：1（2472）金	**禹貢正字**	（30）經
22：6（1669）羕	27：6（2070）鐙	24：1（2488）筠	11　均	（33-4）筠
22：6（1669）底	27：12（2082）鑄	24：2（2489）以	26-7　東	（34-5）簠
22：15（1688）霏	27：13（2084）鐘	25：2（2496）宗	**重　言**	（35）說
22：26（1709）冀	27：19（2096）鎺	25：4（2500）小	15　桓	
23：7（1726）門	27：27（2111）車	25：5（2501）差	34　有	
23：18（1747）臣	27：29（2116）較	26：3（2508）田	36　儵